Thomas Breisig/Susanne König/Peter Wengelowski
Arbeitnehmer im Mitarbeitergespräch

JOB AKTUELL

Thomas Breisig/Susanne König/Peter Wengelowski

# Arbeitnehmer im Mitarbeitergespräch

Grundlagen und Tipps für den Erfolg

Bund-Verlag

Die Deutsche Bibliothek – CIP-Einheitsaufnahme

Breisig, Thomas:
Arbeitnehmer im Mitarbeitergespräch : Grundlagen und Tipps für den Erfolg /
Thomas Breisig/Peter Wengelowski/Susanne König. – Frankfurt am Main :
Bund-Verl., 2001
  (Job aktuell)
  ISBN 3-7663-3261-9


© 2001 by Bund-Verlag GmbH, Frankfurt am Main
Herstellung: Inga Tomalla, Frankfurt am Main
Umschlag: Neil McBeath, Kornwestheim
Umschlagfoto: MAURITIUS Die Bildagentur GmbH
Satz: Libro, Kriftel
Druck: Aschendorff, Münster
Printed in Germany 2001
ISBN 3-7663-3261-9

# Inhaltsverzeichnis

# Verzeichnis der Übersichten

# Abkürzungsverzeichnis

| | |
|---|---|
| ABR | Gerichtliches Registerzeichen (Rechtsbeschwerde) |
| Abs. | Absatz |
| AP | Arbeitsrechtliche Praxis |
| ArbN | Arbeitnehmer/in |
| Art. | Artikel |
| Aufl. | Auflage |
| AZR | Gerichtliches Registerzeichen (Revisionen) |
| BAG | Bundesarbeitsgericht |
| BAT | Bundes-Angestelltentarifvertrag |
| BB | Der Betriebs-Berater |
| BBG | Bundesbeamtengesetz |
| BetrVG | Betriebsverfassungsgesetz |
| BGB | Bürgerliches Gesetzbuch |
| BLV | Bundeslaufbahnverordnung |
| BPersVG | Bundespersonalvertretungsgesetz |
| BR | Betriebsrat |
| BR/PR | Betriebs- bzw. Personalrat |
| BRRG | Beamtenrechtsrahmengesetz |
| BV | Betriebsvereinbarung |
| BV/DV | Betriebs- bzw. Dienstvereinbarung |
| Diss. | Dissertation |
| DV | Dienstvereinbarung |
| f. | folgende |
| ff. | fortfolgende |
| GBR | Gesamtbetriebsrat |
| GG | Grundgesetz |
| ggf. | gegebenenfalls |
| GJ | Geschäftsjahr |
| HBV | Gewerkschaft Handel, Banken und Versicherungen |
| Hrsg. | Herausgeber |

| | |
|---|---|
| hrsg. | herausgegeben |
| IG | Industriegewerkschaft |
| KGSt | Kommunale Gemeinschaftsstelle für Verwaltungs-vereinfachung |
| LPersVG | Landespersonalvertretungsgesetz |
| MA | Mitarbeiter/innen |
| MBO | Management by objectives |
| MTV | Mantel-Tarifvertrag |
| o. J. | ohne Jahr |
| o. O. | ohne Ort |
| o. V. | ohne Verfasser |
| ÖTV | Gewerkschaft Öffentliche Dienste, Transport und Verkehr |
| PR | Personalrat |
| Rn. | Randnummer |
| S. | Seite; Satz |
| sog. | so genannt |
| Sp. | Spalte |
| TaBV | Gerichtliches Registerzeichen (Beschwerdesachen im Beschlussverfahren) |
| u. | und |
| vgl. | vergleiche |
| Z. | Ziffer |
| zit. | zitiert |

# Literaturverzeichnis

**Adrian/Albert/Riedel**, Die Mitarbeiterbeurteilung. Hinweise und Hilfen für Beurteiler, 1994

**Altvater/Bacher/Sabottig/Schneider/Thiel**, Bundespersonalvertretungsgesetz, Kommentar für die Praxis, 2. Auflage, 1985

**Baethge/Denkinger/Kadritzke**, Das Führungskräfte-Dilemma. Manager und industrielle Experten zwischen Unternehmen und Lebenswelt, 1995

**Becker**, Grundlagen betrieblicher Leistungsbeurteilungen, 2. Auflage, 1994

**Becker/Langosch**, Produktivität und Menschlichkeit. Organisationsentwicklung und ihre Anwendung in der Praxis, 4., erw. Auflage, 1995

**Berkel**, Konflikttraining: Konflikte verstehen, analysieren, bewältigen, 6. Auflage, 1999

**Bidmon/Spatzl**, Die Befragung, in: von Rosenstiel/Hockel/Molt (Hrsg.): Handbuch der angewandten Psychologie: Grundlagen – Methoden – Praxis, 1994, S. 1–22

**Bohlen**, Zielwirksam beurteilen und fördern, 1998

**Breisig**, Betriebliche Konfliktregulierung durch Beschwerdeverfahren in Deutschland und in den USA, 1996 (Zitierweise Breisig 1996a)

**Breisig**, Innerbetriebliche Konfliktregulierung durch Beschwerden aus der Belegschaft, in: WSI Mitteilungen, Nr. 9 – 1996 (Zitierweise: Breisig 1996b), S. 576–583

**Breisig**, Personalentwicklung und Qualifizierung als Handlungsfeld des Betriebsrats. Grundlagen – Maßnahmen – Betriebs- und Tarifvereinbarungen, 1997

**Breisig**, Personalbeurteilung – Mitarbeitergespräch – Zielvereinbarungen. Grundlagen, Gestaltungsmöglichkeiten und Umsetzung in Betriebs- und Dienstvereinbarungen, 1998

**Breisig**, Entlohnen und Führen mit Zielvereinbarungen. Orientierungs- und Gestaltungshilfen für Betriebs- und Personalräte sowie für Personalverantwortliche, 2000

**Brühwiler**, Methoden der ganzheitlichen Jugend- und Erwachsenenbildung, 2. Auflage, 1994

**Bühner**, Mitarbeiter mit Kennzahlen führen. Der Quantensprung zu mehr Leistung, 1996

**Busch**, Zielvereinbarung und Entgelt, in: REFA – Verband für Arbeitsstudien und Betriebsorganisation, 1995, S. 228–254

**Busse**, Umsetzungsperspektiven für eine Reform des Beurteilungswesens im öffentlichen Dienst, vervielfältigtes Manuskript, vorgelegt zum ÖTV-Expertengespräch »Reform des Beurteilungswesens« am 26. 3. 1998 in Frankfurt am Main (o. J.)

**Cole**, Kommunikation klipp und klar: Besser verstehen und verstanden werden, 1996

**Crisand/Crisand/Adler**, Das Sachgespräch als Führungsinstrument: gesprächspsychologische Grundsätze; mit Tabellen (Arbeitshefte Führungspsychologie; Bd. 20), 2., überarb. Auflage, 1997

**Davis**, Human relations at work: The dynamics of organizational behavior, 1967

**Demmer**, Mitarbeitergespräche erfolgreich führen, 1998

**Drzyzga**, Personalgespräche richtig führen, 2000

**Ehlscheid/Meine/Vogt**, »Wieviel Geld für wieviel Leistung?« Entlohnungsgrundsätze und Leistungsbedingungen, in: Lang/Meine/Ohl, 1997, S. 228–311 (Zitierweise: Ehlscheidt/Meine/Vogt 1997a)

**Ehlscheid/Schild/Wagner**, »Da schiebt keiner mehr 'ne ruhige Kugel«. Arbeits- und Leistungsbedingungen im Angestelltenbereich, in: Lang/Meine/Ohl, 1997, S. 487–532 (Zitierweise: Ehlscheidt/Schild/ Wagner 1997b)

**Felix/Mache/Spitzbarth**, Leistung muss sich lohnen! Es fragt sich nur, für wen?, 1996

**Fengler**, Feedback geben. Strategien und Übungen, 1998

**Fitting/Kaiser/Heither/Engels**, Betriebsverfassungsgesetz mit Wahlordnung, Handkommentar, 20. Auflage, 2000

**Foullong/Jurkat**, Einführung eines neuen Beurteilungsverfahrens in der Commerzbank AG, in: Selbach/Pullig, 1992, S. 459–488

**Frieling**, Führen mit Kennzahlen, in: Institut für angewandte Arbeitswissenschaft (Hrsg.), Lean Production II, 1994, S. 121–142

**Geffken**, Mitbestimmung bei »Zielvereinbarungen«, in: Der Personalrat, Nr. 12 – 1997, S. 518–520

**Gehm**, Kommunikation im Beruf. Hintergründe, Hilfen, Strategien, 2., überarb. Auflage, 1997

**Gewerkschaft HBV**, Regelungsinhalte zu Vergütungssystemen mit Zielvereinbarungen, vervielfältigtes Manuskript aus dem Projekt »Leistungsvergütung im privaten Dienstleistungsgewerbe«, 1998

**Glasl**, Konfliktmanagement: Ein Handbuch für Führungskräfte, Beraterinnen und Berater (Organisationsentwicklung in der Praxis; Bd. 2), 6., erg. Auflage, 1999

**Gommlich/Tieftrunk**, Mut zur Auseinandersetzung: Konfliktgespräche. Gesprächsmodelle, Körpersprache und Rhetorik, Lösungsmöglichkeiten, 1999

**Grieger/Bartölke**, Beurteilungen als Systembestandteil wirtschaftlicher Organisationen, in: Selbach/Pullig, 1992, S. 67–105

**Gröschel/Hartmann**, Soziale Kompetenz – Konflikt als Chance. Arbeitsmaterialien für die Interessenvertretung (hrsg. von der IG Bergbau, Chemie, Energie), 1997

**Heisel**, Partizipation der Mitarbeiter über Zielvereinbarung und Zielbewertung am Erfolg des Unternehmens, in: REFA – Verband für Arbeitsstudien und Betriebsorganisation, 1995, S. 342–359

**Hilgenberg**, Das Mitarbeitergespräch als Führungsinstrument, in: Personalführung, Nr. 1 – 1979, S. 25 f.

**Hindinger**, Die Beteiligung des Personalrats bei Beurteilungsrichtlinien, in: Der Personalrat, Nr. 11 – 1987, S. 241–244

**Hlawaty**, Topthema: Zielvereinbarungen, in: Die Mitbestimmung, Nr. 9 – 1998, S. 42–45

**Hlawaty/Hlawaty**, Zielvereinbarungsgespräche führen, in: Kämpf, Rainer (Hrsg.): Führungshandbuch Gruppenarbeit im Fertigungsbetrieb, Stadtbergen, 1998, S. 95 ff.

**Hofbauer/Winkler**, Das Mitarbeitergespräch als Führungsinstrument, 1999

**Höhn**, Führungsbrevier der Wirtschaft, 9. Auflage, 1977

**Holm**, Die Frage, in: Holm, Kurt (Hrsg.): Die Befragung 1, 1991, S. 32–91

**Humle**, Schwierige Mitarbeitergespräche erfolgreich führen: Ein Leitfaden für Vorgesetzte, 1998

**Institut für angewandte Arbeitswissenschaft** (Hrsg.), Leistungsbeurteilung und Zielvereinbarung: Erfahrungen aus der Praxis, 1994

**Jedzig**, Einführung standardisierter Verfahren zur Leistungsbeurteilung von Arbeitnehmern, in: Der Betrieb, Nr. 14 – 1991, S. 753–758 (Zitierweise: Jedzig 1991a)

**Jedzig**, Mitbestimmung des Betriebsrats bei der Durchführung von Betriebsvereinbarungen über Leistungsbeurteilung von Arbeitnehmern, in: Der Betrieb, Nr. 16 – 1991, S. 859–864 (Zitierweise: Jedzig 1991b)

**Jedzig,** Mitbestimmung bei Einführung von Verfahren zur Potentialanalyse von Arbeitnehmern, in: Der Betrieb, Nr. 26 – 1996, S. 1337–1342

**Jetter,** Performance Management, 2000

**Kempe/Kramer,** Tips für Mitarbeitergespräche, 1998

**Kieser/Nagel/Krüger/Hippler,** Die Einführung neuer Mitarbeiter in das Unternehmen, 1985

**Kiesow,** Heiße Eisen: Schwierige Mitarbeitergespräche motivierend führen, 2. Auflage, 1996

**Knebel,** Leistungsvergütung auf der Grundlage von Zielvereinbarungen: Wunsch und Wirklichkeit, in: Personal, Nr. 5 – 1984, S. 187–190

**Knicker,** Führen mit Zielen, in: Personal, Nr. 9 – 1996, S. 462–465

**Kommunale Gemeinschaftsstelle für Verwaltungsvereinfachung** (KGSt), Das Mitarbeitergespräch. Bericht Nr. 13 – 1992

**Kratz,** Richtig loben und motivieren: Mitarbeiterpotential besser nutzen: Effiziente Geschäftsführung für kooperative Vorgesetzte, 1998

**Luft,** Einführung in die Gruppendynamik, 1971

**Malcho,** Körpersprache, 1983

**Meier,** Richtig kritisieren: Erfolgsmerkmale, Praxis, Maßnahmen, 1997

**Mentzel/Grotzfeld/Dürr,** Mitarbeitergespräche: Mitarbeiter motivieren, richtig beurteilen und effektiv einsetzen, 1998

**Mungenast,** Leistungsbeurteilung und Ziele, in: Personal, Nr. 2 – 1994, S. 56–59

**Neuberger,** Das Mitarbeitergespräch, 1973

**Neuberger,** Mitarbeitergespräch, in: von Beckerath/Sauermann/Wiswede (Hrsg.), Handwörterbuch der Betriebspsychologie und Betriebssoziologie, 1981, S. 269–273

**Neuberger,** Miteinander arbeiten – miteinander reden! Vom Gespräch in unserer Arbeitswelt, 12., unveränd. Auflage, 1990, hrsg. vom Bayerischen Staatsministerium für Arbeit und Sozialordnung

**Neuberger,** Das Mitarbeitergespräch: Praktische Grundlagen für erfolgreiche Führungsarbeit, 4., bearb. Auflage, 1998

**Ochs,** Zielvereinbarung mit dem Team im Rahmen der Gesamtsteuerung der Bundesanstalt für Arbeit. Arbeitshilfe zur Durchführung von Zielvereinbarungen in Dienststellen der Bundesanstalt für Arbeit, 1997

**Oechsler,** Personalführung durch tätigkeitsbezogene Leistungsbewertung, in: Liebel/Oechsler, Personalbeurteilung. Neue Wege zur Beurteilung von Leistung, Verhalten und Potential, 1992, S. 11–102

**Pawlowski/Riebensahm,** Konstruktiv Gespräche führen. Fähigkeiten aktivieren, Ziele verfolgen, Lösungen finden, 1998

**REFA** – Verband für Arbeitsstudien und Betriebsorganisation (Hrsg.), Den Erfolg vereinbaren. Führen mit Zielvereinbarungen, 1995

**Richardi/Dietz,** Bundespersonalvertretungsgesetz. Band 2: § 53 – Schluß mit Wahlordnung, 2. Auflage, 1978

**Rischar,** Schwierige Mitarbeitergespräche erfolgreich führen, 1994

**Rothländer,** Rechtliche Grundlagen von Beurteilungen, in: von Loewenfeld, o. J. S. 81–112 (Zitierweise: Rothländer o. J. a.)

**Rothländer,** Praktische Hinweise für Beurteilte, in: von Loewenfeld, o. J., S. 187–190 (Zitierweise: Rothländer o. J. b.)

**Ruhleder,** Das Anerkennungsgespräch: eine Möglichkeit zur Mitarbeitermotivation, in: io Management Zeitschrift, Nr. 1/2 – 1995, S. 87–89

**Sabel,** Sprechen Sie mit Ihren Mitarbeitern! Mitarbeitergespräche erfolgreich führen, 2., überarb. Auflage, 1999

**Saul,** Führen durch Kommunikation: Gespräche mit Mitarbeiterinnen und Mitarbeitern, 2., überarb. Auflage, 1995

**Schau,** Corporate Identity durch die Einbeziehung von Zielvereinbarungen im Rahmen der Personalentwicklung, 1998

**Schmitz/Billen,** Mitarbeitergespräch, 2000

**Scholz,** Personalmanagement, 1994

**Schröder/Lemhöfer/Kraft,** Das Laufbahnrecht der Bundesbeamten. Kommentar zur Bundeslaufbahnverordnung, 1985 (Loseblatt-Sammlung)

**Schulz von Thun,** Miteinander reden 1. Störungen und Klärungen. Allgemeine Psychologie der Kommunikation, 2000 (Zitierweise: Schulz von Thun 2000a)

**Schulz von Thun,** Miteinander reden 2. Stile, Werte und Persönlichkeitsentwicklung. Differentielle Psychologie der Kommunikation, 2000 (Zitierweise: Schulz von Thun 2000b)

**Schulz von Thun,** Miteinander reden 3. Das »Innere Team« und situationsgerechte Kommunikation, 1999

**Schwarz,** Konfliktmanagement: Sechs Grundmodelle der Konfliktlösung, 3., erg. Auflage, 1997

**Selbach/Pullig** (Hrsg.), Handbuch Mitarbeiterbeurteilung, 1992

**Slusher/Sims,** Das Zielsetzungsgespräch in MbO-Systemen – zur Verpflichtung von Mitarbeitern gegenüber Zielen, in: Zeitschrift für Organisation, Nr. 2 – 1977, S. 86–90

**Stangl**, Führen muss man können. Die Psychologie der Menschenführung, 1979

**Stege/Weinspach**, Betriebsverfassungsgesetz. Handkommentar für die betriebliche Praxis, 7. Auflage, 1994

**Thomann**, Klärungshilfe: Konflikte im Beruf: Methoden und Modelle klärender Gespräche bei gestörter Zusammenarbeit, 1998

**Thomann/Schulz von Thun**, Klärungshilfe. Handbuch für Therapeuten, Gesprächshelfer und Moderatoren in schwierigen Gesprächen. Theorien, Methoden, Beispiele, 1999

**Tondorf**, Zielvereinbarungen. Zum Mitbestimmungspotential eines dezentralen Regulierungsmodus, in: WSI-Mitteilungen, Nr. 6 – 1998, S. 386–392 (Zitierweise: Tondorf 1998a)

**Tondorf**, Zielvereinbarungen – die Basis von Beurteilung und Leistungsvergütung, in: Arbeitsrecht im Betrieb, Nr. 6 – 1998, S. 322–327 (Zitierweise: Tondorf 1998b)

**von Loewenfeld** (Hrsg.), Die Beurteilung. Vom Ritual zum sozialen Management im öffentlichen Dienst, o. J.

**von Saldern**, Führen durch Gespräche, 1998

**Watzlawick/Beavin/Jackson**, Menschliche Kommunikation, 9., unveränd. Auflage, 1996

**Watzlawick/Beavin**, Einige formale Aspekte der Kommunikation, in: Watzlawick/Weakland (Hrsg.), Interaktion, 1980, S. 95–110

**Watzlawick/Weakland**, (Hrsg.), Interaktion, 1980

**Wild**, MbO als Führungsmodell für die öffentliche Verwaltung, in: Die Verwaltung, Nr. 3 – 1973, S. 283–316

**Wolff/Göschel**, Die Beurteilung von Mitarbeitern – Was oft nicht in den Beurteilungsrichtlinien steht, in: Verwaltungsführung – Organisation – Personal, Nr. 1 – 1984, S. 35–38

**Wunderer/Boerger/Löffler**, Zur Beurteilung wissenschaftlich-technischer Leistungen. Eine empirische Studie zur Personalbeurteilung in Forschungsorganisationen des Bundes, 1979

# 1. Einleitung

Mitarbeitergespräche zählen derzeit sicher zu den populärsten Führungsinstrumenten. Neben den so genannten »anlassbezogenen« Formen (z. B. bei der Rückkehr nach längerer Krankheit) werden in den Unternehmen und Verwaltungen verstärkt Gesprächstypen eingeführt, die den regelmäßigen und mehr oder weniger vorstrukturierten Informationsaustausch zwischen Führungskräften und Beschäftigten zum Ziel haben. Die Bandbreite derartiger »institutionalisierter« Formen reicht dabei von Dienstbesprechungen in größerer Runde über Problemlösungsgespräche bis hin zu verschiedenen Varianten von Vier-Augen-Gesprächen zwischen Arbeitnehmer/in und Führungskraft.

Die Verantwortlichen in den Unternehmen knüpfen an einen regelmäßigen Austausch zwischen Vorgesetzten und Beschäftigten große Hoffnungen. Der reibungslose Informationsfluss zwischen den hierarchischen Ebenen soll sichergestellt werden. Beschäftigte sind »Experten/Expertinnen« an ihrem Arbeitsplatz: Sie verfügen über ein großes Wissen über die Arbeitsabläufe und mögliche Reibungspunkte. Aus diesem Grund können sie viel dazu beitragen, Schwachstellen aufzudecken und notwendige Veränderungen einzuleiten. Darüber hinaus sollen Mitarbeitergespräche die Motivation der Mitarbeiter/innen positiv beeinflussen: Der wiederkehrende Austausch mit den Vorgesetzten, das Gefühl gefragt zu werden und die Möglichkeit, eigene Probleme, Wünsche und Ziele vorzubringen, können sich positiv auf das Arbeitsklima auswirken. Gute, dialogorientierte Mitarbeitergespräche bringen im Idealfall Vorteile sowohl für das Unternehmen als auch für die Beschäftigten.

Nun sollte man meinen, das Miteinander-Reden sei in den Betrieben ein »normaler«, alltäglicher Vorgang, in dem Führungskräfte und Beschäftigte geübt wären. Gleichwohl werden in der betrieblichen Praxis immer wieder Kommunikationsdefizite beklagt – sowohl von den Arbeitnehmer/innen als auch vom Management. Wo in den Betrieben bisher hierarchische Über-/Unterordnungsverhältnisse betont wurden, ist ein offener, dialogorientierter Austausch kaum von heute auf morgen zu erreichen. Insbesondere wenn konflikthaltige Angelegenheiten thematisiert werden, sind Mitarbeitergespräche häufig stark emotional besetzt.

Verständlich wird dies, wenn man sich vor Augen führt, dass vom Verlauf und vom Erfolg der Mitarbeitergespräche viel abhängt. Für die Beschäftigten können die 4-Augen-Gespräche in Form von Beurteilungs-, Zielvereinbarungs- oder Fördergesprächen eine entscheidende Weichenstellung für ihr berufliches Fortkommen im Unternehmen bedeuten. Es gilt, eigene Vorstellungen bzw. Ziele selbstsicher in den Dialog einzubringen und mit Verhandlungsgeschick durchzusetzen – vermutlich eine eher ungewohnte Aufgabe für viele Mitarbeiter/innen.

Aber auch die Vorgesetzten haben keine einfache Rolle: Als Führungskräfte sind sie für den reibungslosen Ablauf in ihrer Abteilung verantwortlich und sollen ihren Beitrag für die Umsetzung der unternehmerischen Ziele leisten. Gleichzeitig müssen sie ihre Belegschaft motivieren und zu höherer Leistung anspornen, aber ihnen in den Gesprächen auch unangenehme Sachverhalte vermitteln – eine Gratwanderung, die für die Führungskräfte nicht risikolos ist. Gleichwohl sind letztere aber in Mitarbeitergesprächen (nicht nur aufgrund ihrer Vorgesetztenstellung) im Vorteil: Oft werden die Vorgesetzten durch spezielle Trainingskonzepte auf diese Aufgabe vorbereitet.

Anders stellt sich dagegen die Situation auf der Ebene der »einfachen« Beschäftigten dar. Die Konzepte zur Durchführung von Mitarbeitergesprächen werden vielfach auf höherer Ebene ausgearbeitet – im Idealfall unter engagierter Beteiligung der Betriebs- und Personalräte, die Beschäftigteninteressen bereits bei der Entwicklung dieser Vorhaben mit einbringen können. Erst dann erlangen die Arbeitnehmer/innen (meist in Veranstaltungen in größerem Rahmen) Informationen darüber, was in Mitarbeitergesprächen auf sie zukommt. Schulungen für die Belegschaften finden in den seltensten Fällen statt; die Vorbereitung der Beschäftigten auf die konkreten Gesprächssituationen mit ihrer Führungskraft beschränkt sich oft auf die unkommentierte Aushändigung von Handbüchern und Begleitformularen zum Gespräch.

Diese Konstellation spiegelt sich auch in der Literatur zu Mitarbeitergesprächen wider. Es gibt eine Fülle von Ratgebern zu diesem Thema, doch die Perspektive der Arbeitnehmer/innen sowie die Bezugnahme auf die rechtlichen Handlungsmöglichkeiten werden dabei meist vernachlässigt. Diese Lücke will der vorliegende Ratgeber schließen.

Eine wichtige Zielgruppe des Leitfadens sind daher die Beschäftigten, die vor der Aufgabe stehen, sich mit ihren Vorgesetzten über wichtige Angelegenheiten des Arbeitslebens konstruktiv auseinandersetzen zu müssen. Ihnen werden Hilfestellungen für verschiedene Gesprächssituationen geboten. Darüber hinaus wendet sich der Ratgeber an Betriebs- und Personalräte. Diese werden bei der Gestaltung von regelmäßig stattfindenden Mitarbeitergesprächen versuchen, auf die Berücksichtigung von Beschäftigteninteressen und die Minimierung von Risiken für die Arbeitnehmer/innen hinzuwirken. Insbesondere das Betriebsverfassungsgesetz bietet hierfür eine Vielzahl von kollektivrechtlichen Ansatzpunkten, die im Rahmen dieses Ratgebers erläutert werden. Als weitere Zielgruppe sind Führungskräfte bzw. Mitarbeiter/innen der Personalabteilungen zu nennen, die ebenfalls mit der Gestaltung und Durchführung derartiger Gespräche zu tun haben: Das vorliegende Werk soll sensibilisieren für Unsicherheiten und möglicherweise sogar vorhandene Ängste der Belegschaft gegenüber so genannten neuen Führungsinstrumenten. Diese können zu Widerständen und Hemmnissen bei der Einführung solcher Konzepte führen, selbst wenn sie mehr Offenheit, Dialogorientierung und Partizipation am Arbeitsplatz zum Ziel haben sollen. Insofern bietet das vorliegende Buch unseres Erachtens für beide Seiten (Management und Arbeitnehmer/innen) eine fruchtbare Auseinandersetzung über Chancen und Risiken der institutionalisierten Mitarbeitergespräche.

## Zum Inhalt und Aufbau dieses Ratgebers

Bei den Ratgebern zu Mitarbeitergesprächen sind oft zwei Ausrichtungen zu beobachten. Es gibt Formen, die sich ausführlich mit theoretischen Modellen der Kommunikation beschäftigten, umfangreiche Übungen dazu anbieten, eine Vielzahl von Beispielen zu »Teufelskreisen« und anderen Unarten der zwischenmenschlichen Kommunikation liefern. Dafür macht diese Spezies aber meist wenig Aussagen dazu, welche Typen von Mitarbeitergesprächen in der Praxis vorkommen, welche Ziele damit verfolgt bzw. welche Vereinbarungen dort getroffen werden und so weiter. Mit dieser zweiten Ausrichtung beschäftigt sich schwerpunktmäßig eine weitere Gruppe. Hier wird (meist für die Führungskräfte) erläutert, worauf bei der Vorbereitung, Durchführung und Nachbereitung von

Mitarbeitergesprächen zu achten ist, welche Formulare dort eingesetzt werden können und vieles mehr. Was die eine Gruppe sich zum Schwerpunkt gewählt hat, vernachlässigt die andere – und umgekehrt.

Wir verfolgen mit dem vorliegenden Ratgeber einen Mittelweg. Wer an Mitarbeitergesprächen teilnimmt, sollte sowohl ein Hintergrundwissen zu Abläufen von Kommunikationsprozessen haben, als auch verschiedene Gesprächsanlässe und -typen sowie die damit verbundenen Chancen bzw. Risiken kennen. Dies gilt auch für die betroffenen Beschäftigten. Nur dann können sie die Chancen für sich aufgreifen bzw. ihrer Position wirksam Gehör verschaffen.

Deshalb beschäftigt sich der vorliegende Ratgeber in *Kapitel 2* zunächst mit den Grundlagen der zwischenmenschlichen Kommunikation. Sie helfen zu verstehen, was in Mitarbeitergesprächen vor sich geht und warum die Kommunikation ein sehr schwieriges und häufig schief gehendes Unterfangen ist.

Regelmäßige Mitarbeitergespräche kommen in der betrieblichen Praxis in den vielfältigsten Variationen vor. *Kapitel 3* bietet deshalb eine generelle, mehr strukturell angelegte Einführung in das Führungsinstrument Mitarbeitergespräch. Ein Schwerpunkt sind u. a. die Chancen und Risiken, die aus Perspektive der Beschäftigten mit diesen Führungsinstrumenten verbunden sein können. Hierzu gehört auch ein Überblick über die rechtlichen Handlungsmöglichkeiten der Arbeitnehmer/innen bzw. ihrer Interessenvertretungen.

*Kapitel 4* beschäftigt sich wieder mehr mit generellen kommunikationstheoretischen und -praktischen Grundlagen. Hier werden u. a. die Gesprächsphasen von der Vorbereitung bis zur Nachbereitung erläutert. Ein Großteil dieses Kapitels widmet sich den Gesprächsführungstechniken wie z. B. dem »richtigen« Senden und Zuhören, den Möglichkeiten der Fragestellung, den Feedbackregeln und dem Umgang mit den so genannten Killerphrasen. Mit Hilfe von Übungen und Checklisten können die Leser/innen ihr Wissen überprüfen.

Das *Kapitel 5* behandelt verschiedene Arten von Mitarbeitergesprächen. Die Bandbreite reicht hierbei von Informationsgesprächen (Dienstbesprechung, Einführung und Begrüßung neuer Arbeitnehmer/innen), über Motivationsgespräche (z.B. zur Anerkennung, Beurteilung oder Förderung von Mitarbeiter/innen) bis zu hochgradig emotional besetzten Konfliktgesprächen. Aufgrund der Aktualität liegt ein besonderes Augenmerk auf den brisanten und kontrovers diskutierten Zielvereinbarungsgesprächen.

Im vorliegenden Buch werden »echte« dialogorientierte Varianten des Mitarbeitergespräches bevorzugt, weil hier beide Seiten – Vorgesetzte und Beschäftigte – ihre Positionen vertreten können. Der Ratgeber wird deshalb abgerundet durch ein Beispiel einer unseres Erachtens gelungenen Betriebsvereinbarung zu einer dialogorientierten Gesprächsvariante, die aus einem Unternehmen der Maschinenbauindustrie stammt (vgl. Anhang 1).

# 2. Das Mitarbeitergespräch als Kommunikation

## 2.1 Das Mitarbeitergespräch: Aller Anfang ist schwer...

Kennen Sie diese Situation? Von der Sekretärin Ihres Vorgesetzten, Herrn Meier, sind Sie zu einem 4-Augen-Gespräch mit Herrn Meier bestellt worden. Pünktlich zur vereinbarten Zeit finden Sie sich am Büro Ihres Vorgesetzten ein. Bevor Sie die Klinke herunterdrücken, lassen Sie kurz die letzten Monate Revue passieren. Mit Ihrer Leistung können Sie eigentlich zufrieden sein: die Zahlen stimmen, ein Aufwärtstrend ist erkennbar – wenn, ja wenn nur nicht diese Beschwerde des Großkunden Schmidt gewesen wäre. Eigentlich eine Bagatelle, aber der bauscht das immer so auf...

Als Sie das Büro von Herrn Meier betreten, sitzt dieser noch vor dem laufenden PC. Er beendet gerade ein Telefongespräch mit etwas unwirschen Worten:»Nun sehen Sie zu, dass Sie das zum Laufen kriegen!« Er nimmt wahr, dass Sie noch in der Eingangstür stehen und deutet auf einen freien Stuhl. Mit einem Blick auf die Uhr und den Worten »Schön, Herr Müller, dass Sie da sind, jetzt wollen wir mal über das vergangene Quartal reden« nimmt er Ihre Personalakte aus der Schreibtischschublade. Ein unbehagliches Gefühl macht sich störend in Ihrer Magengegend breit...

Ohne Zweifel ist dieses Gespräch aus Sicht von Herrn Müller bereits mit einer negativen Grundstimmung belastet, bevor überhaupt die ersten Worte gewechselt worden sind. Herr Müller macht sich auf einiges gefasst, nimmt eine Abwehrhaltung ein. Vergebens versucht der Vorgesetzte, der mit den Leistungen von Herrn Müller in der Vergangenheit sehr zufrieden war und mit ihm über weitere Entwicklungsmöglichkeiten sprechen wollte, im Gespräch eine positive Stimmung zu erzeugen. Was ist denn bloß heute mit dem Müller los, denkt er sich. In der Folge hat er mehrfach den Eindruck, dass beide aneinander vorbeireden.

Wie es zum »Aneinander-Vorbeireden« und zum »Einschleichen« negativer Untertöne bereits zu Beginn des Gespräches kommen konnte, wird deutlich, wenn man versucht nachzuvollziehen, wie unterschiedlich beide Gesprächspartner die Situation erlebt haben könnten.

| | Mitarbeiter Müller | Vorgesetzter Meier |
|---|---|---|
| 4-Augen-Gespräch | »Was will der bloß von mir?« | »Endlich einmal Zeit, um in Ruhe mit Müller zu reden – im Alltag kommt man ja kaum dazu!« |
| Leistungseinschätzung des Mitarbeiters | »Meine Leistung war doch okay – oder?« | »Die Leistung des Müller war viel verspre-chend; ich muss mit ihm über Entwick-lungsmöglichkeiten sprechen!« |
| Jüngste Beschwerde des Großkunden | »Der Schmidt bauscht immer alles gleich so auf...!« | »Ich weiß ja auch, dass der Schmidt immer alles so aufbauscht. Ich höre mir erst mal den Müller an.« |
| Telefongespräch und unwirsches Ende | »Mein Gott, ist der heute schlecht drauf!« | »Obwohl ich die Sekretärin gebeten hatte, während des Gesprächs mit Herrn Müller keine Telefongespräche durchzustellen, hat sie nun doch gestört. Nun gut – sie hat eben den Ausfall der Produktionsanlage als besonders dringlich eingestuft und das Gespräch entgegen meiner Anweisung doch vermittelt!« |
| Blick auf die Uhr | »Der hat schon wieder nicht richtig Zeit!« | »Heute möchte ich mir Zeit nehmen, um in Ruhe mit Müller über das vergangene Quartal und zukünftige Planungen zu re-den!« |
| Personalakte heraus-nehmen | »Jetzt wird's unbehag-lich!« | »Gut, dass ich mich schon auf das Ge-spräch vorbereitet und mir Notizen ge-macht habe!« |
| »Jetzt wollen wir mal über das vergangene Quartal reden!« | »Gleich hält er mir diese blöde Beschwerde vor!« | »Gleich werde ich ihm sagen, wie zufrie-den ich mit seiner Leistung bin!« |

Übersicht 2-1: Die Gesprächssituation aus Sicht des Mitarbeiters und des Vorgesetzten

Offensichtlich liegt hier ein arges Missverständnis vor. Obwohl der Vor-gesetzte Meier den Eingangssatz »Jetzt wollen wir mal über das vergan-gene Quartal reden« in durchaus positiver Absicht geäußert hatte, kommt die Botschaft beim Mitarbeiter in dieser Form nicht an: Müller erwartet einen für ihn unangenehmen Verlauf des Gesprächs.

Wie es zu diesem Missverständnis kommen konnte, soll in den nach-stehenden Abschnitten verdeutlicht werden. Dabei geht es um folgende Fragen:
1. Was passiert eigentlich bei der Kommunikation und warum interpre-tieren Meier und Müller die geschilderte Situation unterschiedlich? *(Abschnitt 2.2)*
2. Welche unterschiedlichen Formen von Mitarbeitergesprächen gibt es? Welche Ziele werden damit verfolgt? Worin liegen die Chancen und Risiken für die Beschäftigten? *(Kapitel 3)*

23

3. Worauf ist bei der Vorbereitung, Durchführung und Nachbereitung von Mitarbeitergesprächen zu achten? Wie können insbesondere Mitarbeiter/innen sich auf die Gesprächssituation vorbereiten? *(Abschnitte 4.1 bis 4.3)*
4. Mit welchen Techniken können Gespräche strukturiert und geführt werden? Gelten diese Techniken nur für die Vorgesetzten oder können auch Beschäftigte derartige Techniken nutzen? *(Abschnitt 4.4)*

## 2.2 Die zwischenmenschliche Kommunikation – keine Einbahnstraße!

Das kurze Eingangsbeispiel macht bereits in sehr komplexer Form die Problematik der zwischenmenschlichen Kommunikation deutlich: Die Vorstellung eines Gesprächs als »Einbahnstraße« – eine Person redet, ihr Gegenüber ist in der Lage, das Gesprochene vollständig aufzunehmen und zu verarbeiten – wird dem komplizierten Prozess der Kommunikation bei weitem nicht gerecht. Auf dem Weg vom sprechenden »*Sender*« zum hörenden »*Empfänger*« geht eine Menge Information verloren: Die sprechende Person trifft mit Worten nur selten genau das, was sie in Gedanken ausdrücken wollte, die zuhörende Person kann nicht alles erfassen, was gesagt wurde usw. Eine »*Informationsverlusttreppe*« geht vom Sender zum Empfänger.

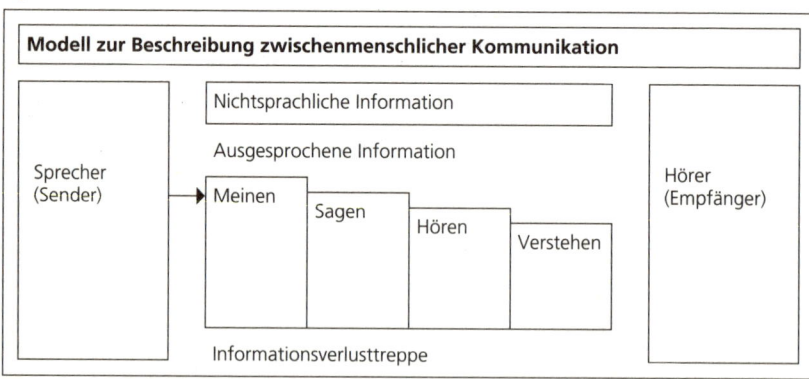

Übersicht 2-2: Die Informationsverlusttreppe (nach Gehm 1997, S. 33).

Das Bild von der Informationsverlusttreppe macht optisch deutlich, dass ein Großteil der vom Sender ausgehenden Informationen beim Empfänger nicht »ankommt«. Daneben lenkt die Abbildung das Augenmerk noch auf einen zweiten, sehr wichtigen Sachverhalt: Bei der zwischenmenschlichen Kommunikation geht es nicht nur um die ausgesprochene, sondern auch um die *»nichtsprachliche« (nonverbale) Information*. Hierunter fallen z.b. Blickkontakt, Mimik und Gestik, die Körperhaltung, der Stimmeinsatz (Lautstärke, Sprechtempo, Pausen) usw.[1] Kommunikation wird somit zu einem Senden und Empfangen »auf vielen Kanälen« (Gehm 1997, S. 35). Am obigen Beispiel des Vorgesetzten Meier und seines Mitarbeiters Müller wird deutlich, dass dabei eine »gleiche Wellenlänge« keinesfalls vorausgesetzt werden kann.

Sich auf »gleichen Wellenlängen« zu bewegen, wird deswegen so schwer, weil es in Gesprächen in den seltensten Fällen nur darum geht, eine Sachinformation von Person A zu Person B zu transportieren. Dieser so genannte *Inhaltsaspekt* einer Nachricht wird immer übermittelt vor dem Hintergrund einer spezifischen »Beziehung« der kommunizierenden Personen: Mutter – Kind, zwei einander unbekannte Personen oder – so wie im vorliegenden Beispiel – Vorgesetzter und Mitarbeiter. Es ist durchaus denkbar, dass es zwischen zwei Kommunizierenden auf der sachlichen Inhaltsebene ein Einvernehmen gibt, während sie auf der *Beziehungsebene* völlig aneinander vorbeireden und umgekehrt (vgl. Watzlawick/Beavin 1980, S. 100 ff.). Bei der Interpretation von Beziehungen spielt nämlich die subjektive Einschätzung der Situation durch die Teilnehmer/innen eine ganz besondere Rolle. Wie die Personen ihr Verhältnis zueinander sehen, das hängt bewusst oder unbewusst von früheren Erfahrungen und der bereits angesprochenen nonverbalen Kommunikation ab. Dieser Beziehungsaspekt schwingt in jeder Kommunikation mit und bestimmt den Inhaltsaspekt einer Nachricht (vgl. Watzlawick u. a. 1996, S. 56).

Der Hamburger Psychologe Schulz von Thun verfeinert diese Überlegungen weiter zu seinem bekannt gewordenen Modell der »vier Seiten einer Nachricht«. Nach diesem Modell sind in ein und derselben Nachricht mehrere Aspekte gleichzeitig enthalten (vgl. Schulz von Thun 2000a, S. 25 ff.):

---

1 Auf diesen nonverbalen Bereich der Kommunikation wird weiter unten noch einzugehen sein.

1. der *Sachinhalt* (hier steht die Sachinformation im Vordergrund und die Frage, wie diese klar und verständlich übermittelt werden kann),
2. die *Selbstkundgabe* (z.B. Informationen über die momentane Befindlichkeit des Senders),
3. ein *Beziehungshinweis* (einen Hinweis darauf, wie der Sender die Beziehung zwischen sich und dem Empfänger sieht),
4. ein offener oder versteckter *Appell* an den Empfänger (etwas zu tun oder zu unterlassen).

Diese »vier Seiten einer Nachricht« verbindet Schulz von Thun in folgendem Schema (ders. 2000a, S. 30):

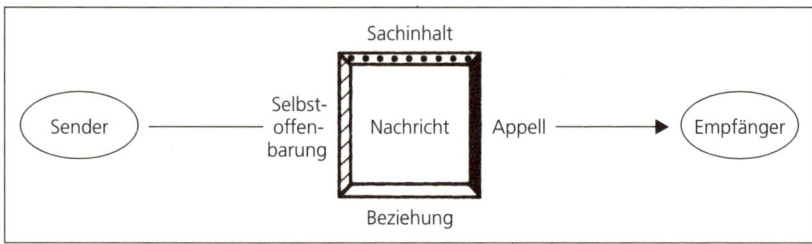

Übersicht 2-3: Die vier Seiten einer Nachricht nach Schulz von Thun
© 1981 by Rowohlt Taschenbuch Verlag GmbH, Reinbek

Dass alle vier Seiten des Quadrates gleich lang sind, ist Absicht. Schulz von Thun geht davon aus, dass in einer Äußerung grundsätzlich alle vier Aspekte gleichrangig vertreten sein können. Selbst wenn z.B. der Sachinhalt laut Intention des Senders im Vordergrund stehen soll, schwingen die anderen Seiten immer im Hintergrund mit. Für den Empfänger bedeutet dies, dass er innerlich auf alle vier Seiten einer Nachricht reagieren kann (vgl. Schulz von Thun 2000a, S. 15 f.).

Im Eingangsbeispiel informiert der Vorgesetzte Meier seinen Mitarbeiter durch den Satz »Jetzt wollen wir mal über das vergangene Quartal reden« über den Gegenstand, um den sich das Gespräch drehen soll, also den Sachinhalt. Müsste der Vorgesetzte einen Kommentar zu den weiteren Seiten des Nachrichtenquadrates abgeben, würde er aus seiner Sicht möglicherweise folgendermaßen argumentieren: »Einmal wollte ich meinem Mitarbeiter sagen, dass ich seine Leistung anerkenne (Beziehungsebene) und ich mit ihm sehr zufrieden bin (Teil der Selbstkundgabe). Außerdem enthält die Nachricht einen Appell, weiterhin so gut zu arbeiten – schließlich hatte ich vor, mit meinem Mitarbeiter über die zukünftige Entwicklung zu sprechen!«

Wie an der Übersicht 2-4 deutlich wird, interpretiert der Mitarbeiter den gesprächseröffnenden Satz seines Vorgesetzten völlig anders; die Nachricht kommt nicht in der Intention des Vorgesetzten an. Spiegelbildlich zum Modell der »vier Seiten einer Nachricht« führt Schulz von Thun ein »*4-Ohren-Modell*« ein (ders. 2000a, S. 45).

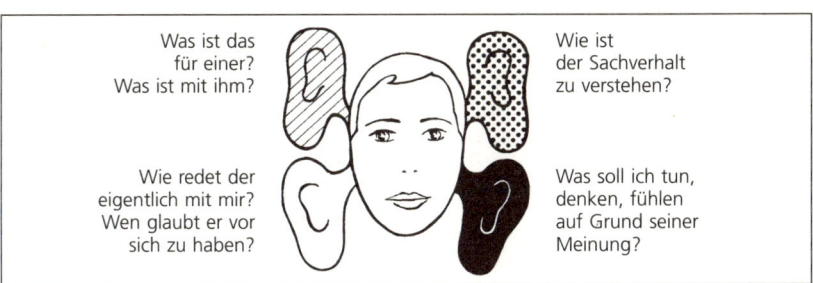

Übersicht 2-4: Die vier Ohren beim Empfang einer Nachricht nach Schulz von Thun
© 1981 by Rowohlt Taschenbuch Verlag GmbH, Reinbek

Wie eine Äußerung beim Empfänger ankommt, hängt stark davon ab, mit welchen »Ohren« dieser das Gesagte aufnimmt:

1. mit dem *Sach-Ohr* (hierbei nimmt der Empfänger vor allem den Sachinhalt zur Kenntnis),
2. mit dem *Selbstkundgabe-Ohr* (hier versucht der Empfänger herauszuhören, welche Motive und Gefühle hinter der Äußerung des Senders stecken),
3. mit dem *Beziehungs-Ohr* (das hinterfragt, ob in der Nachricht eine Stellungnahme des Senders zum Empfänger versteckt ist),
4. mit dem *Appell-Ohr* (das vor allem Aufforderungen an den Empfänger heraushört, etwas zu tun oder zu unterlassen).

Zurück zur Eingangskonstellation und dem dort entstandenen Missverständnis zwischen Vorgesetztem und Mitarbeiter. Mit dem »Sach-Ohr« hat der Mitarbeiter aufgenommen, dass es im 4-Augen-Gespräch um einen Rückblick auf das vergangene Quartal gehen soll. Somit ist der Inhaltsaspekt der Nachricht wahrscheinlich noch »angekommen«, wie es der Sender (der Vorgesetzte) beabsichtigt hatte. Eine Ursache des Missverständnisses ist vermutlich beim »Empfang« auf den anderen drei Ebenen zu suchen: So könnte z.B. der Mitarbeiter auf der Suche nach Anzeichen für die Stimmung des Vorgesetzten mit dem »Selbstkundgabe-Ohr« herausgehört haben, dass der Vorgesetzte heute unwirsch gelaunt ist. Bei der Frage, was der Vorgesetzte von ihm halten könnte, erinnert sich der Mitarbeiter in dieser Situation zuerst an die unangenehme Beschwerde des Großkunden und vermutet dadurch eine Störung in ihrem Verhältnis (»Beziehungs-Ohr«). Folgerichtig analysiert das »Appell-Ohr«: In der kommenden Periode wird vom Mitarbeiter eine bessere Leistung verlangt als im vergangenen Quartal.

Der Vorgesetzte, wenn er in die »Hörvorgänge« seines Mitarbeiters eingeweiht wäre, würde sich bestimmt fragen, wie denn der Herr Müller bloß auf solche Gedanken käme. Hierzu ist es notwendig, sich noch einmal die Ausgangssituation zu vergegenwärtigen. Offenbar ist dem Mitarbeiter Müller nur in groben Zügen bekannt, um welches Thema es im 4-Augen-Gespräch gehen soll; er geht vermutlich unvorbereitet zu seinem Vorgesetzten. Der Vorgesetzte selbst wurde von dritter Seite unvermittelt mit einer unangenehmen Störung konfrontiert, so dass er nicht mit der geplanten Ruhe die Situation eröffnen konnte. Er wirkt noch etwas gehetzt, hat den PC nicht abstellen können und blickt unbewusst auf die Uhr, ob der Zeitplan noch »passt«. Den Mitarbeiter die Unruhe merken zu lassen, hält er für nicht angemessen und versucht daher, in den gesprächseröffnenden Satz eine betont freundliche Note hineinzulegen. Dies ist vermutlich die Stelle, an der der Mitarbeiter unterschiedliche Schwingungen wahrnimmt: einerseits einen freundlichen Tonfall, andererseits eine gewisse Unruhe, die sich in Mimik, Gestik und Körperhaltung seines Gegenübers ausdrückt. Auch wenn der Mitarbeiter die Situation beim Hereinkommen sicher nicht voll erfassen kann, so spürt er instinktiv eine Schieflage.

Schulz von Thun arbeitet hier mit den Begriffen Authentizität und Stimmigkeit. Die freundliche Gesprächseröffnung des Vorgesetzten steht nicht im Einklang mit der Gesamtsituation, nicht alle zur Situation gehörenden Sachverhalte werden klar ausgesprochen (vgl. Schulz von Thun 2000a, S. 120 ff.).[2] Eine mögliche Reaktion auf Seiten des Mitarbeiters hierauf ist es, im Gespräch auf der Hut zu sein.

---

2 An anderer Stelle führt Schulz von Thun den Aspekt der »Innerung« (der inneren Verfassung des Senders) ein: Diese Innerung wirkt auf die verbale Äußerung ein und beeinflusst damit, wie die Äußerung beim Empfänger »ankommt« und welche Reaktion sie beim Empfänger hervorruft. Das Bild vom »inneren Team«, das nicht mit- aber auch gegeneinander spielen kann, verdeutlicht mögliche widerstreitende Stimmungen des Vorgesetzten. Vgl. hierzu ausführlicher Schulz von Thun (2000b, S. 22 ff.) und (1999, S. 306 ff.).

Im weiteren Verlauf der Unterredung hat der Vorgesetzte mehrfach den Eindruck, dass die Gesprächspartner aneinander vorbeireden und nicht zum eigentlichen Kern, nämlich möglichen Förderungsmaßnahmen für den Mitarbeiter Müller, vorstoßen. Der Verdacht liegt nahe, dass sich das Gespräch im Kreis bewegt. Dabei könnte sich z.B. folgende Struktur von Äußerungen und inneren Befindlichkeiten bei den Beteiligten aufgebaut haben:

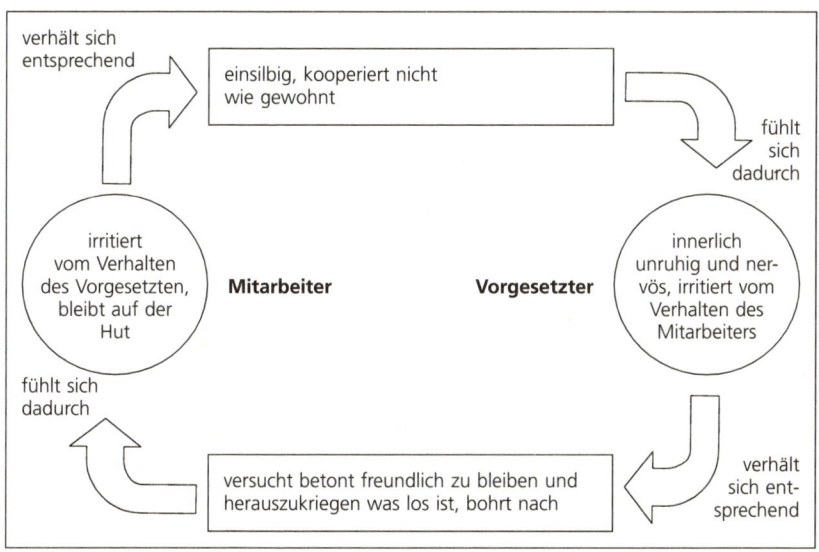

Übersicht 2-5: Der Teufelkreis zwischen Mitarbeiter Müller und Vorgesetztem Meier[3]

Derartige Kreisläufe werden auch »zwischenmenschliche Teufelskreise« genannt, weil sich im Zeitlauf die gegenseitigen Reaktionen tendenziell verstärken und die Personen sich immer schwerer aus dieser Schleife befreien können; die Frage »wer hat angefangen« ist bei derartigen kreisförmigen Bewegungen nicht mehr von Belang.[4] Festzuhalten bleibt aber, dass im vorliegenden fiktiven Fall die Kommunikationsschleife ein konstruktives Gesprächsergebnis verhindert.

---

3 In Anlehnung an Schulz von Thun (2000b, S. 30).
4 Problematisch wird die Situation, wenn sich Teufelskreise in zwischenmenschlichen Beziehungen verfestigen. Vgl. hierzu ausführlicher Thomann/Schulz von Thun (1999, S. 226 ff.).

Das Beispiel soll sensibilisieren für die vielschichtigen Prozesse, die während eines Kommunikationsvorganges ablaufen. Für Vorgesetzte und Beschäftigte ist es gleichermaßen wichtig, hellhörig zu werden für unterschwellige Stimmungen, Störungen im Kommunikationsprozess, unnötige Missverständnisse u. a. Sie können dann nicht beabsichtigten Wendungen im Gespräch schneller entgegenwirken.

# 3. Grundlagen zu Mitarbeitergesprächen

Das vorangehende Kapitel über die Komplexität der zwischenmenschlichen Kommunikation hat Ihnen gezeigt, dass es in der Praxis des Miteinander-Redens erhebliche Probleme und Schwierigkeiten geben kann. Ist dies denn weiter tragisch?

Ja, denn wie schon in der Einleitung näher ausgeführt, gehören Mitarbeitergespräche trotz (oder gerade wegen?) der ausgeprägten informationstechnologischen Möglichkeiten unseres Zeitalters zu den populärsten Führungsinstrumenten, die für die Erfüllung der Unternehmensziele, aber auch in sozialer Hinsicht zentrale Funktionen bedienen sollen. Ohne sinnhafte Kommunikation ist eine zielführende und anpassungsfähige Abstimmung der Aktivitäten zwischen Menschen, Gruppen, Bereichen und ggf. sogar ganzen Organisationen nicht möglich. Daher ist das Thema auch keine neue Managementmode. Es ist vielmehr ein Dauerbrenner. Mit Fug und Recht darf erwartet werden, dass die Unternehmen, die ihre Kommunikationsprobleme am besten lösen, schneller, besser und flexibler sind. Damit sind entscheidende Wettbewerbsvorteile gerade in hoch dynamischen Marktsituationen gleichsam vorprogrammiert. In diesem Zusammenhang erscheint es vernünftig, der Art und Weise der Kommunikation im Unternehmen ein hohes Maß an gestalterischer Aufmerksamkeit zukommen zu lassen. Dem wird auch dadurch Rechnung getragen, dass *institutionalisierte Mitarbeitergespräche* immer mehr als offizielles, gewissen Regeln unterliegendes Führungsinstrument eingesetzt werden.

Diese »unternehmenspolitische« Bedeutung vermischt sich in der Realität mit den im zweiten Kapitel dargestellten sehr persönlichen und situationsabhängigen Einflüssen, insbesondere im Rahmen einer hierarchischen Beziehung mit asymmetrischen Abhängigkeiten.

Umso wichtiger wird es, das Mitarbeitergespräch als ein gut durchdachtes und breit unterstütztes Führungsinstrument zu gegenseitigem Nutzen einzuführen, zu praktizieren und zu pflegen. Dies soll ja, wie schon eingangs zum Ausdruck gebracht, eine grundlegende Funktion dieses Leitfadens sein.

Um Sie zunächst in allgemeiner Form – sozusagen »vor der Klammer« – über das Mitarbeitergespräch zu informieren, gehen wir in diesem Grundlagenkapitel in folgenden Schritten vor:

Zunächst wird geklärt, was überhaupt unter einem Mitarbeitergespräch verstanden werden kann und was häufige und wichtige Ziele sind, die ihm zugeschrieben werden.

Anschließend werden einige anlassbezogene Typen von Mitarbeitergesprächen ausdifferenziert, die auch die Basis für die Darlegungen in den hinteren Teilen dieses Buches sind.

Strukturelle Aspekte wie Phaseneinteilung und Gesprächstechniken sind Gegenstand des darauf folgenden Abschnitts.

Schließlich werden – vorzugsweise aus der Perspektive der Mitarbeiter/innen – Chancen und Risiken sowie rechtliche Aspekte des Mitarbeitergesprächs beleuchtet.

## 3.1     Was sind Mitarbeitergespräche?

Dass es in Unternehmen oder anderen Organisationen tagtäglich Gespräche zwischen Vorgesetzten und einzelnen oder mehreren Mitarbeiter/innen (bzw. Teams) gibt, ist eigentlich eine Selbstverständlichkeit. Wo Arbeits- und Aufgabenteilung stattgefunden hat, ist auch ständig eine zielgerichtete Koordination erforderlich. Dabei ist das Gespräch eines der wichtigsten Koordinationsmittel. Planungen und Entscheidungen, Delegation und Kontrolle, Koordination und Abstimmung, Motivation und Beteiligung, Beurteilung und Bewertung setzen Diskussionen, Dialoge, Beratungen, Verhandlungen voraus. Der Informationsaustausch, das Führen von Gesprächen unterschiedlicher Art macht nach vielen Untersuchungen den Löwenanteil der täglichen Tätigkeiten von Vorgesetzten aus (vgl. z.B. Neuberger 1981, S. 269).

Angesichts dieser grundlegenden Bedeutung von Kommunikation im Allgemeinen und Gesprächen im Besonderen verwundert es, dass allerorten über diesbezügliche Defizite geklagt wird. Aber es gibt auch einen regelrechten »Markt«, der an diesem Problem ansetzt und davon zumeist nicht schlecht lebt. Entsprechende Trainingsangebote, insbesondere für Führungskräfte, sind dabei ebenso verbreitet wie Leitfaden-Literatur, die sich um mehr oder weniger ausgereifte und praxisnahe Tipps für die Beteiligten bemüht.[1] Zu dieser »Spezies« gehört auch das vorliegende Werk, wohl aber mit dem Unterschied, dass es sich auch und bevorzugt an die Mitarbeiter/innen wendet, die mit solchen Gesprächen zu tun haben, und nicht (nur) an die Führungskräfte.

Spätestens seit den 70er Jahren ist das *Instrument Mitarbeitergespräch* in den Rang einer bewusst zu gestaltenden Führungstechnik, mithin zu einem Umsetzungsmittel einer kooperativen Personalführung gerückt. Nach diesem Verständnis ist das Mitarbeitergespräch ein Schlüsselinstrument für diverse Führungsziele, insbesondere für eine – auch aus betriebswirtschaftlichen Gründen wünschenswerte – Beteiligung und Einbeziehung der Mitarbeiter/innen sowie für eine »überzeugungsorientierte« (statt zwangsorientierte) Personalführung (vgl. Neuberger 1973 und 1981, S. 270). Das Mitarbeitergespräch soll eben nicht dem Zufall und der Willfährigkeit der/des Vorgesetzten überlassen bleiben. Es soll zur festen und bewusst eingesetzten Institution werden, indem Gesprächstypus, Art der Gesprächsführung, Ziele, Inhalte, Zeiten, Vorgehensweisen usw. so gut es geht nach einem bestimmten Konzept gestaltet und vorstrukturiert werden.

Nicht also das zwangsläufig alltäglich stattfindende Gespräch zwischen Mitarbeiter/innen und Führungskräften, sondern das institutionalisierte, vom Management in den Rang eines offiziellen Führungsinstruments erhobene Mitarbeitergespräch soll Gegenstand der Betrachtungen und Darlegungen in diesem Buch sein. Dies festzustellen wirft gleichsam die Frage auf, woran Sie denn die Existenz eines Mitarbeitergesprächs in diesem Sinne erkennen können.

Typische Merkmale sind:
- Es ist zu einem *offiziellen Instrument* ggf. mit einem spezifischen Namen erhoben worden, d. h. seine Einführung ist generell vom Management betrieben und für alle Beteiligten erkennbar verkündet. Häufig ist dies auch schriftlich fixiert worden, so etwa in Führungsgrundsätzen oder in einer speziell mit dem Betriebs- oder Personalrat ausgehandelten Vereinbarung.
- Entsprechend gibt es bestimmte *generelle Regeln*, denen das Gespräch genügen soll. Diese können sich u. a. beziehen auf Ziele, Gesprächs-

---

1 Vgl. für viele Rischar (1994); Kempe/Kramer (1998).

inhalte, strukturelle Aspekte, Vorgehensweisen, Vorgaben für die Gesprächsdauer, Vorgehen im Falle von Konflikten usw. Derartige Regelungen sind, falls vorhanden, in zugrunde liegenden Dokumenten (Führungsgrundsätze, Betriebsvereinbarung, Trainingsmaterialien, Informationsbroschüren, Leitfäden usw.) rekapitulierbar.

- Mitarbeitergespräche finden anlassbezogen und/oder nach einem wiederkehrenden Turnus, auf jeden Fall *in einer gewissen Regelmäßigkeit* statt.

- Die Regelhaftigkeit und Regelmäßigkeit bedingt, dass den Akteuren gewisse *Hilfsmittel* an die Hand gegeben werden, damit sie die Gespräche im Sinne der zugrunde liegenden Ziele und Regularien auch ausführen. Dies sind z.B. bestimmte Checklisten für die Vorbereitung, Durchführung und Nachbereitung des Gesprächs oder Protokollbögen, die häufig nach dem Mitarbeitergespräch ausgefüllt an die Personalabteilung geschickt werden müssen und dadurch auch als Kontrollinstrument zur Gesprächsdurchführung fungieren können. Häufig wird das gesamte Instrument in speziellen Informationsbroschüren beschrieben, um es Mitarbeiter/innen wie Vorgesetzten inhaltlich nahe zu bringen.

- Die Gesprächstechniken und -regeln sind ein zentraler *Gegenstand der Personalentwicklung*. Insbesondere die Vorgesetzten werden mehr oder weniger intensiv in speziellen Trainingsveranstaltungen in der Anwendung und Umsetzung des Gesprächs geschult. Die unterstellten Mitarbeiter/innen werden nur in wenigen Fällen in solche Trainingsangebote einbezogen. Bei den Trainings spielen die jeweiligen Gesprächskonzeptionen eine ebenso wichtige Rolle wie das Einüben von Gesprächstechniken und die generelle Sensibilisierung für Kommunikation und soziale Beziehungen (vgl. Kapitel 2).

Aus Sicht der Arbeitnehmer/innen gibt es in der Praxis durchaus unterschiedlich weit gehende Konzepte für solche Mitarbeitergespräche. Sie unterscheiden sich danach, inwieweit sie die Mitarbeiterin/den Mitarbeiter als gleichwertigen bzw. gleichgewichtigen Partner sehen oder sie/ihn mehr oder weniger im Sinne der Unternehmensziele instrumentalisieren.

Bei den »unternehmenslastigen« Konzepten geht es in der Grundausrichtung um die Mobilisierung des Sachverstandes der Beschäftigten, begrenzte Beteiligung im Sinne von Beratung, aber nicht unbedingt zur Interessenartikulation der Mitarbeiter/innen, sondern zur Verbesserung der Qualität der Entscheidungen der Vorgesetzten, ferner um

Dampf-Ablassen anstatt konstruktive Konfliktaustragung und ggf. gar um »heimliche« Personalbeurteilung und Bestenauslese.

Derartige »Einbahnstraßen-Gespräche« sind aber kein Muss. Zum einen verkennen sie, dass die Kommunikationssituation in einem Mitarbeitergespräch nie einen Einbahnstraßen-Charakter aufweist (vgl. Abschnitt 2.2) und durch einen falschen, die Kommunikationsgrundlagen nicht beachtenden Zuschnitt ihre Ziele mit hoher Wahrscheinlichkeit verfehlen. Zum anderen zeigt die Praxis, dass es auch offenere und zweiseitige Konzepte gibt, in denen eher der partnerschaftliche Dialog anstatt die einseitige Instrumentalisierung angestrebt wird.

Damit eng zusammenhängend lassen sich auch verschiedene Gesprächsstile für die Realisierung eines Mitarbeitergesprächs unterscheiden. Natürlich hängt der »Stil« in der Regel von der konkreten Wahrnehmung der Gesprächsaufgabe durch die jeweilige Führungskraft und vermutlich auch von ihrer »Persönlichkeit« ab. Es gibt aber auch verschiedene Konzepte, die die eine oder andere Form der Gesprächsführung begünstigen bzw. möglichst ausschließen sollen.

Nach Neuberger (1973, S. 143 ff.) lassen sich die folgenden Arten der Gesprächsführung unterscheiden:

- Das *direktive Mitarbeitergespräch* ist stark durch die/den Vorgesetzte/n gesteuert und strukturiert. Entscheidungen stehen im Prinzip schon fest. Oft kommt es nur darauf an, diese den Gesprächspartner/innen klarzumachen. Die/der Vorgesetzte setzt alleine die Akzente und damit in der Regel auch ihre/seine Absichten durch. Ansichten und Belange der/des Untergebenen werden tendenziell vernachlässigt.

- Im direktiven Gespräch sind die Vorzeichen klar und für die Gesprächsbeteiligten so erkennbar. Dem ist aber nicht unbedingt so beim *latent-direktiven Gespräch*, das viele – unseres Erachtens fälschlicherweise – mit einem »kooperativen Führungsstil« verbunden sehen wollen. Hauptunterschied zum offen direktiven Gespräch ist nur die äußere Erscheinung der Gesprächsführung. Die/der Vorgesetzte hat das Heft fest in der Hand, steuert und strukturiert die Unterredung, bestimmt die Ziele, ist aber wählerischer in Bezug auf die verwandten Formulierungen und die Gesprächsatmosphäre. Unter der »Maske des verbindlichen Entgegenkommens« (Neuberger 1973, S. 144) glaubt man, schon getroffene Entscheidungen besser »verkaufen« oder die Mitarbeiterin/den Mitarbeiter eher zur Preisgabe ihres/seines Sachverstandes »motivieren« zu können. Das Gespräch verläuft zwar in einem relativ freundlichen Klima – jedenfalls solange die Mitarbeiter/innen »mitspielen« und sich nicht »uneinsichtig« zeigen. Die Rollenverteilung entspricht aber völlig der des direktiven Mitarbeitergesprächs: Die/der Vorgesetzte setzt die Akzente, sie/er will bestimmte Absichten und Ziele möglichst in wenig Widerstand provozierender Form durchsetzen. Sie/er beendet das Gespräch, wenn sie/er glaubt, diese erreicht zu haben. Wie das offen direktive Gespräch verläuft das latent-direktive in absolut hierarchischen Bahnen. Die Hierarchie ist nur durch die Maske des »Entgegenkommens« überdeckt und dadurch weniger sichtbar.

- Davon unbedingt zu unterscheiden ist das *offene Mitarbeitergespräch*, in dem die hierarchische Beziehung sicher nie ganz ausgeblendet, aber dennoch in Kontrast zu den anderen beiden Typen erheblich »zurückgefahren« wird. Die Mitarbeiterin/der Mitarbeiter nimmt (annähernd) gleichberechtigt am Gespräch teil. Das Ergebnis steht nicht von vornherein fest; es ist offen. Die Mitarbeiter/innen können ebenso wie die Führungskraft ihre Belange, An- und Absichten einbringen, ihrerseits die Initiative zur Durchführung des Gesprächs ergreifen. Die Gesprächsführung ist, sofern es überhaupt in diesem Sinne eine gibt, weniger ergebnis- als personenorientiert. Die/der Vorgesetzte hört geduldig zu und toleriert auch »Abweichungen« von der eigentlichen Thematik. Die Gespräche sind wegen ihrer »echten« Zweiseitigkeit von tendenziell längerer Dauer. Die/der Vorgesetzte beendet das Gespräch nicht, wenn sie/er glaubt, die Ziele erreicht zu haben. Die Mitarbeiter/innen können ihrerseits die Unterredung so lange fortsetzen, bis auch sie meinen, dass alle relevanten Probleme »auf den Tisch« gekommen und einer Aussicht auf Lösung zugeführt sind.

## 3.2    Welche Ziele können erreicht werden?

Wie im nächsten Abschnitt noch ausführlich zu erörtern sein wird, sind die Typen und Anlässe von offiziellen Gesprächen, die unter den Begriff »Mitarbeitergespräche« gefasst werden, durchweg verschieden. Entsprechend hängen die Zielsetzungen natürlich stark von dem jeweiligen Typus bzw. Anlass ab.

Dennoch kann man einige grundlegende Zielsetzungen herausstellen, die mehr oder weniger stark bei jedem Mitarbeitergespräch von Bedeutung sind.

Diese generellen Zielsetzungen sind:

# ▪ Information

Wie schon im Kapitel zur Kommunikation dargelegt, geht es praktisch bei jedem Mitarbeitergespräch um den Informationsaustausch zwischen den beteiligten Parteien. Die/der Vorgesetzte erfährt etwas über Einschätzungen der Mitarbeiterin/des Mitarbeiters, Zukunftsabsichten, über das Arbeitsklima oder offene bzw. latente Spannungen in der Abteilung oder Arbeitsgruppe. Der Informationsaspekt steht vor allem bei Problemlösungsgesprächen im Vordergrund. Dabei geht es besonders darum, den Sachverstand, die Informationsvorsprünge der Mitarbeiter/innen zu aktivieren und für eine Verbesserung der Entscheidungsqualität zu nutzen.

Umgekehrt sollen aber auch die Mitarbeiter/innen Informationen gewinnen, etwa über wichtige Entwicklungen im Unternehmen oder bezogen auf den eigenen Arbeitsbereich. Häufig ist dies eine zentrale Voraussetzung, um die Fähigkeiten der Mitarbeiter/innen zur eigenständigen und flexiblen Mitarbeit zu gewährleisten und zu stabilisieren.

# ▪ Motivation und Identifikation

Aus seinem Charakter als zentrales Führungsinstrument geht die motivationale Zielsetzung des Mitarbeitergesprächs hervor. Es soll »den Mitarbeitern das Gefühl vermitteln, dass sie als Gesprächspartner akzeptiert sind« (Hilgenberg 1979, S. 25). Über diese kommunikative Einbindung soll sich eine Identifikation mit der eigenen Arbeit, dem Bereich, dem Unternehmen und ggf. auch mit getroffenen Entscheidungen einstellen. Die Wahrscheinlichkeit hierzu steigt in dem Maße, wie die Mitarbeiter/innen anhand von Gesprächen in Entscheidungen einbezogen worden sind.

# ▪ »Dampf ablassen«

Nicht zu unterschätzen ist in vielen Fällen auch die Ventilfunktion des Mitarbeitergesprächs. Bereits Höhn, der Schöpfer des sog. Harzburger Führungsmodells, hat betont, mit dem Mitarbeitergespräch besitze »der Mitarbeiter ein Ventil für persönliche und sachliche Unzufriedenheit. Er kann sich offen dem Vorgesetzten gegenüber äußern und ist nicht mehr gezwungen, hinter dessen Rücken Dritten gegenüber ›seinem Herzen Luft‹ zu machen« (Höhn 1977, S. 45).

In der Tat kann ein kulturell gut verankertes und »gelebtes« Mitarbeitergespräch Beiträge zur Reduzierung oder gar zur Verhinderung von »Mobbing«-Erscheinungen am Arbeitsplatz leisten.

■ **Konfliktlösung**

Damit eng verquickt ist die zentrale Funktion der Thematisierung und ggf. der Regulierung von Konflikten. Das Mitarbeitergespräch kann leistungsmindernde, aber auch das Wohlbefinden der Mitarbeiter/innen beeinträchtigende Spannungen und Konflikte abbauen helfen und eine »Klimabereinigung« herbeiführen.

## 3.3    Gesprächstypen und -anlässe

Mitarbeitergespräche können – wie gesehen – unterschiedlichen Zielsetzungen verschrieben sein. Dies kommt auch zum Ausdruck in den diversen Gesprächstypen, die in der Regel nach Gesprächsschwerpunkten oder -anlässen voneinander unterschieden werden. Obwohl es manchmal äußerlich nicht zu erkennen ist, um welche Form von Mitarbeitergespräch es sich handelt, lassen sich idealtypischerweise folgende Gesprächstypen voneinander unterscheiden:

### Problemlösungsgespräche

Allenfalls in den traditionellen Handwerksbetrieben oder in den Kleinunternehmen der industriellen Frühzeit war es so, dass der Meister bzw. der Unternehmer selbst alle von den Gesellen und Lehrlingen bzw. von den Arbeiter/innen übernommenen Aufgaben beherrschte. Von solchen wenigen Ausnahmen abgesehen war es in der betrieblichen Praxis noch nie so, dass die Vorgesetzten immer und gleichsam automatisch alles besser wissen und können als ihre unterstellten Mitarbeiter/innen. Dennoch ist diese Annahme prinzipieller Überlegenheit der Führungskräfte in unseren hierarchisch-bürokratischen Führungs- und Organisationskonzepten angelegt. Das Zusammenfallen von fachlicher Kompetenz und formaler Anordnungsbefugnis gehört zu den zentralen Funktionsvoraussetzungen der bürokratischen Hierarchie. Die Führungskraft entscheidet aufgrund ihrer hierarchischen Position, die indirekt auf ihren Qualifikations- und Fähigkeitsvorsprüngen fußt, und »verpackt« das Ergebnis solcher »einsamen« Entscheidungen in entsprechende Arbeitsanleitungen, Verfahrensanweisungen oder unmittelbare Anweisungen, an die sich die unterstellten Mitarbeiter/innen zu halten haben.

Ohne jede Frage hat sich die Wirklichkeit in der modernen Ökonomie und Verwaltung längst weit von dieser Grundannahme entfernt. Vielfach sind die Vorgesetzten auf Spezialkenntnisse und -fähigkeiten von formal Untergebenen dringend angewiesen. Die Führungskräfte können auf die Fachkompetenz der Wissenschaftler/innen, Techniker/innen, Facharbeiter/innen, ja häufig selbst auf Erfahrungen wenig qualifizierter Beschäftigter in den ausführenden Bereichen nicht (mehr) verzichten. Dies gilt allein schon, weil die unterstellten Mitarbeiter/innen die Probleme und Reibungspunkte in den Arbeitsabläufen genauer und differenzierter erkennen und wahrnehmen als ihre Vorgesetzten.

Will nun das Management oder die Führungskraft diesen Sachverstand der formal unterstellten Mitarbeiter/innen für die Verbesserung der Entscheidungsqualitäten und betrieblicher Problemlösungen nutzen, bedarf es dazu kommunikativer Aktivitäten, die eben nicht von den Asymmetrien hierarchischer Beziehungsmuster geprägt sind. Eine Führungskraft kann nun einmal ihren Mitarbeiter/innen nicht befehlen: Bringe dein Wissen ein, sag' mir alles, was du weißt! Dafür fehlt ihr nämlich die Kontrollbasis. Sie kann nicht überprüfen, ob eine Mitarbeiterin/ein Mitarbeiter tatsächlich ihr/sein gesamtes »Produktionswissen« offen legt oder nicht. Nicht umsonst werden diese Kenntnisse und Erfahrungen in der industriesoziologischen Literatur als »tacit knowledge«, das »heimliche Wissen«, der Mitarbeiter/innen bezeichnet.

Mitarbeitergespräche als Problemlösungsgespräche zielen in diesem Zusammenhang in ihrem Kern darauf ab, den Sachverstand der Mitarbeiter/innen zu einer Verbesserung der Entscheidungsqualitäten zu nutzen. Davon ging schon Höhn (1977, S. 40) mit seinem Führungsinstrument »Mitarbeitergespräch« im »Harzburger Modell« aus:

»Ziel ... des Mitarbeitergesprächs ist es, die Initiative und das Mitdenken der Mitarbeiter für die Entscheidungsfindung des Vorgesetzten nutzbar zu machen. ... Sie nehmen dem Vorgesetzten die Entscheidung ... nicht ab. Seine Entscheidungsfindung wird aber durch die Kenntnis der Argumente seiner Mitarbeiter besser fundiert.«

## Informationsgespräche

Bei Informationsgesprächen steht, wie die Bezeichnung schon aussagt, die Informationsfunktion im Vordergrund. Während bei den Problemlösungsgesprächen der Schwerpunkt des Informationsflusses von unten nach oben, also von den Mitarbeiter/innen zu der/dem Vorgesetzten, verläuft, ist es beim Informationsgespräch umgekehrt.

Auch beim Problemlösungsgespräch, wie im Übrigen bei allen Mitarbeitergesprächen zwangsläufig ebenfalls, fließen natürlich Informationen. Wir wollen aber hier nur dann von einem Informationsgespräch sprechen, wenn diese Funktion in einer Unterredung sozusagen entlang der hierarchischen Richtung im Vordergrund steht, also wenn es im Kern darum geht, für die Mitarbeiter/innen notwendige und/oder wünschenswerte Informationen entlang des Dienstweges zu vermitteln.

Ihre spezifische Bedeutung gewinnen solche Gespräche oft im Zusammenspiel mit der *Delegation* von Aufgaben, Verantwortungen und ggf. von Entscheidungskompetenzen.

Hierbei ist nämlich ein hoher Informationsstand die Voraussetzung für Mitarbeiter/innen, ihren Delegationsbereich möglichst effizient zu bearbeiten.

Gerade im Zusammenhang mit der Beteiligung von Mitarbeiter/innen an Entscheidungen, der Nutzung ihres Sachverstandes und der Praktizierung kooperativer Führungsprinzipien müssen die Mitarbeiter/innen intensiv in informatorische Aktivitäten eingebunden sein. Sie müssen Zusammenhänge sehen und ihr Arbeitsgebiet in einen größeren Rahmen einordnen können. Dazu gehört auch, dass die Vorgesetzten ihre Mitarbeiter/innen regelmäßig und umfassend über wesentliche organisatorische und geschäftspolitische Fragen informieren.

Ein hoher Informationsstand in diesem Sinne ist Voraussetzung für »selbständige« Mitarbeiter/innen. Nur auf einer soliden Grundlage werden sie in der Lage sein, für ihren Delegationsbereich angemessen zu agieren, die richtigen Entscheidungen zu treffen, an den Schnittstellen Kontakte zu suchen und konstruktiv mit anderen Gruppen oder Bereichen zusammenzuarbeiten usw.

Ein reger Informationsfluss entlang der Hierarchiestrukturen ist aber auch aus motivationalen Gründen wichtig. Wenn die Mitarbeiter/innen über die aktuelle Geschäftslage, Marktsituationen, Kostenentwicklungen, neue Produktionsverfahren, zukünftige Strategien, aber auch über den Zusammenhang oder die Einordnung ihrer Arbeit in die Gruppe,

Abteilung oder den Betrieb als Ganzes ständig auf dem Laufenden gehalten werden, werden sie zugleich stärker in das Gesamtsystem integriert. Die Beschäftigten sind besser in der Lage, ihre Position in dem Gesamtgefüge sowie ihren persönlichen Beitrag für dessen Leistungserstellung zu identifizieren. Die Arbeit gewinnt an Sinn, und die Mitarbeiter/innen arbeiten auf dieser Grundlage in der Regel freudiger und engagierter. Dabei gilt es auch zu bedenken, dass dieser für Motivation und Identifikation offenbar so bedeutsame Sinnbezug der Arbeit oft durch den Prozess der Technisierung und der damit einhergehenden Abstraktifizierung der Arbeit ein Stück verloren gegangen ist. Intensive Informationsgespräche können hier als Korrektiv entgegenwirken und verloren gegangene Potenziale zur Arbeitsmotivation und zur Identifikation mit Unternehmen und Aufgabe wieder erzeugen.

Gleichwohl hat das persönliche Gespräch im Informationszeitalter längst nicht mehr das Monopol für die Gewährleistung dieser zentralen Funktion. Schon die althergebrachten Firmenzeitschriften, erst recht moderne, informationstechnikgestützte Medien wie die sog. »Intranets« werden unter anderem in den Dienst dieser Aufgabe gestellt. Aber die Vorzüge des persönlichen Gesprächs sind auch im Angesicht faszinierender technischer Informationsmöglichkeiten nicht zu verkennen. Die Führungskraft nimmt sich Zeit und kann die Information auf die Bedürfnisse und Wünsche der jeweiligen Mitarbeiterin/des Mitarbeiters abstimmen. Damit wird auch die Beziehungsebene gepflegt (vgl. Kapitel 2). Rückfragen können gestellt und Missverständnisse und Unklarheiten, die in einer Einweg-Kommunikation unvermeidlich sind, können behandelt und möglicherweise geklärt werden.

In einem entwickelten Mitarbeitergespräch können Informations- und Problemlösungsfunktion quasi in eins fallen. Auf der Grundlage eines intensiven und gegenseitigen Austauschs von Informationen, Sichtweisen und Positionen können dann auf der Basis eines breiten Kenntnisstandes aller beteiligten Personen aktuelle Fragen aufgedeckt und einer konkreten Lösung zugeführt werden.

## Zielsetzungs- bzw. -vereinbarungsgespräche

Aus dem Amerikanischen kommend, spielen auch im deutschsprachigen Raum Zielsetzungs- bzw. -vereinbarungsgespräche eine immer größer werdende Rolle.

Bei Zielvereinbarungen treffen Vorgesetzte mit ihren Mitarbeiter/innen oder ganzen Teams in einem entsprechenden Mitarbeitergespräch Abmachungen über (von den einzelnen Beschäftigten bzw. Gruppen) anzustrebende Ziele. Diese Ziele sollen dann für eine bestimmte Periode (in der Regel ein Jahr) das Verhalten der Beschäftigten bzw. Gruppen entsprechend steuern. Damit gehören Zielvereinbarungsgespräche auf dem lukrativen »Markt« neuer Führungs- und Managementkonzepte mit deutlich wachsender Tendenz zu den am höchsten gehandelten und mit großen Erwartungen verbundenen Instrumenten. Unternehmen aller Größenklassen und Branchen wie auch neuerdings Behörden und andere Organisationen aus dem öffentlichen Sektor versprechen sich davon einen ebenso effizienten wie flexiblen Steuerungsmechanismus der Unternehmensaktivitäten, der noch dazu partizipative Komponenten enthält und insofern den Bedürfnissen und Interessen der Beschäftigten entgegenkommen kann.

Die gestiegene Attraktivität von Zielvereinbarungen lässt sich durch folgende Erwartungen der Initiator/innen erklären:

- Durch Ziele und Zielvereinbarungen lassen sich Unternehmen und andere Organisationen besser und flexibler steuern als durch klassische Führungsinstrumente wie hierarchische Anweisungen und starre Programme oder Richtlinien. Die Beweglichkeit im Sinne der ständigen Anpassungsfähigkeit an die sich ändernden Umwelt- und Rahmenbedingungen wird gestärkt.

- Miteinander verzahnte und vernetzte Zielvereinbarungen bis »hinunter« zur Basis der Hierarchie versprechen eine stringente Umsetzung der Unternehmensplanung im Sinne der Controlling-Idee.

- Durch Ziel*vereinbarung* lassen sich die Beschäftigten stärker auf die Zielerreichung verpflichten. Die Mit-Beeinflussung der für sie maßgeblichen Zielgrößen gewährleistet die Übernahme von mehr Eigenverantwortung, Handlungsspielräume bei den Wegen zur Zielerreichung, die Reduzierung von Kontrollen sowie als Folge dieser Aspekte eine stärkere Motivation und Identifikation der Mitarbeiter/innen mit »ihren« Zielen/Aufgaben bzw. dem Unternehmen.

- Zielvereinbarung und Leistungsbeurteilung wachsen eng zusammen, was sich vornehmlich aus den Funktionsproblemen der bisherigen Verfahren der Personalbeurteilung mit ihren klobigen, pauschalen und beliebig auslegbaren Kriteriensystemen ergibt.

- Mit einer Verkopplung von Zielerreichungsgraden der einzelnen Mitarbeiter/innen oder Teams und Teilen des Entgelts lässt sich eine stärkere Leistungsorientierung in der Entlohnung umsetzen, die die

Beschäftigten ebenfalls zu einer höheren Leistungsmotivation veranlassen kann.

## Beurteilungs- und Förderungsgespräche

Mitarbeitergespräche standen immer schon in Verbindung mit Prozessen der Leistungs- und Verhaltensbeurteilung der Mitarbeiter/innen durch ihre Vorgesetzten. Auch unser Eingangsbeispiel mit den Herren Meier und Müller ist vom Typus her ein solches Gespräch (vgl. Abschnitt 2.1). Schon in den alten Beurteilungskonzepten, den sog. *Einstufungsverfahren,* bei denen die Vorgesetzten die Mitarbeiter/innen anhand von vorgegebenen Kriterien (z.B. Arbeitsmenge, -güte, Kooperation, Selbständigkeit, Initiative) und einer meist fünfstufigen Skala zu bewerten hatten, sah praktisch jedes System auch die Durchführung eines Beurteilungsgespräches zwischen Beurteiler/in und Mitarbeiter/in vor. Vom Stellenwert her war diese Unterredung in den älteren Modellen jedoch eher schmückendes Beiwerk für den unumschränkten Verfahrensmittelpunkt: die per vorgegebener Skala »angekreuzten« Bewertungen der einzelnen Kriterien sowie ggf. das zusammenfassende Gesamturteil. War dieses Gespräch de facto nicht viel mehr als eine *Eröffnung* der Beurteilungsergebnisse, wird es heute – zumindest der Intention nach – in den meisten betrieblichen Konzepten zur wichtigsten Aktivität.

Die Öffnung der Personalbeurteilung im Sinne eines Mitarbeitergesprächs geht einher mit einer stärker individualisierten Methodik und mit einer Neigung zur Integration der unvermeidbaren Subjektivität in das Verfahren unter Aufgabe, zumindest Zurückdrängung von Vergleichbarkeits- und Objektivitätsansprüchen.

Folgt man Grieger/Bartölke (1992, S. 98), so lässt sich ein Mitarbeitergespräch zu Beurteilungszwecken als eine Form charakterisieren,»in der die Beurteilung vor dem Hintergrund einer umfassenden Vorbereitung sowohl des Vorgesetzten als auch des Mitarbeiters im Rahmen eines zu protokollierenden Gesprächs erfolgt, wobei auch Vereinbarungen für die Zukunft getroffen werden können, die beide Gesprächspartner verbindlich und selbstbestimmt festlegen. In einem Dialog wären beide Seiten in der Lage, ihre jeweiligen Sichtweisen und Einschätzungen zu vertreten, auf die Gründe für deren Entstehung hinzuweisen und zu Vereinbarungen zu kommen, indem problematisch erachtete Aspekte, bspw. Qualifikationsdefizite aller Beteiligten, hinreichend erörtert werden könnten.«

Durch die Gesprächsorientierung soll der Beurteilungsvorgang entformalisiert, entmathematisiert und in die »weiche« zwischenmenschliche Sphäre zum Zwecke der Kommunikation, Motivation und Pflege des sozialen Klimas zurückgeführt werden. Der Zielschwerpunkt gesprächsorientierter Beurteilungskonzepte liegt, jedenfalls wenn sie ernst gemeint sind, auf den Zielen Förderung, Entwicklung, Kommunikation und Personalführung.

### Konfliktgespräche

Konflikte sind in der Arbeitswelt ebenso alltäglich wie unausweichlich. Schließlich kooperieren hier unterschiedliche Personen und Gruppen mit den unterschiedlichsten Vorstellungen, Werten und Bedürfnissen unter den Rahmenbedingungen eines Leistungsdruckes und einer hierarchischen, also auf unterschiedlichen Machtzuweisungen beruhenden Struktur.

In dieser Konstellation sind gleichsam unzählige potenzielle Konfliktanlässe angelegt, etwa zwischen der/dem Vorgesetzten und einer Mitarbeiterin/einem Mitarbeiter, unter den Mitarbeiter/innen selbst (z.B. bei Konkurrenz um knappe Aufstiegspositionen) oder zwischen ganzen Gruppen und Bereichen.

Dabei ist der Konflikt nicht unbedingt verwerflich, erst recht nicht grundsätzlich schädlich – es kommt eben auf den einzelnen Fall an. Es gibt Konflikte, die haben destabilisierende, ja sogar zerstörerische Folgen und können letztlich nur durch das Verlassen des Unternehmens durch mindestens einen der »Streithähne« aufgelöst werden. Andere Konflikte haben geradezu überlebensnotwendige Wirkungen, weil sie Schwächen und Reibungspunkte in den Ablaufprozessen aufdecken und damit eine Art Motor des Wandels in einer dynamischen Umwelt sind.

Ungeachtet dessen, um welchen Typus es gerade geht, liegt es auf der Hand, dass Konflikte Unruhe und Spannungen verursachen und damit bei ihren Trägern häufig eine Neigung zur Offenlegung und Regelung des Konfliktes verursachen. Auch in diesem Zusammenhang drängen sich natürlich Mitarbeitergespräche als »Lösungsinstanz« auf. Durch ein vorzugsweise dialogorientiertes Gespräch zwischen den Konfliktbeteiligten können die Beweggründe und Ursachen offengelegt und Lösungsmöglichkeiten oder zumindest -korridore aufgezeigt werden.

Damit können Mitarbeitergespräche in der Gestalt von Konfliktgesprächen entscheidende Leistungen zur Pflege und Weiterentwicklung der Beziehungen unter allen Angehörigen und Gruppen des Unternehmens wie auch zur Gewährleistung von notwendigen Anpassungsmaßnahmen aufgrund von Reibungen und aufgetauchten Problemen leisten.

Diese hier nur beispielhaft aufgezählten und kurz erörterten Typen von Mitarbeitergesprächen werden an späterer Stelle des Buches noch vertieft und mit praxisorientierten Materialien ergänzt (vgl. Kapitel 5).

## 3.4 Risiken und Chancen aus Sicht der Mitarbeiter/innen

Schon die Aufzählung der möglichen Typen von Mitarbeitergesprächen und der dahinter stehenden Ziele mag bei der einen Leserin oder dem anderen Leser ein unbehagliches Gefühl verursacht haben. Schön – Mitarbeitergespräche sind ein inzwischen verbreitetes und zu vielen unterschiedlichen Zwecken und Anlässen einsetzbares Führungsinstrument. Was aber bedeuten sie für Sie ganz persönlich, für die betroffenen Beschäftigten, die in Mitarbeitergespräche »verwickelt« werden? Welche Gefahren sind damit verbunden? Welche positiven Entwicklungen für die eigene Arbeitssituation lassen sich mit Hilfe von Mitarbeitergesprächen bewirken oder zumindest einleiten?

Erneut stehen wir vor dem Problem, dass sich diese Fragen vermutlich in einem Zielvereinbarungsgespräch anders stellen als in einem Konflikt- oder in einem Beurteilungsgespräch. Dem versuchen wir auch, in den entsprechenden vertiefenden Abschnitten zu den einzelnen Typen Rechnung zu tragen (vgl. Abschnitte 5.1 bis 5.4).

Was aber lässt sich generell zu Chancen und Risiken sagen?

Entscheidend wird bei vielen Mitarbeitergesprächen sein, ob sie von ihrer konkreten Gestaltung und von ihrem Konzept her auf eher asymmetrisch geprägte direktive bzw. latent-direktive Gespräche ausgerichtet sind oder ob es sich eher um offene, dialogische und partnerschaftlich orientierte Ansätze handelt. Es ist klar, dass bei den erstgenannten aus Sicht der Arbeitnehmer/innen die Risiken, bei den letzteren die Chancen überwiegen. Aber Vorsicht! Es ist in vielen Fällen – gerade auch wegen der nicht seltenen Kluft zwischen Anspruch und Wirklichkeit – nicht eindeutig zu unterscheiden, ob die Gespräche eher dem latent-direktiven oder dem offen-dialogischen Typus näher kommen. Dabei ist auch in Rechnung zu stellen, dass ein entsprechendes Konzept ja nur die halbe Miete ist! Die Einstellungen und Verhaltensweisen der jeweils beteiligten Führungskräfte werden sich selbstredend stark auf das reale Geschehen auswirken. Schon von daher ist die Frage nach Chancen und Risiken nicht generell zu beantworten. Es kommt eben darauf an!

Umso wichtiger ist es, dass Sie sich als Betroffene/r selbst diesbezügliche Gedanken machen und das Instrument in Kenntnis Ihrer jeweiligen Rahmenbedingungen und personellen Gegebenheiten durchspielen. Um Ihnen dies zu erleichtern, präsentieren wir im Folgenden einige Überlegungen im Sinne von möglichen, aber keineswegs zwingend auftretenden Risiken bzw. Chancen. Unsere Anregungen sind also darauf angelegt, »zu Ende gedacht« zu werden und konkrete Hilfestellungen zu ermöglichen, worauf bei der Konzeptgestaltung geachtet werden soll und welche Umgangsstrategien die Akteure, vorzugsweise Sie als Mitarbeiter/in, für sich selbst entwickeln, um die Chancen auszureizen und die Risiken möglichst zu vermeiden. Diese gedankliche Auseinandersetzung mit Risiken und Chancen kann insofern vor unliebsamen Überraschungen in der realen Gesprächssituation schützen, aber im umgekehrten Sinne auch behilflich sein, die positiven Momente eines solchen Gesprächs im Sinne der eigenen Ziele und Interessen auszuschöpfen. Die Checklisten mit Fragen am Ende der nachfolgenden Abschnitte werden Ihnen dabei dienlich sein.

Wenn Sie sich in einer konkreten praktischen Situation darüber Gedanken machen, schauen Sie sich bitte auch noch einmal die grundlegenden Aspekte von Kommunikationsprozessen an, die wir in Kapitel 2 dieses Ratgebers behandelt haben. Diese werden Ihnen bei Ihren Überlegungen nützlich sein.

## 3.4.1 Risiken

### Einseitige Abschöpfung der Sachkenntnis

Es gibt schon von jeher Gesprächskonzepte, die darauf angelegt sind, die Kenntnisse und Erfahrungen der Mitarbeiter/innen für die Führungskräfte bzw. das Unternehmen in einem tendenziell latent-direktiven Gespräch nutzbar zu machen, ohne ihnen dafür Beteiligungsrechte oder andere Gegenleistungen in Aussicht stellen zu müssen.

Das sicherlich auffälligste Beispiel dafür ist das Mitarbeitergespräch des »Harzburger Modells«, welches noch bis in die 80er Jahre hinein in der Führungspraxis deutscher Unternehmen hohe Popularität aufwies und sicherlich bis in unsere Zeit hinein entsprechende »Nachwirkungen« entfaltet.

Nach dem Schöpfer dieses Führungsmodells, Reinhard Höhn (1977, S. 40), soll das eigentliche Ziel des Mitarbeitergesprächs darin bestehen, »die Initiative und das Mitdenken der Mitarbeiter für die Entscheidungsfindung des Vorgesetzten (!) nutzbar zu machen.«

Die Rollenzuweisung an die Mitarbeiter/innen ist eindeutig. Sie sollen die Führungskraft auf der Basis ihrer Sachkompetenz und ihrer Kreativität beraten, dabei aber keinerlei Rechte zugestanden bekommen: »Sache des Vorgesetzten ist es, die notwendige Entscheidung zu treffen, und nicht Aufgabe der Mitarbeiter …« (ebenda, S. 54).

Entsprechend wird bei Höhns Gesprächsregeln eine unumschränkte Steuerungsbefugnis der/des Vorgesetzten deutlich. Auch dazu ein paar Kostproben:

Die/der Vorgesetzte wählt in alleiniger Kompetenz Thema, Zeit, Ort und Teilnehmer/innen-Kreis aus. Besonders markant auch das folgende Zitat:»Eine von einem Mitarbeiter aufgeworfene Frage, die der Vorgesetzte in diesem Kreis nicht behandelt wissen möchte, muss er aus der Diskussion ausklammern« (ebenda, S. 52). Die »Initiative und das Mitdenken« der Mitarbeiter/innen kann sich also nur im Rahmen der von der/dem Vorgesetzten strukturierten Diskussionsleitung vollziehen. Der von Höhn an anderer Stelle postulierte »konstruktive Ideenwettbewerb« (ebenda, S. 45) unterliegt somit einer Zensur in Form einer Bewertung und gezielten Steuerung der Gesprächsbeiträge durch die/den Vorgesetzte/n.

Sehr eindeutig sind auch die Empfehlungen im Hinblick auf die Beendigung des Mitarbeitergesprächs:»Die Beendigung … wird vom Vorgesetzten als Diskussionsleiter herbeigeführt. Etwaige Versuche von Mitarbeitern, die Besprechung durch Wiederholungen in die Länge zu ziehen, hat der Vorgesetzte dabei freundlich, aber bestimmt zu unterbinden« (ebenda, S. 54).

Unter solchen Bedingungen ist das Mitarbeitergespräch autoritär und für die Beschäftigten risikoreich. Es ist darauf angelegt, die Sachkenntnis der Mitarbeiter/innen abzuschöpfen, sie in qualitativ bessere Entscheidungen der/des Vorgesetzten einfließen zu lassen, ohne ihnen dabei aber Gegenleistungen, geschweige denn konkrete Beteiligungsrechte zuzugestehen.

Hier sollen Mitarbeiter/innen also wie Kühe »gemolken« und anschließend wieder, um im Bild zu bleiben, auf der Weide abgestellt werden. Bedenklich ist dabei nicht nur die Einseitigkeit. Es ist keineswegs ausgeschlossen, dass die Mitarbeiter/innen ja nicht ihrerseits später Benachteiligungen durch die Entscheidungen erleiden, zu denen sie auch noch indirekt beigetragen haben (z.B. straffere Leistungserwartungen, Rationalisierungsfolgen bis hin zum Arbeitsplatzverlust).

»Kreativität zum Nulltarif« kann kein faires, partnerschaftliches Ziel von Mitarbeitergesprächen sein. Die Einbeziehung der Sachkenntnis der Beschäftigten ist nichts Schlechtes, sondern im Gegenteil im Prinzip positiv. Dazu bedarf es aber eines »Zurückfahrens« der Hierarchie und nicht ihrer Zementierung.

## Leistungsverdichtung

Als Ergebnis von Problemlösungs-, Zielvereinbarungs- oder anderen Gesprächen kann es zu Entscheidungen kommen, die den Mitarbeiter/innen im Ergebnis eine höhere Arbeitsbelastung bescheren. Außerdem haben die Vorgesetzten in einem Mitarbeitergespräch unter Umständen die Möglichkeit, das Prinzip des »Teile und Herrsche« zu praktizieren. Widerstand gegen Versuche, z.B. die Leistungserwartungen in die Höhe zu schrauben, kann etwa durch den Hinweis gebrochen werden, »die anderen« hätten dies bereits akzeptiert.

## Ventilfunktion ohne Ursachenbeseitigung

Als eines der verbreiteten Ziele von Mitarbeitergesprächen wurde das »Dampf-Ablassen«, das Vorbringen von Unzufriedenheiten und Frustrationen durch die unterstellten Mitarbeiter/innen herausgestellt (vgl. Abschnitt 3.2). Dagegen ist auch zunächst nichts einzuwenden. Problematisch wird dies jedoch dann, wenn das Kalkül von vornherein auf das »Frust-Ablassen« beschränkt bleibt. Ein offenes und partnerschaftliches Gespräch muss in dem Sinne ergebnisorientiert sein, dass Ursachen für Unzufriedenheit (z.B. schlechte Arbeitsbedingungen) auch durch konkrete Veränderungen und Verbesserungen zu beseitigen versucht werden.

Anderenfalls bleibt das Mitarbeitergespräch ein Herrschaftsinstrument. Die Mitarbeiter/innen sollen ihre Spannungen abbauen, sich die Frustrationen von der Seele reden, ohne aber greifbare Veränderungen initiieren zu müssen. Damit wird der Status quo abgeschottet. Er soll sich ja nicht verändern!

## Einschwören auf schon feststehende Entscheidungen oder Ziele

Ein weiterer, eher risikoreicher Typus von Mitarbeitergesprächen zielt auf ein bestmögliches »Verkaufen« schon feststehender Entscheidungen oder Zielvorgaben – gerade auch unter dem Etikett der Vereinbarung – ab. Solche Unterredungen basieren vorzugsweise auf dem weiter oben eingehend erörterten latent-direktiven Stil, wobei den Parteien auch ganz bestimmte Rollen zugewiesen werden. Den unterstellten Mitarbeiter/innen kommt eine Art Initiativ- und Vorschlagsfunktion zu. Sie sollen die schon praktisch feststehende Entscheidungen oder die »für sie« vorgesehenen Ziele möglichst von selbst erkennen und von sich aus im Gespräch vorschlagen. Die Hilfestellung und Unterstützung durch die Vorgesetzten richtet sich entsprechend aus. Sie haben die Übereinstimmung des »Vereinbarungs«ergebnisses mit den übergeordneten Zielen bzw. den im Grunde schon getroffenen Entscheidungen herbeizuführen.

Kommt die Mitarbeiterin/der Mitarbeiter trotz der »Unterstützung« durch die Führungskraft nicht zu dem gewünschten Vorschlag, treten also Unterschiede in der Sichtweise der Teilnehmer/innen auf, tritt die formale Entscheidungsbefugnis der/des Vorgesetzten auf den Plan.

Selbstredend kann eine solche Gesprächskonzeption und -intention nicht den Interessen der Mitarbeiter/innen entsprechen. Hier besteht eine kaum verhohlene Manipulationsabsicht. Die Beschäftigten sollen einbezogen, d.h., es soll über Entscheidungen oder Ziele gesprochen werden – aber nicht unbedingt um ihnen ein Partizipationsforum zur partnerschaftlichen Artikulation und Geltendmachung ihrer Interessen und Vorstellungen zur Verfügung zu stellen, sondern aus simplem *führungstechnischem Kalkül*:

- Sofern die Betroffenen das Gefühl haben, an der Entscheidung oder der Festlegung ihrer Ziele bzw. Aufgaben beteiligt gewesen zu sein, werden sie sich eher mit ihnen identifizieren und für ihre Umsetzung ins Zeug legen als bei völlig fremdbestimmten Vorgaben.
- Zudem verspricht die Einbeziehung der fundierten aufgabenbezogenen Kenntnisse und Erfahrungen der Mitarbeiter/innen eine größere Realitätsnähe der Entscheidungen.
- Die Mitarbeiter/innen werden stärker auf die Ergebnisse verpflichtet, wobei unter Umständen sogar die Beweislast umgekehrt wird. Wenn die Ergebnisse nicht an die zuvor festgelegten Solls heranreichen, liegt die Verantwortung und die Begründungspflicht in erheblich höherem

Maße (auch) bei den Mitarbeiter/innen. Sie waren an der Festlegung der Ziele zumindest dem Anspruch nach beteiligt und können nun schlecht im Nachhinein behaupten, die Solls seien kein geeigneter Maßstab gewesen.

Die Nagelprobe für die Ernsthaftigkeit entsprechender Beteiligungsangebote wird also sein, inwieweit die Mitarbeiter/innen *auch im Konfliktfalle eine reale Chance* haben, ihrer Position Geltung zu verschaffen. Gilt hingegen, dass im Falle »ergebnisloser Diskussion« kraft des »Einsatzes der Führungsautorität« der Vorgesetzten auch die nicht akzeptierten Entscheidungen durchgesetzt werden (so Wild 1973, S. 293 f.), so ist eine wichtige Anforderung an beteiligungsorientierte Mitarbeitergesprächs-Konzepte aus Sicht der Arbeitnehmer/innen nicht erfüllt.

## Benachteiligung von Mitarbeiter/innen, die sich kritisch äußern

Offene Mitarbeitergespräche, in denen auch Kritik geäußert, anderslautende Vorstellungen dargelegt und Forderungen erhoben werden können, sind gegenüber autoritären und/oder manipulativen Gesprächskonzepten ohne Frage von hohem Wert. Allerdings sind die Mitarbeiter/innen gerade in diesem Typus von Gesprächen dem Risiko ausgesetzt, dass sie ihren Vorgesetzten als potenzielle »Querulanten« erscheinen, die dann in ganz anderen Zusammenhängen benachteiligt werden: Sie bekommen nur uninteressante Arbeiten zugewiesen, werden bei Karriereentscheidungen übergangen und/oder bekommen eine schlechte Personalbeurteilung. Trotz Mitarbeitergespräch und kooperativem Führungsstil bleiben ja die hierarchischen Beziehungen bestehen. Und Kritik an der ranghöheren Person verkörpert von ihrer Natur her ein Moment der Auflehnung gegen die hierarchische Ordnung – mit allen damit verbundenen und nicht exakt vorausberechenbaren Wagnissen für die Urheber/innen der Kritik. Spätere Repressalien oder Benachteiligungen können dann so subtil erfolgen, dass der Nachweis, sie stünden in ursächlichem Zusammenhang mit dem Mitarbeitergespräch, sich kaum erbringen lässt.

Auf diesen Aspekt muss dementsprechend bei der Gestaltung von Gesprächskonzepten geachtet werden, auch wenn sich das Problem nie vollständig wird lösen lassen.

- Sollen/können einseitig die Kenntnisse und Erfahrungen der Mitarbeiter/innen nutzbar gemacht werden ohne Gegenleistung (z.B. Beteiligungsrechte)?
- Drohen Leistungsverdichtungen oder andere negative Konsequenzen als Folge von Mitarbeitergesprächen?
- Sollen nur Unzufriedenheit und Frustration abgebaut werden, ohne an den Ursachen in Form von konkreten Veränderungen anzusetzen?
- Sollen Mitarbeiter/innen auf schon feststehende Entscheidungen oder Ziele eingeschworen werden?
- Haben die Mitarbeiter/innen im Konfliktfall eine reale Chance, ihre Position durchzusetzen?
- Drohen Beschäftigten, die sich im Mitarbeitergespräch kritisch gegenüber ihren Vorgesetzten äußern, in anderen Zusammenhängen Benachteiligungen?

Übersicht 3-1: Checkliste denkbarer Risiken von Mitarbeitergesprächen aus Sicht der Beschäftigten

## 3.4.2  Chancen

Auf der anderen Seite kann es aber keinen Zweifel geben, dass eine offene und partnerschaftliche Kommunikation mit ihren Vorgesetzten für die Mitarbeiter/innen prinzipiell sinnvoll und chancenreich ist. Dabei muss es sich jedoch um zweiseitige Gespräche handeln, die *nicht* darauf angelegt sind, dass die/der Vorgesetzte die Mitarbeiterin/den Mitarbeiter »überzeugt« oder überfährt.

Prinzipiell positiv zu betrachten sind in diesem Sinne insbesondere offene Feedback- und Förderungsgespräche, kooperative Zielvereinbarungsgespräche, faire Konfliktgespräche oder auch instruktive Informationsgespräche.

Die detaillierte Diskussion dieser positiven Aspekte soll den spezifischen Kapiteln in den einzelnen Gesprächsformen vorbehalten bleiben. »Vor der Klammer« möchten wir nur thesenartig feststellen: Mitarbeitergespräche sind – und warum nicht in regelmäßiger Form und in einem institutionalisierten Verfahren – sinnvoll,

- wenn es sich um einen echten Dialog handelt, der von beiden Seiten gleichermaßen mit Inhalt gefüllt, strukturiert und beeinflusst werden kann,
- wenn es um ein faires, ggf. sogar gegenseitiges Feedback geht, das darauf ausgerichtet ist, Stärken festzustellen und analysierte Schwächen zum Anlass nimmt, über Möglichkeiten zu ihrer Überwindung (z.B. durch Personalentwicklung) nachzudenken,
- wenn die Sichtweisen und Positionen der Beteiligten gleichberechtigt

sind und im Konfliktfall nicht automatisch die Sichtweise der/des Vorgesetzten gilt,

- wenn die Mitarbeiter/innen nicht nur ihre Frustrationen herauslassen sollen, sondern auch konkrete greifbare Verbesserungen als Konsequenz des Gesprächs erfolgen,
- wenn die Mitarbeiter/innen an den für ihren Arbeitsbereich wichtigen Entscheidungen (z.B. Ziel- bzw. Aufgabenvereinbarungen) in fairer Form beteiligt werden.

---

- Handelt es sich um einen echten Dialog, der von beiden Seiten beeinflusst werden kann?
- Geht es um ein faires, auf Förderung und Personalentwicklung gerichtetes und ggf. sogar gegenseitiges Feedback?
- Sind die Sichtweisen und Positionen der Beteiligten gleichberechtigt?
- Gilt im Konfliktfall *nicht* automatisch die Sichtweise der/des Vorgesetzten?
- Sollen die Gespräche auch zu konkreten, greifbaren Verbesserungen als Konsequenz des Gesprächs führen?
- Sollen die Mitarbeiter/innen an den für ihren Arbeitsbereich wichtigen Entscheidungen (z.B. Ziel- bzw. Aufgabenvereinbarungen) in fairer Form beteiligt werden?

---

Übersicht 3-2: Checkliste denkbarer Chancen von Mitarbeitergesprächen aus Sicht der Beschäftigten

Um Ihnen Hilfestellungen bei der Etablierung solcher Bedingungen zu geben, werden dazu unter den anderen, spezifischeren Kapiteln dieses Buches noch weiterführende Gedanken entwickelt.

## 3.5 Rechtliche Einordnung des Mitarbeitergesprächs

Zum Abschluss des Grundlagenteils stellt sich die Frage nach der rechtlichen Einordnung von Mitarbeitergesprächen. Dabei liegt es auf der Hand, dass wir zwischen einer individualrechtlichen und einer kollektivrechtlichen Dimension unterscheiden müssen. Die erstgenannte stellt auf die Rechtsgrundlagen ab, die sich aus den arbeitsvertraglichen Beziehungen sowie aus den sog. Individualrechten des Betriebsverfassungsgesetzes herleiten. Bei der zweiten geht es um die Frage der Mitbestimmung durch Betriebsräte (bzw. Personalräte) bei der Gestaltung von Mitarbeitergesprächen.

Da der Adressatenkreis des vorliegenden Buches Sie als die primär betroffenen Mitarbeiter/innen sind, wollen wir mit der individualrechtlichen Dimension beginnen.

## 3.5.1 Die individualrechtliche Dimension

Schon aus den grundlegenden Funktionen von Gesprächen als betriebliches Kommunikations- und Koordinationsmittel ergibt sich eine Berechtigung, ja eine Verpflichtung des Arbeitgebers, mit den Beschäftigten Gespräche zu führen. Die Legitimation dazu leitet sich unmittelbar aus dem Arbeitsvertrag ab.

Der Arbeitsvertrag unterscheidet sich bekanntlich z.B. von einem Kaufvertrag darin, dass er unspezifischer Natur ist. Die Gegenleistung der Arbeitnehmerin/des Arbeitnehmers für das Entgelt wird allenfalls sehr grob geregelt. Der Arbeitgeber kauft bildlich gesprochen am Arbeitsmarkt nur »unspezifisches Arbeitsvermögen«, aber keine konkrete, bis ins Detail bestimmte Arbeitsleistung ein. Diese fehlende Spezifität ist deswegen erforderlich, weil sich im Betrieb ja ständig die Bedingungen und Verhältnisse ändern. Um auf Dauer in einer sinnhaften Kooperation Güter bzw. Dienste herstellen oder anbieten zu können, braucht ein Unternehmen diese Flexibilität in der Definition der Aufgabenanforderungen und -inhalte. Genau an diesem Punkt setzt das unternehmerische *Direktionsrecht* an. Es beinhaltet das mit der Unterschrift der Arbeitnehmerin/des Arbeitnehmers unter den Arbeitsvertrag verbriefte Recht des Arbeitgebers, innerhalb des vertraglich abgesteckten Rahmens verhaltenslenkende Anordnungen treffen zu dürfen, ohne dass es hierzu formal einer Zustimmung der Beschäftigten bedarf. Auch wenn dies zunächst nach der »autoritären Lesart« von Mitarbeitergesprächen klingt, damit ist die Zuweisung von Aufgaben, die Koordination von Aktivitäten oder die Definition von Zielen zunächst unmittelbar Ausfluss dieses unternehmerischen Direktionsrechtes. Schon von daher ist der Arbeitgeber berechtigt, Mitarbeitergespräche etwa zur Konkretisierung von Aufgabeninhalten, zur Information der Mitarbeiter/innen, zur Beurteilung ihrer Leistungen und vieler anderer Aspekte zu führen. Allerdings muss man dabei scharf zwischen dem rechtlichen Hintergrund und der konzeptionellen Gesprächsgestaltung unterscheiden. Das Direktionsrecht steht der Durchführung offener und kooperativer Mitarbeitergespräche keineswegs entgegen!

Aus der Sicht der Mitarbeiter/innen betrachtet haben sie sogar Ansprüche auf das Führen solcher Gespräche. Dies ergibt sich nicht nur aus den arbeitsvertraglichen Pflichten des Arbeitgebers. Auch das Betriebsverfassungsgesetz (BetrVG) hält mit den sog.»Individualrechten« entsprechende Ansprüche der Beschäftigten vor. Auf diese Individualrechte kommen wir aber erst weiter unten genauer zu sprechen. Zuvor ist nämlich auf zwei Generalklauseln des Gesetzes einzugehen, die eine normierende Wirkung für Mitarbeitergespräche aufweisen können.

## Betriebsverfassungsrechtliche Generalklauseln

Nach dem sog. *Diskriminierungsverbot* gemäß § 75 Abs. 1 BetrVG haben Arbeitgeber (!) und Betriebsrat darüber zu wachen, dass alle im Betrieb tätigen Personen nach den *Grundsätzen von Recht und Billigkeit* behandelt werden und dass insbesondere niemand wegen Abstammung, Religion, Nationalität, Herkunft, politischer oder gewerkschaftlicher Betätigung oder Einstellung, wegen des Geschlechts oder wegen der Überschreitung bestimmter Altersstufen benachteiligt wird.

Mitarbeitergespräche müssen sich daran messen lassen, ob sie geeignet sind, bestimmte Personengruppen in diskriminierender Weise zu beeinträchtigen oder zu benachteiligen. Die in § 75 Abs. 1 BetrVG genannten Merkmale (z.B. wenn sich eine Arbeitnehmerin gewerkschaftlich betätigt oder wenn ein Mitarbeiter das 55. Lebensjahr erreicht hat) dürfen nicht ausschlaggebend für Anwendung und Verlauf von Mitarbeitergesprächen sein. So ist es beispielsweise aufgrund dieser Rechtsnorm problematisch, wenn Mitarbeiter/innen aufgrund des Erreichens einer gewissen Altersgrenze keinen Anspruch mehr auf Fördergespräche haben sollen, weil der Arbeitgeber nur in die Fähigkeiten und Kenntnisse junger Beschäftigter zu investieren gedenkt.

Nach *§ 75 Abs. 2 BetrVG* haben Betriebsrat und Arbeitgeber die *freie Entfaltung der Persönlichkeit* der im Betrieb beschäftigten Arbeitnehmer/innen zu schützen und zu fördern. Demnach darf kein Mitarbeitergespräch das allgemeine Persönlichkeitsrecht und die Würde des Menschen (vgl. auch Art. 1 und 2 des GG sowie § 823 Abs. 1 BGB) verletzen. Vor allem darf der arbeitende Mensch nicht zum Objekt herabgewürdigt werden. Er hat Anspruch auf eine respektvolle Behandlung und auf Gehör. Strikt direktive Mitarbeitergespräche erscheinen vor diesem Hintergrund grundsätzlich bedenklich. Diese Norm kann auch dann relevant werden, wenn im Zusammenhang mit einem Mitarbeitergespräch

die Speicherung und Verarbeitung von leistungs- und anderen personenbezogenen Daten anfällt.

## Betriebsverfassungsrechtliche Individualrechte

Doch nun zu den besagten betriebsverfassungsrechtlichen Individualrechten. Wohl in Wahrnehmung der Problematik, dass ein gewählter
Repräsentant wie ein Betriebsrat oft gewisse Verselbständigungstenden-
zen aufweist, hat der Gesetzgeber das 1972er BetrVG gegenüber seinen
Vorläufern mit einer echten konzeptionellen Neuerung ausgestattet. Es
enthält erstmals neben Rechten und Pflichten von Arbeitgeber, Betriebsrat und Gewerkschaften auch *Rechte der einzelnen Arbeitnehmer/innen* zur
Stärkung ihrer Rechtsstellung. Der Gesetzgeber hat den Individualrechten immerhin einen ganzen Unterabschnitt des Regelwerks mit den
§§ 81–86 gewidmet. Zur Begründung wurde angeführt, »dass trotz der
umfassenden Interessenvertretung der Arbeitnehmerschaft durch den
Betriebsrat beim einzelnen Arbeitnehmer, insbesondere in größeren Betrieben, vielfach das Gefühl einer bloßen Objektstellung weiterbesteht«
(aus der Begründung zum Regierungsentwurf zu § 81; vgl. Bundestags-
Drucksache VI/1786, S. 47). Diese Rechte weisen insgesamt deutlich er-
kennbare Bezüge zu Mitarbeitergesprächen auf, auf die nunmehr näher
eingegangen werden soll.

## Unterrichtungs- und Erörterungspflicht des Arbeitgebers nach § 81 BetrVG

§ 81 Abs. 1 BetrVG sieht vor:

**»Der Arbeitgeber hat den Arbeitnehmer über dessen Aufgabe und
Verantwortung sowie über die Art seiner Tätigkeit und ihre Einordnung in den Arbeitsablauf des Betriebs zu unterrichten. Er hat den
Arbeitnehmer vor Beginn der Beschäftigung über die Unfall- und
Gesundheitsgefahren, denen dieser bei der Beschäftigung ausgesetzt
ist, sowie über die Maßnahmen und Einrichtungen zur Abwendung
dieser Gefahren zu belehren.«**

In Abs. 2 wird ergänzt:

**»Über Veränderungen in seinem Arbeitsbereich ist der Arbeitnehmer
rechtzeitig zu unterrichten. Absatz 1 gilt entsprechend.«**

Zwar bezieht sich der erste Absatz dieser Norm auf die Phase des Ar-
beitsantritts während einer übernommenen Beschäftigung; aus den häu-

figen Veränderungen in den Arbeitsaufgaben und -abläufen lässt sich aber ebenso eine gewisse Verstetigung dieser Verpflichtung des Arbeitgebers herleiten. Dem wird auch durch Abs. 2 ausdrücklich Rechnung getragen.

Die Verbindung zu Mitarbeitergesprächen liegt auf der Hand. Die Norm spricht direkt einen Kernbereich ihrer potenziellen Inhalte an. Informations-, Problemlösungs- sowie Einführungsgespräche könnten als Forum für die Wahrnehmung dieser arbeitgeberseitigen Erörterungspflicht in Anspruch genommen werden. Die Regelmäßigkeit von Mitarbeitergesprächen – anlassbezogen und/oder turnusmäßig – ist eine Eigenschaft dieses Führungsinstruments, die die Erfüllung jener gesetzlichen Obliegenheiten des Arbeitgebers nachhaltig unterstützen kann. Auch wird ihm dies in Konfliktfällen die Nachweisführung erleichtern, dass er seinen gesetzlichen Verpflichtungen nachgekommen ist.

Die Pflicht zur Unterrichtung bei Veränderungen der räumlichen, technischen und aufgabenbezogenen Inhalte gemäß Abs. 2 wird bei regelmäßigen Mitarbeitergesprächen erheblich leichter zu erfüllen sein. Verfügt der Betrieb hingegen nicht über ein derartiges, sozusagen auf Dauerbetrieb gestelltes Führungs-, Informations- und Kommunikationsforum, ist zweifellos die Gefahr größer, dass reale Veränderungen vom Arbeitsalltag überdeckt werden und den gesetzlichen Unterrichtungspflichten nicht oder nur unzureichend nachgekommen wird.

Diese ausdrückliche Bezugnahme auf Veränderungen in den Arbeitsabläufen, -verfahren und Techniken wird nochmals besonders durch den § 81 Abs. 3 BetrVG hervorgehoben, der erst in der Gesetzesnovellierung des Jahres 1988 in den Gesetzestext einbezogen wurde. Darin heißt es:

**»Der Arbeitgeber hat den Arbeitnehmer über die auf Grund einer Planung von technischen Anlagen, von Arbeitsverfahren und Arbeitsabläufen oder der Arbeitsplätze vorgesehenen Maßnahmen und ihre Auswirkungen auf seinen Arbeitsplatz, die Arbeitsumgebung sowie auf Inhalt und Art seiner Tätigkeit zu unterrichten. Sobald feststeht, daß sich die Tätigkeit des Arbeitnehmers ändern wird und seine beruflichen Kenntnisse und Fähigkeiten zur Erfüllung seiner Aufgaben nicht ausreichen, hat der Arbeitgeber mit dem Arbeitnehmer zu erörtern, wie dessen berufliche Kenntnisse und Fähigkeiten im Rahmen der betrieblichen Möglichkeiten den künftigen Anforderungen angepaßt werden können. Der Arbeitnehmer kann bei der Erörterung ein Mitglied des Betriebsrats hinzuziehen.«**

Diese umfangreiche Norm eröffnet also den Beschäftigten, ggf. unter Beteiligung eines Betriebsratsmitgliedes, die Möglichkeit, im Zusammenhang mit anstehenden Veränderungen der Arbeitsabläufe und -organisation und soweit sie davon betroffen sind mit dem Arbeitgeber über die Anpassung ihrer Qualifikationen zu sprechen. Auch zu diesem Zweck können Mitarbeitergespräche, seien es nun Problemlösungs-, Informations- oder Fördergespräche, einen geeigneten instrumentellen Rahmen abgeben. Aus Sicht der betroffenen Beschäftigten ist diese relativ junge Rechtsnorm interessant, enthält sie doch eine implizite Aufforderung an den Arbeitgeber, über Umschulung, Weiterbildung oder andere geeignete Maßnahmen einer Entwertung der Qualifikationen durch technisch-organisatorischen Wandel zu begegnen, soweit das einem konkreten Betrieb zumutbar ist. Die Erörterungspflicht besteht unaufgefordert; d.h. einer entsprechenden Initiative der/des Beschäftigten bedarf es nicht. Versäumt es der Arbeitgeber, dieser Pflicht nachzukommen, muss er den betreffenden Arbeitnehmer/innen einen längeren Zeitraum zum Erwerb der erforderlichen Kenntnisse einräumen, z.B. bevor er eine personenbedingte Kündigung aussprechen kann. Dies ist auch dann der Fall, wenn der Arbeitgeber ihm zumutbare Personalentwicklungs-Maßnahmen unterlässt.

## Anhörungs- und Beratungsrecht nach § 82 BetrVG

Das *Allgemeine Anhörungs- und Vorschlagsrecht für die Gestaltung des Arbeitsplatzes und des Arbeitsablaufes nach § 82 Abs. 1 BetrVG* gibt der/dem Beschäftigten grundsätzlich das Recht, bei sie/ihn betreffenden betrieblichen Angelegenheiten gehört zu werden. Sie sind berechtigt, zu sie betreffenden Maßnahmen des Arbeitgebers Stellung zu nehmen und Vorschläge für die Gestaltung von Arbeitsplatz und Arbeitsablauf zu machen. Aus dieser Vorschrift kann ein Recht der Mitarbeiter/innen abgeleitet werden, mit der/dem Vorgesetzten über für ihren/seinen Arbeitsbereich geltende Ziele sowie die damit oft zusammenhängenden Fragen der Arbeitsbedingungen und notwendige oder wünschenswerte Veränderungen des Arbeitsplatzes zu sprechen. Ein Recht auf Durchsetzung der Vorstellungen der Mitarbeiter/innen besteht dabei aber nicht.

Auch hier ergibt sich der Bezug zu Mitarbeitergesprächen beinahe von selbst. Dass die Einbringung der Ideen und Überlegungen der Mitarbeiter/innen ein wichtiger Aktivposten für die betriebliche Anpassungsfähigkeit ist, wird von quasi allen neuen Managementkonzepten betont. Die Wahrnehmung der Anhörungs-, Beratungs- und Vorschlagsrechte nach § 82 Abs. 1 BetrVG setzt aber eine entsprechende ausdrückliche Initiative der Mitarbeiter/innen voraus. Regelmäßige und institutionalisierte Mitarbeitergespräche gehen von sich aus auf die Beschäftigten zu, bieten ihnen ein entsprechendes Forum, um ihre Anregungen und Vorstellungen einbringen zu können.

Gemäß § 82 Abs. 2 BetrVG haben die Mitarbeiter/innen ein *Recht auf Erörterung der Leistung sowie beruflicher Entwicklungsmöglichkeiten* im Betrieb. Demnach kann die/der Beschäftigte während der Arbeitszeit die Durchführung von Gesprächen über ihre/seine Leistung (Zielerreichung) bzw. ihre/seine generelle Beurteilung durch den Arbeitgeber verlangen. Die zuständige Stelle (in der Regel die/der Vorgesetzte) ist nach entsprechender Aufforderung durch die/den Mitarbeiter/in verpflichtet, den Stand bzw. die Einschätzung der Leistungen, die beruflichen Entwicklungsmöglichkeiten sowie die Berechnung und Zusammensetzung des Entgelts (z.B. nach Maßgabe der Zielerreichung) mit ihr/ihm zu erörtern. Dabei kann die/der Beschäftigte ein Mitglied des Betriebsrats nach seiner/ihrer Wahl hinzuziehen. Ein Urteil des Bundesarbeitsgerichts (BAG) vom 28.3.1979 hat dieser Erörterungspflicht gegenüber der/dem Betroffenen noch einmal besonderen Nachdruck verliehen.[2] Demnach müssen der Mitarbeiterin/dem Mitarbeiter insbesondere bei schlechten Einschätzungen stichhaltige Gründe (d.h. unter Angabe von Tatsachen) mitgeteilt werden, die eine solche Bewertung rechtfertigen.

## Einsicht in die Personalakten nach § 83 BetrVG

Beurteilungs-, Gesprächsprotokoll- oder Zielvereinbarungs-Bögen und weitere personenbezogene Dokumente werden in der Regel zu den Personalakten genommen. Nach § 83 Abs. 1 BetrVG hat jede/r Mitarbeiter/in das Recht, *Einsicht in die Personalakte* zu nehmen und dabei ein Mitglied des Betriebsrates hinzuzuziehen. Unter den rechtlichen Begriff »Personalakte« fallen dabei selbstverständlich auch in elektronischen Datenbanken abgespeicherte Personal- und Beurteilungsdaten.[3] Die/der Beschäftigte hat Anspruch auf Ausdruck aller über sie/

---

2 Vgl. 5 AZR 80/77.
3 Vgl. Fitting u. a. (2000, § 83 Rn. 3).

ihn gespeicherten Daten, und zwar in einer entschlüsselten und lesbaren Form.[4]

Fühlt sich der Mitarbeiter/die Mitarbeiterin z.B. im Rahmen einer Beurteilung oder der Bewertung ihrer/seiner Zielerreichung ungerecht behandelt, so kann er/sie eine Gegendarstellung verfassen, die der Arbeitgeber auf Verlangen der Personalakte beifügen muss (§ 83 Abs. 2 BetrVG). Auch hat sie/er einen Rechtsanspruch auf Entfernung unrichtiger Angaben in den Personalakten, der notfalls auf dem Klageweg durchgesetzt werden kann.

### Beschwerderechte nach §§ 84–86 BetrVG

Schließlich können Mitarbeitergespräche einen Bezug zu den betriebsverfassungsrechtlichen Beschwerderechten aufweisen. Dies gilt natürlich besonders für Konfliktgespräche, in denen häufig Beschwerden der Arbeitnehmer/innen behandelt werden. Die Beschäftigten haben aber z.B. auch die Möglichkeit, gegen eine ihrer Meinung nach unzutreffende Beurteilung oder eine als »zu hoch« empfundene Zielvereinbarung (-vorgabe) bzw. eine fragwürdige Einschätzung der Zielerreichung Beschwerde einzulegen. Dabei genügt schon das »Gefühl«, ungerecht behandelt worden zu sein, um vom Beschwerderecht Gebrauch machen zu können.

Es ist der/dem Betroffenen wahlweise überlassen, sich mit der Beschwerde an die *»zuständigen Stellen des Betriebs« (§ 84 BetrVG)* oder *den Betriebsrat (§ 85 BetrVG)* zu wenden. Auch kann im Falle des Beschwerdeweges nach § 84 BetrVG ein Betriebsratsmitglied zur Unterstützung oder Vermittlung hinzugezogen werden Da zumeist der/die Vorgesetzte selbst die »zuständige Stelle im Betrieb« ist, an die die Beschwerde zu richten ist, ist der Beschwerdeweg nach § 84 BetrVG nicht unproblematisch. Man wird sich nach erfolglosen Einigungsversuchen daher besser gleich an die/den Vor-Vorgesetzte/n wenden und zunächst in einem zweiten Gespräch versuchen, die strittige Angelegenheit zu klären.

In den meisten Fällen werden die Erfolgsaussichten größer sein, wenn gemäß § 85 BetrVG der Betriebsrat als Beschwerdevertreter eingeschaltet wird. Diese Norm hat überdies den Vorzug, dass der Betriebsrat im Falle von Meinungsverschiedenheiten mit dem Arbeitgeber über die Berechtigung der Beschwerde die Einigungsstelle anrufen kann, sofern

---

4 Vgl. Fitting u.a. (2000, § 83 Rn. 34).

nicht ein sog. Rechtsanspruch der Mitarbeiterin/des Mitarbeiters Beschwerdegegenstand ist. Die/der Beschäftigte hat Anspruch, über die Behandlung der Beschwerde informiert zu werden. Hält der Arbeitgeber im Verfahren nach § 84 die Beschwerde für berechtigt, muss er ihr auch abhelfen (Abs. 2). Wegen der Beschwerdeerhebung darf der Mitarbeiterin/dem Mitarbeiter kein Nachteil erwachsen (Abs. 3).[5]

## Individualrechte im Bereich des öffentlichen Dienstes

Wie schon mehrfach gesagt, finden Mitarbeitergespräche auch in den Organisationen des *öffentlichen Dienstes* immer mehr Verbreitung. Bekanntlich gilt für diesen Bereich nicht das Betriebsverfassungsgesetz, sondern die *Personalvertretungsgesetze* des Bundes bzw. der Länder. Ein Blick in dieses Gesetzeswerke zeigt sehr schnell, dass die Individualrechte der betroffenen Beschäftigten dort erkennbar schwächer ausgeprägt sind als im Geltungsbereich des Betriebsverfassungsgesetzes.

Eine direkte Parallele zwischen dem Betriebsverfassungsgesetz (BetrVG) und Bundespersonalvertretungsgesetz (BPersVG) ist das Diskriminierungsverbot und der Schutz der Persönlichkeit nach § 75 Abs. 1 und 2 BetrVG bzw. § 67 Abs. 1 S. 1 und 2 BPersVG. Das Personalaktenrecht ist für Beamtinnen und Beamte seit dem 1.1.1993 in den §§ 90 bis 90g des Bundesbeamtengesetzes (BBG) bzw. in den entsprechenden Vorschriften der Landesbeamtengesetze geregelt. Für Angestellte und Arbeiter/innen ist das Einsichtsrecht in die Personalakte in den Tarifverträgen (z.B. § 13 BAT) festgelegt.

Eine Beschwerdemöglichkeit ergibt sich für die Arbeiter/innen und Angestellten lediglich über den Personalrat. Dieser hat nach § 68 Abs. 1 Nr. 3 BPersVG Beschwerden der Beschäftigten entgegenzunehmen und, falls sie berechtigt erscheinen, durch Verhandlungen mit der/dem Dienststellenleiter/in auf ihre Erledigung hinzuwirken. Ein Einigungsstellenverfahren ist nicht vorgesehen.

Obwohl die Beurteilung kein Verwaltungsakt ist, hat die Beamtin/der Beamte, die/der sich in einem Beurteilungsgespräch benachteiligt fühlt, gemäß § 126 Abs. 1 des Beamtenrechtsrahmengesetzes (BRRG) die Möglichkeit, den Verwaltungsrechtsweg zu beschreiten. Das Bundesverwaltungsgericht hat jedoch in mehreren Urteilen die dienstliche Beurteilung als »Akt wertender Erkenntnis« mit einem hohen Ermessensspielraum

---

5 Zu den Beschwerderechten vgl. auch Abschnitt 5.4.5.

charakterisiert. Erfolgsaussichten sind daher nur dann gegeben, wenn die angegriffene Beurteilung z.b. auf falschen tatsächlichen Behauptungen beruht oder sie in sich nicht schlüssig ist.[6]

Die Rechte, die das Betriebsverfassungsgesetz den Beschäftigten wie gesehen in den §§ 81, 82 Abs. 1 und 2 zuweist, sind im Bundespersonalvertretungsgesetz bzw. den anderen für den öffentlichen Dienst maßgeblichen Rechtsgrundlagen nicht enthalten.

Es zeigt sich aber insgesamt (auch im Geltungsbereich des Betriebsverfassungsgesetzes), dass die individualrechtlichen Möglichkeiten bei der Durchführung von Mitarbeitergesprächen und damit zusammenhängenden Fragen *stark beschränkt und deutlich schwächer ausgeprägt sind* als die kollektivrechtlichen Mitbestimmungsansätze für die Betriebs- und Personalräte – ganz abgesehen von der verbreiteten und verständlichen Angst, sich überhaupt erst mit »der Hierarchie« anzulegen. Umso wichtiger erscheint es, dass die Interessenvertretung ihre Einflusspotenziale bei der Gestaltung der entsprechenden Verfahren und Konzepte zur Wahrung der Interessen der Mitarbeiter/innen konsequent wahrnehmen. Welche Rechtsgrundlagen in dieser kollektivrechtlichen Dimension ins Spiel kommen, ist nunmehr zu zeigen.

## 3.5.2 Die kollektivrechtliche Dimension

Je nach konkretem Konzept gibt es nämlich Anhaltspunkte dafür, dass die Einführung und Anwendung von Mitarbeitergesprächen der *Mitbestimmung der Betriebs- bzw. Personalräte* unterliegt. Dies ist auch aus Sicht der einzelnen Mitarbeiter/innen wichtig zu wissen, denn durch die konsequente Wahrnehmung dieser Rechte lässt sich im Rahmen der Konzeptgestaltung schon viel dafür tun, Risiken zu umgehen und die oben erörterten positiven Potenziale dieser Führungstechnik gezielt zu fördern. Mitbestimmung ist kein politischer Selbstzweck! Es ist im Interesse der einzelnen Mitarbeiter/innen, dass die gewählten Belegschaftsvertretungen ihre Rechte konsequent zur Entschärfung und inhaltlichen Gestaltung der einzelnen Instrumente nutzen.

---

6 Vgl. dazu Schröder u. a. (1985); Rothländer (o. J., S. 87 ff.); Adrian u.a. (1994, S. 42 ff.).

### Aber wieso überhaupt Mitbestimmung?

Zunächst ist das Führen von Gesprächen zwischen einer Führungskraft und einzelnen oder mehreren Mitarbeiter/innen sicherlich kein Vorgang, in dem eine Interessenvertretung Mitbestimmungsrechte reklamieren könnte. Wir haben oben gezeigt, dass das Miteinander-Kommunizieren ja eine unverzichtbare Komponente der Ausübung des unternehmerischen Direktionsrechts durch den Arbeitgeber selbst bzw. die von ihm damit betrauten Führungskräfte ist.

Solange es also um die bloße Tatsache des Führens von Gesprächen geht, kann sich die Interessenvertretung vom Rechtlichen her nicht in diese Vorgänge einschalten, es sei denn, sie wird von den betreffenden Mitarbeiter/innen etwa unter Berufung auf die Möglichkeit, ein Betriebsratsmitglied zu einem Erörterungs-, Anhörungs- oder Beratungsgespräch im Sinne der §§ 81 Abs. 3 bzw. 82 Abs. 2 BetrVG hinzuzuziehen, um ihre Beteiligung gebeten.

Etwas anderes kann aber dann gelten, wenn das Mitarbeitergespräch als ein offizielles Führungsinstrument eingeführt und im Hinblick auf einzelne Elemente, Vorgehensweisen, den Einsatz von unterstützenden Bögen oder sonstiger Hilfsmittel in generalisierender Weise einer bewussten instrumentellen Formung und Gestaltung unterzogen wird. Es gehört geradezu zu den Grundelementen der betriebsverfassungsrechtlichen Mitbestimmung, dass den Betriebsräten in vielen Fragen, die sich auf der Arbeitsplatz- oder -bereichsebene abspielen und die von Bedeutung für die Arbeitssituation der betroffenen Beschäftigten sind, ein Mitbestimmungsrecht für *generalisierte, abstrakte, prozedurale Aspekte*, nicht aber für jeden diesbezüglichen Einzelfall zukommt.

Je nach den konkreten Vorstellungen des Arbeitgebers werden nämlich in diesem Sinne die folgenden Mitbestimmungsrechte des Betriebsrates berührt.

### Betriebliche Ordnung und Verhalten der Arbeitnehmer/innen nach § 87 Abs. 1 Nr. 1 BetrVG

Nach *§ 87 Abs. 1 Nr. 1 BetrVG* hat der Betriebsrat mitzubestimmen über

**»Fragen der Ordnung des Betriebes und des Verhaltens der Arbeitnehmer im Betrieb.«**

Es muss anhand des konkreten Arbeitgeber-Vorschlags geprüft werden, ob diese Norm greift. Sie greift nach der herrschenden Rechtsprechung *nicht,* wenn es bei dem Instrument um Maßnahmen und Regelungen geht, die unmittelbar die zu bewältigenden Aufgaben der Mitarbeiter/innen betreffen. Dann nämlich handelt es sich »bloß« um eine mitbestimmungsfreie Angelegenheit zur Konkretisierung des arbeitgeberseitigen Direktionsrechts. Etwas anderes kann aber dann der Fall sein, wenn der Arbeitgeber mit dem Mitarbeitergespräch mehr kooperationsbezogene Ziele wie die »Verbesserung der Zusammenarbeit« oder ähnliches verfolgt bzw. wenn Gegenstand des Mitarbeitergespräches vor allem Verhaltensaspekte seitens der Mitarbeiter/innen sein sollen (vgl. auch Geffken 1997, S. 518 f.).

### Leistungs- und Verhaltenskontrolle nach § 87 Abs. 1 Nr. 6 BetrVG

Nach *§ 87 Abs. 1 Nr. 6 BetrVG* hat der Betriebsrat mitzubestimmen bei der Einführung und Anwendung von technischen Einrichtungen, die dazu bestimmt sind, das *Verhalten und die Leistung der Beschäftigten zu überwachen.* Da Mitarbeitergespräche oft mit personenbezogenen Beurteilungsdaten in Verbindung stehen oder gar – etwa bei manchem Zielvereinbarungs-Konzept – enge Bezüge zu EDV-technisch fundierten Controlling-Systemen aufweisen, die Rückschlüsse auf individuelle Verhaltensweisen und Leistungsgrößen zulassen, ist der Bezug zu dieser Norm unter (diesen) Umständen gegeben. Dies gilt insbesondere dann, wenn der Arbeitgeber personenbezogene Beurteilungen aus einem Mitarbeiter-Gesprächsbogen, Beurteilungsformular oder aus einem Soll/Ist-Vergleich im Rahmen von Zielvereinbarungs-Konzepten in ein EDV-System einspeisen will. Dabei ist völlig unerheblich, ob die Daten von einer technischen Einrichtung erhoben oder aus einem Beurteilungsbogen in das EDV-System übertragen werden und damit einer EDV-mäßigen Auswertung zugeführt werden können.

Das Mitbestimmungsrecht des Betriebsrats besteht deshalb, weil in solchen Fällen anhand von technischen Einrichtungen das Verhalten und/oder die Leistung von Beschäftigten kontrolliert werden kann. Es kommt dabei nicht auf den subjektiven Willen des Arbeitgebers an; vielmehr ist für das Mitbestimmungsrecht ausschlaggebend, dass der/dem einzelnen Beschäftigten »objektiv« verhaltens- oder leistungsbezogene Daten zugeordnet werden können. Schon die bloße Erhebung von Beurteilungsdaten einzelner Beschäftigter ist mitbestimmungspflichtig, um den Schutz der Persönlichkeitssphäre der Arbeitnehmer/innen zu gewährleisten.[7]

---

7 Vgl. Fitting u.a. (2000, § 87 Rn. 67).

Der Betriebsrat sollte unseres Erachtens wegen des hohen Gefähr-dungspotenzials eine Erfassung von personenbezogenen Daten mit EDV im Rahmen der abzuschließenden Betriebsvereinbarung grund-sätzlich ausschließen. Ist dies aus irgendwelchen Gründen nicht leistbar oder nicht sinnvoll, sollten in die Vereinbarung solche Regelungen auf-genommen werden, die einen individuellen Bezug bzw. Auswertungen von Beurteilungsdaten ausschließen und die Zugriffs- und Datenver-wendungsmöglichkeiten exakt und abschließend regeln.

### Entlohnungsgrundsätze nach §§ 87 Abs. 1 Nrn. 10 und 11 BetrVG

Gemäß *§ 87 Abs. 1 Nr. 10 und 11 BetrVG* hat der Betriebsrat dann mitzu-bestimmen, wenn Mitarbeitergespräche in irgendeiner Form auch eine *Entlohnungskomponente* enthalten. Dies kann z.b. schon der Fall sein, wenn als ein Bestandteil eines Mitarbeitergesprächs über Entgelt oder in summarischer Form über eine eventuelle Leistungszulage gesprochen wird. Der Bezug ist erst recht dann gegeben, wenn aus einem Beurtei-lungsschema, das im Rahmen eines Mitarbeitergesprächs erörtert oder ausgefüllt wird, nach einer feststehenden Berechnungsformel eine Leis-tungszulage ermittelt wird (auf der Basis von Leistungsbeurteilungen und/oder Einschätzungen von Zielerreichungsgraden).

Die Mitbestimmung des Betriebsrats greift wegen des im § 87 BetrVG enthaltenen Tarifvorbehalts nur, sofern die entsprechenden Entloh-nungsgrundsätze nicht (abschließend) in einem für den Betrieb gelten-den Tarifvertrag geregelt sind.

### Personalfragebogen nach § 94 Abs. 1 BetrVG

In § 94 Abs. 1 BetrVG heißt es:

**»Personalfragebogen bedürfen der Zustimmung des Betriebsrats. Kommt eine Einigung über ihren Inhalt nicht zustande, so entscheidet die Einigungsstelle. Der Spruch der Einigungsstelle ersetzt die Eini-gung zwischen Arbeitgeber und Betriebsrat.«**

Demnach bedürfen Personalfragebogen der Zustimmung der Interes-senvertretung, soweit sie im Rahmen eines Mitarbeitergesprächs zum Einsatz kommen. Nach der herrschenden juristischen Meinung ist dabei der betriebsverfassungsrechtliche Begriff des Personalfragebogens weit auszulegen. Man hat darunter zu verstehen »formularmäßig gefaßte Zusammenstellungen von durch den Bewerber (ArbN) auszufüllenden und zu beantwortenden Fragen, die Aufschluß über die Person, Kenntnisse und Fertigkeiten des Befragten geben sollen. ... Erfaßt werden sowohl Fragebogen für die schon im Betrieb tätigen ArbN als auch Einstellungsfragebogen für Bewerber« (Fitting u.a. 2000, § 94, Rn. 6).

Der Zweck der Mitbestimmung nach § 94 Abs. 1 BetrVG besteht insbesondere in der Begrenzung des Informationsstrebens des Arbeitgebers auf Auskünfte über die Arbeitnehmer/innen, an denen er ein berechtigtes und nicht unzulässig in deren Persönlichkeitssphäre eindringendes Interesse hat. Das Mitbestimmungsrecht bezieht sich nicht nur auf originäre, etwa bei einem Einstellungsgespräch benutzte Fragebogen, sondern ist prinzipiell auch auf andere Verfahren und Techniken zu analogen Zwecksetzungen anzuwenden wie etwa die Durchführung von Interviews oder die Verwendung von standardisierten Bewertungsbogen und Fragen (»Checklisten«), die zur Bewertung von Arbeitnehmer/innen angewandt werden und nicht von den Betroffenen selbst unmittelbar ausgefüllt bzw. beantwortet werden müssen (Fitting u.a. 2000, § 94 Rn. 11).

»Der Schutz der Persönlichkeitssphäre, dem das Mitbestimmungsrecht nach § 94 Abs. 1 BetrVG dient, wäre nicht zu erreichen, wenn er davon abhinge, auf welche technische Art und Weise die Befragung des Bewerbers bzw. Arbeitnehmers erfolgte« (Jedzig 1996, S. 1340).

Das Mitbestimmungsrecht des § 94 Abs. 1 BetrVG erfordert jedoch, dass es um *personenbezogene* Bewertungsvorgänge geht. Davon nicht tangiert sind arbeitsplatzbezogene Bewertungen, wie sie etwa im Rahmen von Arbeitsplatzanalysen oder der Entwicklung von Stellen-, Arbeits-, Funktionsbeschreibungen oder dergleichen vorgenommen werden (Jedzig 1991a, S. 754; Stege/Weinspach 1994, § 94 Rn. 30).[8]

## Allgemeine Beurteilungsgrundsätze nach § 94 Abs. 2 BetrVG

Eine der wichtigsten Rechtsnormen zur Beeinflussung von Mitarbeitergesprächs-Konzepten ist ohne Frage der § 94 Abs. 2 BetrVG, wonach die »*Aufstellung allgemeiner Beurteilungsgrundsätze*« der Zustimmung des Betriebsrats bedarf. Kommt darüber eine Einigung mit dem Arbeitgeber nicht zustande, entscheidet die Einigungsstelle. Nach herrschender juristischer Meinung sind unter allgemeinen Beurteilungsgrundsätzen im

---

8 Etwas anderes kann aber aufgrund des Vorliegens allgemeiner Entlohnungsgrundsätze im Sinne des § 87 Abs. 1 Nr. 10 gelten.

Sinne des § 94 Abs. 2 BetrVG alle Regeln, Richtlinien oder Systeme zur fachlichen oder persönlichen Bewertung neu einzustellender Bewerber/innen oder bereits beschäftigter Mitarbeiter/innen zu sehen. Allgemeine Grundsätze sollen eine einheitliche Handhabung gewährleisten. Beurteilungsgrundsätze sind nicht an die klassischen merkmalsorientierten Verfahren der Personalbeurteilung gebunden. Auch die Bewertung der Beschäftigten durch ihre Vorgesetzten im Rahmen von offeneren und flexibleren Mitarbeitergesprächen (Beurteilungs- und Fördergespräche) oder aufgrund von Zielvereinbarungen nach einem generalisierten System (mit Soll/Ist-Vergleich) ist darunter zu fassen.

Nach dieser Rechtsnorm hat der Betriebsrat unter anderem mitzubestimmen über:

- das grundsätzliche Verfahren bzw. die Konzeption (einschließlich des Beurteilungsbogens);
- die einzelnen Beurteilungskriterien inklusive eventueller Gewichtungen sowie ihre Definitionen;
- die Beurteilungs- und Bewertungsmethoden und -maßstäbe (z.B. Verwendung von Skalen, Festlegung der Skalenlänge);
- Verfahrensfragen (z.B. Festlegung von Beurteilern und zu Beurteilenden; zeitlicher Abstand der Beurteilungen; andere Beurteilungsanlässe);
- Fragen der Durchführung und Gestaltung des Beurteilungs- bzw. Mitarbeitergesprächs;
- Fragen der Auswertung der Beurteilung;
- die Aufbewahrung der Bögen und sonstigen Gesprächsunterlagen (z.B. Dauer der Ablage in der Personalakte);
- Rechte der betroffenen Mitarbeiter/innen (z.B. Einspruchs- und Beschwerdemöglichkeiten);
- Konfliktlösungsmechanismen bei Streitigkeiten über konkrete Beurteilungen (z.B. paritätischer Ausschuss).

Ein solches System muss nicht notwendigerweise eine *umfassende* Bewertung von Persönlichkeits- und/oder Leistungs- und/oder Verhaltensmerkmalen vorsehen. Auch weniger differenzierte Systeme, die nur auf Teilaspekte der Tätigkeit abstellen, sind allgemeine Beurteilungsgrundsätze.[9] Es ist auch nicht erforderlich, dass ganze Betriebe von dem Verfahren erfasst werden. Auch solche Verfahren sind im Sinne des BetrVG *allgemeine* Beurteilungsgrundsätze, die nur einzelne Bereiche, Abteilun-

---

9 LAG Berlin vom 22.4.1987 – 12 Ta BV 1/87; Jedzig (1991a, S. 754).

gen oder dergleichen bzw. Gruppen von Arbeitnehmer/innen betreffen. Ebenso muss es sich nicht zwingend um das konventionelle Muster merkmalsorientierter Einstufungsverfahren handeln. Entscheidend ist, dass es sich um ein allgemeines, regelhaftes System handelt, mit dem Werturteile von Personen über im Betrieb beschäftigte Arbeitnehmer/innen generiert werden sollen. Und dies dürfte bei sehr vielen Initiativen des Arbeitgebers, Mitarbeitergespräche einzuführen, der Fall sein.

Das Gesetz fordert ausdrücklich die *Zustimmung* des Betriebsrats zu den Beurteilungsgrundsätzen (»positives Konsensprinzip«). Schweigen ist nicht gleichbedeutend mit Zustimmung. Der Arbeitgeber ist also vom Gesetz her gezwungen, die ausdrückliche Zustimmung des Betriebsrats bei der Einführung, Anwendung und Änderung von Mitarbeitergesprächen mit allgemeinen Beurteilungsgrundsätzen einzuholen. Ansonsten sind alle Beurteilungen auf der Basis eines Verfahrens, dem der Betriebsrat nicht ausdrücklich zugestimmt hat, rechtlich gesehen unwirksam. Jede/r Betroffene hat Anspruch auf Entfernung aller entsprechenden Dokumente aus der Personalakte.[10]

Wurden Mitarbeitergespräche mit Beurteilungsgrundsätzen in einer Zeit eingeführt, als noch kein Betriebsrat existierte, werden sie mit seiner erstmaligen Wahl mitbestimmungspflichtig. Eine weitere Verwendung ist rechtlich nur möglich, wenn der Arbeitgeber von sich aus initiativ wird und die ausdrückliche Zustimmung des neu gewählten Betriebsrates einholt.[11]

Allerdings gibt es bei der Mitbestimmung auch *Grenzen*. Nach herrschender Auffassung ist der Interessenvertretung *kein* Initiativrecht zuerkannt, d. h., der Betriebsrat kann den Arbeitgeber nicht dazu zwingen, Mitarbeitergespräche mit allgemeinen Beurteilungsgrundsätzen einzuführen, wenn dieser es nicht selber will.[12] Nur wenn der Arbeitgeber ein solches Instrument einführen will, gilt das Mitbestimmungsrecht des Betriebsrates. Zudem verbleibt dem Arbeitgeber in jedem Stadium, selbst nach einem Spruch der Einigungsstelle, die Möglichkeit, seine Entscheidung, ein solches Verfahren einzuführen, rückgängig zu machen (Stege/Weinspach 1994, § 94 Rn. 26).

---

10 Vgl. Fitting u. a. (2000, § 94 Rn. 34).
11 LAG Frankfurt vom 16. 3. 1990; vgl. Der Betrieb, 1990, S. 1975.
12 Vgl. Fitting u. a. (2000, § 94 Rn. 32). Da die Personalbeurteilung in der Regel aber eine Komponente der Personalplanung ist, hat der Betriebsrat ein Vorschlagsrecht gemäß § 92 Abs. 2 BetrVG.

Wie schon beim § 94 Abs. 1 BetrVG erfordert das Mitbestimmungsrecht des § 94 Abs. 2 BetrVG zudem, dass es um *personenbezogene*, nicht um arbeitsplatzbezogene Bewertungsvorgänge geht.

Grenzen der Einflussnahme ergeben sich ferner daraus, dass § 94 Abs. 2 BetrVG dem Betriebsrat kein Mitbestimmungsrecht bei den *einzelnen Gesprächen* bzw. *Beurteilungsvorgängen* zubilligt. Das Mitbestimmungsrecht ist beschränkt auf die »Infra-Struktur« des Systems; oder zeitlich ausgedrückt, auf die den eigentlichen Kommunikations- und Bewertungsvorgängen vorangehenden Aktivitäten. Allerdings kann der Betriebsrat in einer Betriebsvereinbarung regeln, dass etwa bei Konflikten im Mitarbeitergespräch oder Streitigkeiten um eine konkrete Beurteilung Konfliktlösungsregularien einzusetzen sind, an denen er beteiligt ist. Auch kann er auf Wunsch der Beschäftigten an Beurteilungsgesprächen teilnehmen.[13]

Die Zustimmung des Betriebsrats zur Einführung allgemeiner Beurteilungsgrundsätze sollte durch Abschluss einer *Betriebsvereinbarung* erfolgen, in der die Einzelheiten des Verfahrens geregelt sind. Dazugehörige Elemente wie Beurteilungsbögen, Informationsbroschüren, Programmbeschreibungen und dergleichen können bzw. sollten Bestandteil der Betriebsvereinbarung sein.

Kommt zwischen Betriebsrat und Arbeitgeber keine Einigung über die inhaltliche Gestaltung von Beurteilungsgrundsätzen zustande, entscheidet die Einigungsstelle.

### Auswahlrichtlinien nach § 95 BetrVG

§ 95 Abs. 1 BetrVG gewährt dem Betriebsrat ein Mitbestimmungsrecht bei der *Aufstellung von Auswahlrichtlinien*.[14] Dabei handelt es sich um Grundsätze, »die allgemein oder für bestimmte Arten von Tätigkeiten festlegen, welche Voraussetzungen bei der Durchführung von personellen Einzelmaßnahmen vorliegen müssen oder nicht vorliegen dürfen und welche sonstigen Gesichtspunkte bei ihnen im Hinblick auf die Arbeitnehmer weiter zu berücksichtigen sind oder außer Betracht zu bleiben haben.«[15]

---

13 Vgl. auch allgemein zu den Möglichkeiten der Einflussnahme des Betriebsrates auf die Durchführung von Betriebsvereinbarungen zur Personalbeurteilung Jedzig (1991b).
14 In Betrieben mit mehr als 1000 Arbeitnehmer/innen kann der Betriebsrat darüber hinaus die Aufstellung von Auswahlrichtlinien erzwingen (Abs. 2).
15 Vgl. Fitting u. a. (2000, § 95 Rn. 4).

Aus ihrem Charakter als Entscheidungshilfe, die dazu beitragen soll, personelle Einzelmaßnahmen mehr oder minder stark vorherzubestimmen und zu »verobjektivieren«,[16] ergibt sich möglicherweise eine gewisse Nähe zu manchen Konzepten von Mitarbeitergesprächen. Der Anwendungsbereich des § 95 BetrVG ist also zumindest dort gegeben, wo Ergebnisse von Mitarbeitergesprächen vom System her auch Entscheidungshilfen für personelle Einzelmaßnahmen erzeugen sollen.

## Durchführung betrieblicher Berufsbildungsmaßnahmen nach § 98 BetrVG

Diese Norm gibt dem Betriebsrat ein Mitbestimmungsrecht bei der *Durchführung von Maßnahmen der betrieblichen Berufsbildung* (vgl. dazu ausführlich Breisig 1997). Er kann ferner die Bestellung einer mit der Durchführung der betrieblichen Berufsbildung beauftragten Person sowie die Teilnehmer/innen-Auswahl beeinflussen. Die eventuelle Verbindung zu Mitarbeitergesprächen ergibt sich zunächst daraus, dass solche Erörterungen mit steigender Tendenz als Instrument zur Personalentwicklungs-Bedarfsermittlung und damit schwerpunktmäßig zur *Bestimmung von individuellen Weiterbildungserfordernissen* eingesetzt wird.

Ferner ergibt sich ein Zusammenhang daraus, dass im Regelfall *Schulungsmaßnahmen insbesondere für die Vorgesetzten* durchgeführt bzw. angeboten werden, damit sie die Mitarbeitergespräche im Sinne der Ziele des Unternehmens besser durchführen können. Bei diesen Qualifizierungsveranstaltungen wird es sich regelmäßig um Maßnahmen der betrieblichen Berufsbildung handeln, für die nach § 98 Abs. 1 BetrVG ein Mitbestimmungsrecht des Betriebsrats besteht. Dieses bezieht sich auf den gesamten Inhalt der Maßnahmen, das heißt z.B. auf Inhalt und Umfang der zu vermittelnden Kenntnisse und Fähigkeiten, die Methoden der Wissensvermittlung oder die zeitliche Dauer und Lage der Maßnahme.

## Personelle Einzelmaßnahmen nach §§ 99 und 102 BetrVG

Kommt es (z.B. infolge von Ergebnissen von Mitarbeitergesprächen) zu *Umgruppierungen oder Versetzungen* von einzelnen Arbeitnehmer/innen, so muss der Arbeitgeber nach § 99 BetrVG die Zustimmung des Betriebsrats einholen. Der Betriebsrat kann die Zustimmung aber nur dann

---

16 Vgl. Fitting u. a. (2000, § 95 Rn. 4).

verweigern, wenn einer der im Gesetz in § 99 Abs. 2 BetrVG genannten Gründe dafür vorliegt (z.b. Verstoß gegen ein Gesetz, eine Verordnung, eine Bestimmung im Tarifvertrag oder in einer Betriebsvereinbarung, Befürchtung einer ungerechtfertigten Benachteiligung der/des Betroffenen). Verweigert der Betriebsrat aus einem der genannten Gründe die Zustimmung, muss der Arbeitgeber das Arbeitsgericht anrufen mit dem Antrag, diese Zustimmung zu ersetzen.

Soll einer Arbeitnehmerin/einem Arbeitnehmer (z.b. aufgrund von Mitarbeitergesprächs-Ergebnissen) *gekündigt* werden, ist der Arbeitgeber gemäß § 102 BetrVG gezwungen, den Betriebsrat vorher zu hören. Er hat ihm dabei die Kündigungsgründe mitzuteilen. Der Betriebsrat kann nach Abs. 3 der Kündigung widersprechen, z.B. wenn gegen eine Auswahlrichtlinie verstoßen wird, die Weiterbeschäftigung nach zumutbaren Umschulungs- oder Fortbildungsmaßnahmen möglich wäre oder der/die Betroffene an einem anderen Arbeitsplatz des selben Betriebs oder Unternehmens weiterbeschäftigt werden könnte.

## Mitbestimmung der Personalräte im Bereich der Personalvertretungsgesetze

Im Anwendungsbereich der Personalvertretungsgesetze gelten teils analoge, teils andere rechtliche Rahmenbedingungen als unter dem Betriebsverfassungsgesetz.

Eine wichtige Norm für den Regelungszusammenhang Mitarbeitergespräche ist § 75 Abs. 3 Nr. 9 BPersVG, wonach der Personalrat wie der Betriebsrat nach dem BetrVG bei »Beurteilungsrichtlinien« mitzubestimmen hat, soweit nicht eine gesetzliche oder tarifliche Regelung besteht. Die jeweiligen Landespersonalvertretungsgesetze enthalten teilweise gleichartige, z. T. aber auch abweichende Regelungen.[17] Wir beschränken uns hier aus Gründen der Komplexitätsreduktion auf das BPersVG.

Das Mitbestimmungsrecht bei Beurteilungsrichtlinien nach § 75 Abs. 3 Nr. 9 BPersVG bezieht sich jedoch nur auf die unter das Gesetz fallenden Arbeiter/innen und Angestellte. Es umfasst sowohl die erst-

---

17 Eine Synopse der entsprechenden Bestimmungen aus dem BPersVG und den Landespersonalvertretungsgesetzen findet sich bei Altvater u.a. (1985). Zu den zwischenzeitlichen Novellierungen der Landespersonalvertretungsgesetze vgl. jeweils Gewerkschafts-Jahrbuch (hrsg. von Michael Kittner), Köln 1990 ff., Kapitel »Personalvertretungsrecht«.

malige Aufstellung als auch eine eventuelle spätere Veränderung von Beurteilungsrichtlinien. Es bezieht sich insbesondere auf die Festlegung der Beurteilungskriterien und Bewertungsmaßstäbe wie auch auf das Verfahren (z.B. Kreis der zu Beurteilenden, Turnus, Beschwerdeverfahren).[18]

Ein Mitbestimmungsrecht des Personalrats nach § 75 Abs. 3 Nr. 4 kommt zudem dann in Frage, wenn ein Mitarbeitergespräch für einen *Entlohnungsgrundsatz* maßgebend sein soll. Das Instrument ist dann Bestandteil des Entgeltbemessungssystems und nach der oben angeführten Norm mitbestimmungspflichtig.

Das Mitbestimmungsrecht des Personalrats bei Beurteilungsrichtlinien nach § 75 Abs. 3 Nr. 9 BPersVG betrifft, wie schon gesagt, nur die unter das Gesetz fallenden Arbeiter/innen und Angestellte. Für *Beamtinnen und Beamte* ergeben sich aus den jeweils geltenden Beamtengesetzen und Laufbahnverordnungen *andere rechtliche Grundlagen*. Hier hat der Gesetzgeber bereits inhaltliche Grundzüge eines Beurteilungsverfahrens von sich aus festgelegt, allerdings nicht abschließend. Daher enthält auch das BPersVG im § 76 Abs. 2 Nr. 3 ein eingeschränktes Mitbestimmungsrecht des Personalrats bei Beurteilungsrichtlinien für Beamtinnen und Beamte.[19] Innerhalb dieses begrenzten Rahmens kann der Personalrat auch von seinem eingeschränkten Initiativrecht Gebrauch machen (siehe oben). Zudem kann die Einigungsstelle bei den Beamtinnen und Beamten nur eine Empfehlung an die oberste Dienstbehörde aussprechen, während sie bei Arbeitnehmer/innen eine verbindliche Entscheidung trifft.[20]

### 3.5.3   Abschluss einer Betriebs- bzw. Dienstvereinbarung

Insgesamt kann die Interessenvertretung also, insbesondere im Geltungsbereich des BetrVG, gewichtige Einflussgrundlagen mobilisieren, um vom Arbeitgeber die Mitgestaltung eines Mitarbeitergesprächs zu verlangen. Aber auch jenseits jeder rechtlichen Erwägung ist es ein Gebot der Klugheit, die Interessenvertretung der Betroffenen intensiv in

---

18 Vgl. dazu Hindinger (1987, S. 242) sowie Richardi/Dietz (1978, § 75 Rn. 398).
19 Vgl. einen entsprechenden Beschluss des Bundesverwaltungsgerichts vom 11. 12. 1991 – 6 B 20.89.
20 Vgl. Hindinger (1987, S. 241).

die Gestaltung eines solchen Instruments einzubeziehen. Es hat nämlich nur Aussicht auf Anklang und Erfolg, wenn es von den Betroffenen im Sinne der Ziele und Intentionen akzeptiert und mit Leben gefüllt wird. Insofern wird der Versuch, ein Mitarbeitergespräch ohne Beteiligung des Betriebs- bzw. Personalrats, erst recht gegen seinen erklärten Willen einzuführen, in der Umsetzungsphase mit hoher Wahrscheinlichkeit zum Scheitern verurteilt sein.

Dieser Aspekt bleibt in der Fachliteratur zu Mitarbeitergesprächen zumeist unbeachtet. Lediglich für Hofbauer/Winkler (1999, S. 196) »ergibt sich die Notwendigkeit der Beteiligung der Arbeitnehmervertretung schon allein aus der Tatsache, dass ihre frühzeitige Partizipation die Akzeptanz bei den Arbeitnehmern fördert und darüber hinaus die Belange der Arbeitnehmer gewahrt werden.«

Auch um solche Unwägbarkeiten und Akzeptanzprobleme von vornherein zu minimieren, sollten Arbeitgeber und Interessenvertretung im Vorfeld die wichtigsten Gestaltungsfragen rund um ein Mitarbeitergespräch möglichst einvernehmlich klären und in einer verbindlichen Betriebs- oder Dienstvereinbarung verankern.[21] Eine solche Vereinbarung gehört zweifelsohne zu den wesentlichsten Werkzeugen der Betriebsratsarbeit. Sie ist im Betrieb die für alle wahrnehmbare Form der Ausübungsform von Mitbestimmungsrechten.

Betriebsvereinbarungen gelten unmittelbar und zwingend für bestehende Arbeitsverhältnisse, ohne dass es einer diesbezüglichen Zustimmung der einzelnen Arbeitnehmer/innen bedarf. Sie wirken in ihrem Geltungsbereich wie ein Gesetz. Der Abschluss von Betriebsvereinbarungen ist wesentlich in § 77 BetrVG geregelt. Demnach ist nicht nur die Schriftform zwingend; das Dokument ist auch von beiden Seiten zu unterzeichnen, es sei denn, die Vereinbarung beruht auf einem Spruch der Einigungsstelle.

Gegenstand von Betriebsvereinbarungen können, soweit nicht abschließend in einem für den Betrieb gültigen Tarifvertrag geregelt, alle kollektiv regelbaren Fragen der Arbeitsbedingungen sein, wobei aber zwischen *erzwingbaren und freiwilligen* Betriebsvereinbarungen zu unterscheiden ist. Erzwingbar ist eine Vereinbarung dann, wenn die fehlende Einigung der Parteien durch einen Einigungsstellenspruch ersetzt wer-

---

21 Der Einfachheit halber sprechen wir im Folgenden nur noch von Betriebsvereinbarungen unter Einschluss der Dienstvereinbarung als ihr Pendant im Geltungsbereich der Personalvertretungsgesetze.

den kann. Das ist insbesondere bei dem Regelungskatalog des § 87 Abs. 1 BetrVG, aber auch bei einigen anderen Sachverhalten der Fall, wozu z.B. auch allgemeine Beurteilungsgrundsätze nach § 94 Abs. 2 BetrVG gehören.

Freiwillige Betriebsvereinbarungen in solchen Fragen, die nicht der erzwingbaren Mitbestimmung unterliegen, sind demgegenüber in § 88 BetrVG angesprochen.[22] Freiwillige Vereinbarungen unterliegen derselben zwingenden Wirkung wie erzwingbare, allerdings mit einer wichtigen Ausnahme, sie wirken bei Kündigung durch eine Partei nicht nach. Das ist bei einigungsstellenfähigen Vereinbarungen anders. Nach deren »Wegkündigung« soll kein regelungsfreier Raum entstehen. Daher gelten sie so lange nach, »bis sie durch eine andere Abmachung ersetzt werden« (§ 77 Abs. 6 BetrVG).

Bei Betriebsvereinbarungen zu Mitarbeitergesprächen wird es sich oft, etwa bei Beurteilungs- und Fördergesprächen, um eine erzwingbare Vereinbarung handeln. Denkbar ist aber auch, dass sie eine Mischform von erzwingbarer und freiwilliger Betriebsvereinbarung darstellen, z.B. wenn sich ihr Inhalt nicht auf allgemeine Beurteilungsgrundsätze im Sinne des § 94 Abs. 2 BetrVG beschränkt, sondern ein »Paket« zur Lösung komplexer, auch in andere oder angrenzende Tatbestände hineinreichenden Fragen enthält (z.B. Personalentwicklung, Personalplanung).

Im Folgenden werden, soweit sich das überhaupt generalisierend sagen lässt, einige Merkpunkte zur Gestaltung einer solchen Betriebsvereinbarung zum Mitarbeitergespräch entfaltet. Da dies aber in erheblichem Maße von dem jeweiligen Konzept und der Art des Gesprächs wie auch von sonstigen betrieblichen Gegebenheiten und Rahmenbedingungen abhängt, möchten wir uns hier auf Stichpunkte zu potenziellen Regelungspunkten beschränken. In diesem Sinne können die folgenden Aspekte Regelungsgegenstand in einer Betriebsvereinbarung sein:

- Geltungsbereich;
- Grundsätze/Präambel;
- Art und Ziele des Mitarbeitergesprächs;

---

22 Diese Norm enthält die nicht erschöpfende Aufzählung folgender Möglichkeiten: Maßnahmen zur Verhütung von Arbeitsunfällen und Gesundheitsschädigungen, die Errichtung von bestimmten Sozialeinrichtungen, Maßnahmen zur Förderung der Vermögensbildung.

- Bestandteile des Verfahrens;
- Bezug zu anderen Instrumenten;
- Wer spielt welche Rolle (z.B. wer beurteilt bei Beurteilungs- und Fördergesprächen; wer wird beurteilt?);
- Turnus der Gesprächsdurchführung;
- Sonstige (außerplanmäßige) Gesprächsanlässe;
- Vorbereitung auf das Gespräch (inklusive Materialien);
- Durchführung des Gesprächs (z.b. räumliche, terminliche Gegebenheiten, Dauer);
- Gesprächsunterlagen, insbesondere Bögen und Leitfäden;
- ggf. Regelungen zur Aufgaben- bzw. Zielfestlegung;
- Regelungen zu den Methoden, Techniken und Stilen der Gesprächsführung;
- Ableitung von Konsequenzen und Maßnahmen;
- Unterschriften;
- Konfliktlösung;
- Datenspeicherung, -ablage und -verwendung;
- Schulung und Information der Beteiligten;
- Rechte der Mitarbeiter/innen;
- Rechte des Betriebs- bzw. Personalrats;
- ggf. Test-/Pilotphase;
- Schlussbestimmungen.

Übersicht 3-3: Checkliste denkbarer Regelungspunkte für eine Betriebsvereinbarung

Konkrete Überlegungen über die inhaltlichen Gestaltungsmöglichkeiten bei Beurteilungs- und Fördergesprächen sowie bei Zielvereinbarungsgesprächen finden sich bei Breisig (1998 und 2000). Außerdem ist ein konkretes Praxisbeispiel für eine Betriebsvereinbarung über ein förderungsorientiertes Mitarbeitergespräch im Anhang des vorliegenden Werkes wiedergegeben (aus einem Unternehmen der Maschinenbauindustrie).

# 4. Phasen, Regeln und Techniken im Mitarbeitergespräch

Nachdem wir ausführlich auf instrumentelle und rechtliche Grundlagen eingegangen sind, wollen wir uns nunmehr einer weiteren generell wichtigen Anforderung an Mitarbeitergespräche zuwenden: ihrer sachgerechten Planung und Strukturierung.

Mitarbeitergespräche unterscheiden sich von spontanen, aus einer Situation heraus entstehenden Unterredungen darin, dass sie zu einem bestimmten Termin »angesetzt« werden. Sie versprechen besonders dann Erfolg, wenn sie – diesen Umstand nutzend – von allen Beteiligten gut vorbereitet, anhand bestimmter Regeln und Techniken durchgeführt und schließlich hinsichtlich ihrer Ergebnisse umgesetzt bzw. nachbereitet werden. Diesen Zusammenhängen widmen wir uns im nachfolgenden vierten Kapitel. Dabei greifen wir auch wieder auf unser Eingangsbeispiel, das reichlich misslungene Gespräch zwischen Herrn Meier und Herrn Müller, zurück (vgl. Abschnitt 2.1 f.).

## 4.1 Die Vorbereitung eines Mitarbeitergesprächs

In einem dialogischen Konzept ist es wichtig, dass das Gespräch und die einzelnen Phasen nicht von der/dem Vorgesetzten dominiert werden. Die Beschäftigten müssen sich in jedem Stadium aktiv einbringen können. Dies beginnt schon im Vorfeld, denn die wichtigste Voraussetzung hierfür ist, dass die Beschäftigten vorher über die *Ziele des Gespräches* nicht im Unklaren gelassen werden.

Ob im Eingangsbeispiel der Mitarbeiter Müller über die Gesprächsziele durch die Sekretärin seines Vorgesetzten vollständig informiert war, mag dahingestellt sein. Aufgrund der vorliegenden Beschwerde des Großkunden scheint sich Herr Müller jedoch schon mit einem mulmigen Gefühl auf den Weg zu seinem Vorgesetzten gemacht zu haben.

Möglicherweise hätten viele Missverständnisse vermieden werden können, wenn sich der Mitarbeiter im Vorfeld anhand der folgenden Fragen einen klaren Überblick über die Ziele des Gespräches verschafft hätte:
1. Was ist der genaue Grund des einberufenen Vier-Augen-Gespräches?
2. Welche Ziele könnte der Vorgesetzte verfolgen?
3. Welches sind meine eigenen Haupt- und Nebenziele im Gespräch?
Möglicherweise stellt sich die erste Frage bei fest institutionalisierten Treffen (z.B. bei den in den Abschnitten 5.2 und 5.3.3 skizzierten Zielvereinbarungs- oder Fördergesprächen) nicht. Doch sollte aus Sicht der Beschäftigten der Grund für den Gesprächstermin nicht vollständig transparent sein, empfiehlt sich eine konkrete Nachfrage – nur dann kann die Mitarbeiterin/der Mitarbeiter sich auf die Situation einstellen.

Nachdem die Zielebene abgeklärt ist, beginnt die nicht zu vernachlässigende Vorbereitungsphase auf die konkrete Gesprächssituation. Im Vorfeld sind nach Crisand u. a. (1997, S. 12 ff.) vier organisatorische Fragen zu beantworten:

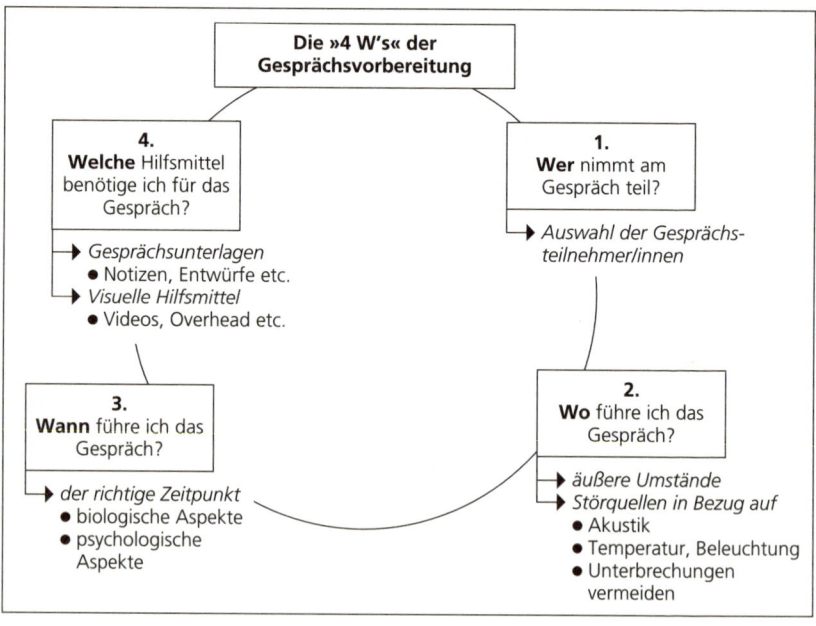

Übersicht 4-1: Die »4 W's« der Gesprächsvorbereitung (nach Crisand u. a. 1997, S. 13)
© 1997 by I. H. Sauer-Verlag GmbH, Heidelberg

Im Mitarbeitergespräch sind organisatorische Maßnahmen nicht nur von den Führungskräften zu treffen. Auch die Beschäftigten sollten sich zu den »4 W-Fragen« Gedanken machen:

### Wer nimmt an dem Gespräch teil?

In vielen der in diesem Ratgeber besprochenen Gesprächskonstellationen werden Sie als Mitarbeiter/in einer oder mehreren Führungskräften allein gegenübertreten. Letztere haben die Einladung hierzu ausgesprochen; insofern haben Sie wenig Einfluss auf die Gesprächsteilnehmer/innen. Manchmal kann es für die Arbeitnehmer/innen jedoch sinnvoll sein, zur eigenen Unterstützung und/oder zur Vermittlung ein Betriebsratsmitglied zum Gespräch hinzuzuziehen. Dies kann z.B. der Fall sein, wenn Ihre Leistung während der Besprechung beurteilt werden soll, Sie eine Beschwerde aufgrund einer ungerechten Behandlung oder sonstiger Beeinträchtigung vorbringen oder aber Einsichtnahme in die eigene Personalakte nehmen möchten. Eine rechtliche Handhabe zur möglichen Einbeziehung eines Betriebsratsmitgliedes bieten die §§ 81 ff. BetrVG (vgl. rechtliche Aspekte in Abschnitt 3.5.1). Hiervon können Sie insbesondere dann Gebrauch machen, wenn Sie in der Unterredung Unstimmigkeiten mit Ihren Vorgesetzten erwarten.

### Wo wird das Gespräch geführt?

Vielfach bestimmt die Führungskraft mit der Einladung auch Ort und Zeit der Zusammenkunft. Bevor Sie als Mitarbeiter/in der Einladung unwidersprochen zustimmen, sollten Sie sich folgende Fragen zum vorgeschlagenen Raum und Termin stellen:
1. Lassen die Rahmenbedingungen (Raumtemperatur, Belüftung, Beleuchtung, Akustik, Lärm von außerhalb) ein ungestörtes, längeres Gespräch am vorgeschlagenen Treffpunkt zu? Gibt es ungebetene Zuhörer/innen?
2. Falls das Gespräch im Büro Ihrer/Ihres Vorgesetzten stattfindet: Sind dort viele Störungen zu erwarten (z.B. durch Telefonanrufe oder unangemeldete Besucher/innen)? Gibt es neben dem obligatorischen Schreibtisch, hinter dem die Führungskraft sich üblicherweise aufhält, weitere Sitzgelegenheiten, in denen ein weitgehend ungezwungenes Gespräch stattfinden kann?

Ungenügende Raumbedingungen und/oder Störungen wirken sich zweifach negativ auf den Gesprächsverlauf aus. Zum einen kann der

*Sachinhalt* der Nachricht leiden, die Gesprächspartner/innen sind abgelenkt oder unkonzentriert, die Aussagen werden nicht klar und präzise formuliert bzw. verstanden, es kommt zu Missverständnissen. Zum anderen wird durch Störungen auch die *Beziehungsebene* negativ beeinflusst. Überprüfen Sie Ihre eigenen Empfindungen: Lässt sich z.B. Ihr/e Vorgesetzte/r in einem Gespräch gern und oft stören (z.B. durch Telefon, durch von ihr/ihm verlangte Unterschriften), wächst in Ihnen vermutlich Unmut; Sie fühlen sich nicht wichtig genug genommen. Hierunter leidet die Gesprächsatmosphäre im weiteren Verlauf (vgl. Crisand u. a. 1997, S. 13 f.). Ein Paradebeispiel hierfür ist die eingangs dargestellte Gesprächssituation zwischen Mitarbeiter Müller und seinem Vorgesetzten (vgl. Abschnitt 2.1). Eine besondere Rolle spielt die Sitzanordnung.[1] Zwar gibt es zum *räumlichen Abstand* zwischen den Gesprächspartner/innen keine allgemeingültige »Faustregel«, doch sind hierbei einige ungeschriebene Aspekte zu beachten. In unserem Kulturkreis ist es üblich, einen Schutzabstand unseres Gegenübers von mindestens einer ausgestreckten Armlänge zu respektieren.[2] Ein Eindringen in diesen persönlichen Raum kann als äußerst unangenehm empfunden werden. Für ein Sachgespräch zwischen Arbeitnehmer/in und Führungskraft dürfte i. d. R. ein Abstand von einem bis zu drei Meter als angemessen gelten. Ein größerer Abstand (womöglich noch mit der »Barriere« eines Tisches zwischen sich) schafft Distanz, ein kleinerer Abstand begründet eine besondere Nähe oder verdeutlicht die Dringlichkeit eines Anliegens. Überlegen Sie vor Ihrer Zustimmung zu den Räumlichkeiten deshalb auch, wie die Sitzgelegenheiten dort ausgestattet sind. Hierzu gehört übrigens auch der *Winkel*, den die beiden Gesprächspartner/innen vermutlich zueinander einnehmen werden. Als angenehm wird ein Winkel von ca. 120 Grad empfunden. Man sitzt sich nicht völlig frontal gegenüber (das schafft eine eher aggressive Atmosphäre), sondern kann in angenehmer Weise den Blickkontakt zueinander halten oder ihm (z. B. zum Überlegen) vorübergehend ausweichen (vgl. Gehm 1997, S. 43 ff.).

Kommen Sie nach diesen Überlegungen zu dem Schluss, dass aus Ihrer Sicht ein ungestörtes Gespräch am vorgeschlagenen Ort nicht möglich ist, schlagen Sie einen anderen geeigneten Raum vor. Wenn Sie Ihren

---

1 Die Sitzordnung ist auch ein Bestandteil der nonverbalen Kommunikation. Hierauf wird weiter unten genauer eingegangen.
2 In anderen Kulturkreisen gelten ganz andere »normale« Abstände.

Vorschlag vernünftig begründen, kann möglicherweise frühzeitig ein besser geeigneter Treffpunkt ausgewählt werden.

## Wann soll das Gespräch stattfinden?

Ähnliches gilt, wenn der vorgeschlagene Zeitpunkt für das Treffen aus Ihrer Sicht nicht günstig gewählt ist. *Ungeeignete Termine* sind kurz vor dem Feierabend, der Mittagspause, der Montagvormittag oder der Freitagnachmittag (bzw. entsprechende Äquivalente zum Schichtbeginn oder -ende). Keine der beteiligten Parteien sollte unter einem Zeitdruck stehen. Besonders wichtige Gespräche werden oft am Vormittag geführt. Dies liegt in der biologischen Leistungsfähigkeit des Menschen begründet: Die Leistungskurve ist erfahrungsgemäß vormittags am größten (vgl. Crisand u. a. 1997, S. 16). Besonders wichtig ist, dass Sie als Mitarbeiter/in *frühzeitig genug* zu dem Gespräch eingeladen werden, damit Sie sich ausreichend vorbereiten können. Zu manchen Gesprächstypen gilt die Regel (z.B. als Punkt in einer Betriebsvereinbarung), dass die Einladung spätestens ein (besser noch zwei) Wochen vor dem Gesprächstermin an die betroffenen Beschäftigten erfolgt sein muss. Falls Ihnen die Zeit zur Vorbereitung als unzureichend erscheint, bitten Sie unter Angabe der Gründe um einen späteren Termin.

## Welche Hilfsmittel benötigen Sie für das Gespräch?

Eine gute Vorbereitung anhand von Hilfsmitteln kann Sie bei der Argumentation im Gesprächsverlauf unterstützen. Die Vorgesetzten werden meist »offizielle« Hilfsmittel zu Rate ziehen. Als Gesprächsgrundlage dienen ihnen Personalakten, formulierte Ziele der unterschiedlichen Hierarchieebenen des Unternehmens, Statistiken (z.B. Verkaufszahlen, Ausschusszahlen, Abwesenheitsquoten) usw. Überlegen Sie Ihrerseits, ob Ihnen ebenfalls Unterlagen zur Verfügung stehen, die Ihre Argumente untermauern können. Erstens zeigen mitgebrachte eigene Unterlagen, dass Ihnen das Gespräch wichtig ist. Zweitens können gut aufbereitete Materialien helfen, Ihre Erklärungen visuell zu verdeutlichen – kompliziertere Sachverhalte werden dadurch verständlicher und prägen sich besser ein. Stehen Ihnen derartige Dokumente nicht zur Verfügung, soll das nicht heißen, dass Sie sich nicht vorbereiten müssen. In der Übersicht finden Sie einige *allgemeine Fragen*, die Ihnen zur Vorbereitung dienen können:

- Welches waren die allgemeinen Rahmenbedingungen Ihrer Arbeit seit dem letzten Gespräch mit Ihrer/Ihrem Vorgesetzten?
- Welche Einflüsse haben in der vergangenen Periode Ihre Arbeit besonders günstig bzw. besonders ungünstig beeinflusst?
- Hatten Sie im letzten Gespräch besondere Vereinbarungen getroffen? Sind diese eingehalten worden? Wenn nein: warum nicht?
- Wo sehen Sie Ihre Stärken und Schwächen?
- Was haben Sie in der vergangenen Periode besonders gut gemacht? Was hat weniger gut geklappt und warum nicht?
- Müssen Sie im Gespräch mit bestimmten Eigenarten Ihrer/Ihres Vorgesetzten rechnen? Wie sind bisherige Gespräche mit ihr bzw. mit ihm verlaufen?
- Welche Argumente wird Ihre/r Vorgesetzte/r im Hinblick auf den Zweck des Gespräches vermutlich vorbringen?
- Welche Argumente möchten Sie unbedingt einbringen? Mit welchen Gegenargumenten müssen Sie eventuell rechnen?
- Was möchten Sie in diesem Gespräch unbedingt erreichen? Welches ist Ihre Maximal- und Ihre Minimalforderung hierzu?

Übersicht 4-2: Allgemeine Fragen zur Vorbereitung auf ein Gespräch mit der Führungskraft

Wichtig ist es, bei den *Überlegungen zu eigenen Zielen* nicht auf einer vagen Wunschebene zu verharren. Wenn Sie Ihre Forderungen nach dem Motto formulieren »irgendwann möchte ich aber auch mal an einer Weiterbildung teilnehmen«, ist es ein Leichtes, Ihren Wunsch auf eine nicht näher bestimmte Zukunft zu verschieben. Proben Sie daher verbal eine konkrete Formulierung Ihres Zieles, die Ihnen dann auch im Gespräch selbst schneller präsent ist: »In den kommenden zwölf Monaten möchte ich von meiner/meinem Vorgesetzten zum Fachlehrgang X für das erste Quartal des kommenden Geschäftsjahres angemeldet sein!« Bei der Abfassung Ihrer persönlichen Ziele können *drei Regeln* hilfreich sein (Gehm 1997, S. 76):

1. Ihr Ziel sollte so präzise beschrieben sein, dass man sich konkret vorstellen kann, was passieren soll.
2. Es muss ein Kriterium geben, anhand dessen Sie entscheiden können, ob Ihr Ziel erreicht ist.
3. Es muss einen Zeitrahmen geben, innerhalb dessen das Ziel erreicht sein soll.[3]

---

3 Die »richtige« Formulierung von Zielen spielt eine besonders herausragende Rolle bei den so genannten Zielvereinbarungsgesprächen, wie sie in Abschnitt 5.2 behandelt werden. Gleichwohl ist es sinnvoll, sich vor jedem Mitarbeitergespräch zu diesem Punkt kurze Gedanken zu machen.

Sinnvoll ist es zusätzlich, sich darüber Gedanken zu machen, welche Faktoren sich positiv oder negativ auf Ihre Zielerreichung auswirken können. Zur Strukturierung der eigenen Überlegungen ist eine »*Plus-Minus-Liste*« nach folgendem Muster hilfreich:

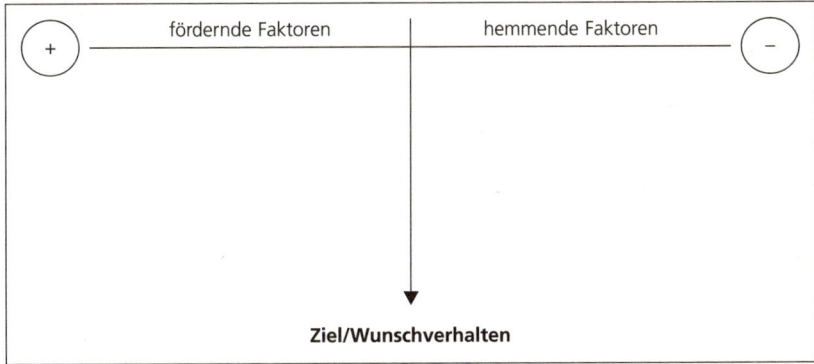

Übersicht 4-3: Beispiel für eine Plus-Minus-Liste

Eine ähnliche Liste können Sie aufstellen, wenn Sie Ihre Argumente für Sie selbst übersichtlich darstellen und möglichen Einwänden gegenüberstellen möchten. Auch diese stichpunktartigen Listen können Sie als persönliche Gesprächsgrundlage in das Treffen mitnehmen.

Wenn Sie die obenstehenden Überlegungen in der Vorbereitungsphase berücksichtigt und Hilfsmittel zur Unterstützung Ihrer Argumentationen zusammengestellt haben, haben Sie eine gute Grundlage für ein Mitarbeitergespräch gelegt, in dem auch Ihre Interessen angemessen berücksichtigt werden können.

## 4.2 Die fünf Phasen der Gesprächsdurchführung

Das eigentliche Gespräch gliedert sich nach Gehm (1997, S. 92) in fünf unterschiedliche Phasen. Um nicht an einer unzweckmäßigen Stelle des Gespräches »mit der Tür ins Haus zu fallen«, ist es für beide Gesprächspartner/innen wichtig, die Phasen auseinander halten zu können.

Übersicht 4-4: Die fünf Phasen eines Gespräches

## Kontaktaufnahme

Manchmal wird der Gesprächseinstieg auch als »Warming up« bezeichnet. Ein Ausdruck, der treffend charakterisiert, worum es in dieser Phase geht. Um die Schaffung einer freundlichen Atmosphäre, die eine Grundlage für einen erfolgreichen und als angenehm empfundenen Gesprächsverlauf darstellt. Um noch einmal die Begrifflichkeiten von Schulz von Thun zu bemühen, an dieser Stelle dreht sich die verbale und nonverbale Kommunikation um die Pflege der *Beziehungsebene*. Die Kontaktphase des Eingangsbeispieles in Abschnitt 2.1 kann wohl kaum als musterhafte Gesprächseröffnung gelten. Zwar begrüßt der Vorgesetzte, Herr Meier, seinen Mitarbeiter mit den Worten »schön, dass Sie da sind« und weist auf einen freien Stuhl. Dabei verharrt er aber in einer sitzenden Position hinter seinem Schreibtisch, blickt kurz danach auf die Uhr. Verbal kommt er sofort zur Sache: Es soll über das vergangene Quartal geredet werden. Ein »Warming up« findet hier kaum statt. Der folgende kurze (fiktive) Dialog schlägt einen anderen Weg der Gesprächseröffnung vor:

Beim Klopfen des Mitarbeiters Müller hat der Vorgesetzte den PC bereits vorsorglich abgestellt. Als Herr Müller in das Büro tritt, steht der Vorgesetzte auf, kommt hinter dem Schreibtisch hervor und geht mit ausgestreckter Hand auf seinen Mitarbeiter zu: »Schön, Herr Müller, dass Sie da sind. Setzen Sie sich doch!« Er lächelt und deutet auf die Sitzgelegenheiten an einem runden Besprechungstisch. »Entschuldigen Sie, dass ich eben noch telefoniert habe, es hat einen unerwarteten Ausfall an der Maschine A gegeben. Aber nun werden wir nicht mehr gestört!« ...

Die Ausgangslage ist nahezu identisch, doch laufen hier völlig andere Prozesse auf der Beziehungsebene zwischen den beiden Gesprächspartnern ab. Das Zugehen des Vorgesetzten auf den Mitarbeiter signalisiert Offenheit und Bereitschaft zum Gespräch, Worte und begleitendes Lächeln schaffen eine freundliche Atmosphäre. Und noch ein wichtiger Unterschied existiert: Der Vorgesetzte hat damit gerechnet, dass sein Mitarbeiter möglicherweise die (erregten) Schlusssätze des Telefonats mitgehört haben könnte – er erklärt kurz die Situation, damit Herr Müller die unwirschen Worte nicht auf sich und das kommende Gespräch bezieht.

Es wird deutlich, dass die Kontaktphase mehr ist als ein bloßer Austausch von Floskeln, sie hat eine wichtige Funktion für den weiteren Verlauf der Unterredung. Selbst wenn für eine oder beide Seiten unangenehme Sachverhalte zu besprechen sind, ist eine freundliche Atmosphäre für die Beziehungsebene wichtig. Die Kontaktphase wird i. d. R. nach einigen Sätzen (z.B. zum Wetter, zum Straßenverkehr, zu aktuellen Ereignissen) beendet sein. Ein zu langes Ausdehnen wird empfunden, als würde »um den heißen Brei herumgeredet« bzw. spannt die Beteiligten unnötig »auf die Folter«.

## Die Informationsphase

Die zweite Gesprächsphase dient zur Klarstellung des Gesprächsgegenstandes und zum Abklären der Vorgehensweise. Wenn man so will, vereinbaren die Gesprächsteilnehmer/innen hier die »Tagesordnung«. Im Eingangsbeispiel kommt der Vorgesetzte mit dem Satz »jetzt wollen wir mal über das vergangene Quartal reden« sehr schnell zur Informationsphase. Doch bleibt bei diesem Ausdruck der genaue Zweck des Gespräches im Unklaren. Alternativ könnte die Informationsphase durch den Vorgesetzten wie folgt gestaltet werden:

»Herr Meier, ich habe mir die Verkaufszahlen Ihrer Abteilung angesehen. Zusätzlich habe ich mir Ihre Personalakte kommen lassen und das vergangene Jahr Revue passieren lassen. Aus meiner Sicht sollten wir heute über zwei Punkte reden: Zum einen die Möglichkeiten der weiteren Steigerung der Absatzzahlen, zum anderen über Ihre weiteren Qualifikations- und Entwicklungsmöglichkeiten in der kommenden Periode, da ich mit Ihrer Leistung sehr zufrieden bin. Insbesondere für den zweiten Punkt sollten wir ausreichend Zeit einplanen. Gibt es von Ihrer Seite Themen, über die Sie heute gern sprechen würden? . . .«

In dieser Alternative stellt der Vorgesetzte sehr deutlich heraus, welche Themen aus seiner Sicht angesprochen werden müssen, gleichzeitig macht er einen Verfahrensvorschlag für die Reihenfolge der Themen. Im Idealfall lässt er genügend Raum für die Ergänzungen seines Mitarbeiters und gibt diesem das Gefühl, einbezogen und wichtig genommen zu werden.

Deutlich wird die enge Verzahnung zwischen der Vorbereitungsphase im Vorfeld des Gespräches und der Informationsphase. Hier können Sie die für Sie wichtigen Aspekte einbringen und damit sicherstellen, dass während des Gespräches auch über Ihre im Vorfeld formulierten Ziele gesprochen wird. Ein späteres »Nachschieben« von Themen empfiehlt sich nicht, da diese in einem engen Zeitrahmen oft nicht mehr abgearbeitet werden können und dann möglicherweise auf einen späteren Zeitpunkt verschoben werden.

## Der Kern des Gespräches: Die Argumentationsphase

In der Argumentationsphase geht es darum, das Sachthema des Gespräches zu diskutieren, Ansichten auszutauschen und möglichst dem eigenen Standpunkt Geltung zu verschaffen. Dabei sollte man sich davor hüten, die Gesprächspartner/innen lediglich überreden zu wollen. Dies ist eher ein kurzfristiger Erfolg – nach einer kurzen Weile des Nachdenkens wird die/der Überredete erfahrungsgemäß wieder auf Distanz zur betreffenden Sache gehen. Vielmehr geht es um das langfristige *Überzeugen* der anderen Gesprächsteilnehmer/innen. In dieser Phase ist es daher wichtig, sich über die unterschiedlichen Ansichten vertieft auseinander zu setzen, Argumente der »Gegenseite« richtig zu verstehen bzw. zu entkräften sowie die Vorteile der eigenen Position möglichst klar und überzeugend zu erklären. Neue Ideen und Vorschläge können entwickelt oder zurückgewiesen werden. Hier zeigt sich erneut die Notwendigkeit einer guten Vorbereitung *aller* Gesprächsbeteiligten. Um in der Argumentationsphase zum Erfolg zu kommen, sind außerdem Grundkenntnisse zu verschiedenen speziellen Gesprächsführungstechniken erforderlich. Aufgrund der besonderen Wichtigkeit wird auf diese Techniken weiter unten ausführlich eingegangen.

## Die Beschlussphase

Meist bleiben der Beginn und das Ende eines Gespräches besonders gut im Gedächtnis haften. Im »Eifer des Gefechts« kann in der Argumentationsphase leicht der Überblick verloren gehen. Um so wichtiger ist es, in der Beschlussphase die Ergebnisse für alle Beteiligten verständlich zusammenzufassen und die Zustimmung aller einzuholen. Dies kann zum Beispiel geschehen durch eine Abstimmung (z.B. in Abteilungsbesprechungen). Aber auch eine verbale Zusammenfassung aller wichtigen Punkte kann die Argumentationsphase beschließen. Hierbei ist zu beachten, dass

- *alle* wichtigen Punkte erwähnt werden und die zusammenfassende Person nicht eine einseitig gefärbte Auswahl vorträgt,
- wichtige Übereinstimmungen *und Differenzen* im Resümee enthalten sind,
- das konkrete Ergebnis bzw. die konkrete Vereinbarung für alle verständlich betont wird.

Sind in der Zusammenfassung wichtige Aspekte nicht enthalten, so sind Ergänzungen an dieser Stelle unbedingt einzubringen. Denn vielfach werden aufgrund dieser Beschlussphase Folgemaßnahmen eingeleitet oder aber spätere Gespräche knüpfen an den hier erzielten Ergebnissen wieder an.

Besondere Vorsicht ist walten zu lassen, wenn in dieser Phase Gesprächsergebnisse schriftlich fixiert und deren Richtigkeit womöglich durch Unterschriften besiegelt werden soll. Dies ist z.B. der Fall bei Zielvereinbarungs- und Beurteilungsgesprächen (vgl. Abschnitte 5.2 und 5.3.2). Vor der Zustimmung zur schriftlichen Bilanz können sich Betroffene z.B. folgende Fragen stellen:

1. Kann ich allen enthaltenen Punkten und insbesondere den für mich verpflichtenden Aspekten inhaltlich zustimmen?
2. Sind meine abweichenden Hauptargumente erwähnt und werden Differenzen zum Thema im Fazit angemessen deutlich?
3. Wer ist für die Durchführung der Maßnahmen konkret verantwortlich und was passiert bei Nichtdurchführung?
4. Sofern selbstverpflichtende Maßnahmen enthalten sind: Sind in der Beschlussfassung auch alle Voraussetzungen erwähnt, die gegeben sein müssen, um die Selbstverpflichtung einhalten zu können (z.B. Informationsbeschaffung, mitwirkende Personen, finanzielle Ressourcen, ausreichende Kompetenzen...)?
5. Sind etwaige Terminsetzungen realistisch?
6. Was genau sagt meine Unterschrift unter dem Beschluss aus? Insbesondere bei abweichender Meinung, bedeutet meine Unterschrift unter dem Dokument eine Verpflichtung, die ich gar nicht eingehen wollte oder werden hiermit die Beschlüsse lediglich zur Kenntnis genommen?

Aufgrund der möglichen Folgewirkungen ist es wichtig, in der Beschlussphase besonders konzentriert und wachsam zu sein. Ziel sollte eine Vereinbarung sein, die möglichst von allen Beteiligten mit getragen werden kann.

### Die Abschlussphase

Am Ende einer Besprechung sind meist alle Beteiligten froh, »es überstanden zu haben«. Oft zerstreuen sich die Gesprächsteilnehmer/innen sehr schnell. Gerade bei kontroversen Diskussionen ist es aber wichtig, einen positiven Abschluss zu finden (z.B. durch ein paar versöhnliche Dankesworte). Hierdurch können Emotionen wieder beruhigt und die Stimmung gelockert werden. Dies ist für die Beziehungsebene und die weitere Zusammenarbeit von großer Bedeutung. Es geht darum, eine »emotionale Nähe« der Beteiligten zu stärken bzw. wieder herzustellen, wenn diese in der Argumentationsphase verloren gegangen sein sollte. Die Atmosphäre erinnert damit an die gesprächseröffnende Kontaktphase. Gehm (1997, S. 98) spricht deshalb treffend von einer »Sandwich-Struktur« des Gespräches.

## 4.3 Last, but not least: die Gesprächsnachbereitung

Zur Gesprächsnachbereitung gehört zunächst eine *Analyse aller organisatorischen Maßnahmen* und *Verpflichtungen*, die sich aus dem Gespräch ergeben haben. Neben dieser sachlichen Aufbereitung beinhaltet die Rückschau auf das Gespräch aber auch eine *persönliche Analyse*. Hier stellen sich die Betroffenen Fragen zum eigenen Verhalten und zum Verhalten ihrer Gesprächspartner/innen (vgl. Crisand u. a. 1997, S. 22):

1. Habe ich mein Gesprächsziel erreicht?
2. Wie habe ich mich im Gespräch verhalten? Habe ich der Partnerin/ dem Partner Wertschätzung entgegengebracht?
3. Was habe ich falsch gemacht (z.B. die Partnerin/den Partner nicht ausreden lassen)?
4. Wie war das Gesprächsklima?
5. Welchen Beitrag habe ich zur Entstehung eines positiven Gesprächsklimas geleistet?
6. Welches Bild hat mein/e Gesprächspartner/in von mir?
7. Welchen Eindruck habe ich von ihr/ihm?
8. Was muss ich in weiteren Gesprächen mit dieser Person beachten?

Diese persönliche Gesprächsanalyse ist wichtig für den weiteren Umgang miteinander und dient vor allem als Vorbereitung für nachfolgende Unterredungen.

Sofern es um Zusammenkünfte zwischen Beschäftigten und Vorgesetzten geht, die verpflichtend in regelmäßigen Abständen zu führen sind (z.B. Beurteilungs-, Förder-, Zielvereinbarungsgespräche), ist oftmals auch die Personalfunktion im Unternehmen an einer Rückmeldung zu den geführten Gesprächen interessiert. Hieraus kann auf Verbesserungs- und Schulungsbedarfe im kommunikativen Bereich geschlossen werden. So können z.b. die Beschäftigten eines Unternehmens der Süßwarenbranche bei der Gesprächsnachbereitung ihre groben Eindrücke aus dem Mitarbeitergespräch an den Betriebsrat bzw. das Personalbüro zurückmelden. Hierbei handelt es sich um ein freiwilliges Angebot, wobei die Beschäftigten auf einen eigens dafür entwickelten Bogen zurückgreifen können. Dieses Blatt soll in einem zeitlichen Abstand zum eigentlichen Gespräch (z.b. von zwei Wochen) ausgefüllt werden, wenn sich die Emotionen beruhigt und die Eindrücke »gesettelt« haben. Sollte auf dem Bogen Kritik zum Gesprächsverlauf geäußert werden, wird Anonymität zugesichert. In diesem Falle wird die Mitarbeiterin/der Mitarbeiter vom Personalbereich bzw. dem Betriebsrat angesprochen, ob sie oder er ein Folgegespräch zur Klärung der strittigen Punkte mit der bzw. dem betroffenen Vorgesetzten für notwendig hält. Die Letztentscheidung liegt damit bei den Beschäftigten. Neben dem Namen der/des Vorgesetzten und dem Datum des Mitarbeitergespräches werden folgende Informationen abgefragt:

---

1. Waren Sie insgesamt zufrieden mit dem Verlauf des Gespräches?
   ☐ ja
   ☐ nein; ggf. weil: _____ *(mehrere Zeilen Raum für eigene Anmerkungen)* _____

2. Wie lange hat das Jahresgespräch gedauert? Bitte eintragen (Std. u. Min.): _____
   Halten Sie diesen Zeitraum für ausreichend und angemessen?
   ☐ ja       ☐ nein, zu lang
              ☐ nein, zu kurz

3. Haben Sie ausreichend Gelegenheit gehabt, sich zu den Themen zu äußern, die Ihnen wichtig waren?
   ☐ ja
   ☐ nein; weil: _____ *(mehrere Zeilen Raum für eigene Anmerkungen)* _____

4. Ist Ihr/e Vorgesetzte/r auf Ihre Anmerkungen eingegangen?
   ☐ nein
   ☐ ja, aber: _____ *(mehrere Zeilen Raum für eigene Anmerkungen)* _____

---

Übersicht 4-5: Gesprächsnachbereitungsbogen eines Unternehmens aus der Süßwarenbranche

Auffällig ist, dass auf eine Detailkritik verzichtet wird. Vielmehr gibt der Bogen Raum für selbst formulierte Anmerkungen. Dies hat den Vorteil, dass etwaige Schwachpunkte individuell benannt werden können.

Folgende Fragen müssen bei der Verwendung solcher Vordrucke durch die Interessenvertretungen vorab geklärt werden:
1. Ist eine derartige Rückmeldung freiwillig?

2. Wird den Beschäftigten, die ein solches Formular ausfüllen, Anonymität zugesichert?
3. Lassen die Angaben im Kopf des Bogens (Name der/des Vorgesetzten, Datum des Mitarbeitergespräches) Rückschlüsse auf die ausfüllende Person zu, sodass die Anonymität quasi durch die Hintertür wieder aufgehoben wird?
4. Wie erfolgt die Ablage und Speicherung der Unterlagen? Welche Personen haben Zugriffsberechtigung?
5. Was passiert bei wiederholten negativen Rückmeldungen?
6. Welche Kenntnis erhält der Betriebsrat von den Auswertungsergebnissen?

## 4.4 Spezielle Gesprächsführungstechniken

In den vorangegangenen Abschnitten haben Sie bereits vieles über die Grundlagen der Kommunikation gehört: Die Gesprächsphasen sind Ihnen nun bekannt, Sie wissen um die hohe Bedeutung einer gelungenen Kontakt- und Abschlussphase. Dabei haben wir jedoch einen wichtigen Kernbereich ausgespart: Über die Gestaltung der Argumentationsphase wurde bisher wenig ausgesagt. In dieser Phase kommt (bewusst oder unbewusst) eine Vielzahl spezieller Gesprächsführungstechniken zum Einsatz. Diese sind Gegenstand des folgenden Abschnittes.

In der Argumentationsphase spezielle Gesprächsführungstechniken zu kennen und – wenn möglich – bewusst einsetzen zu können, hat mehrere Vorteile:
1. Es ist leichter, die »Strategien« anderer Gesprächsteilnehmer/innen zu erkennen und angemessen zu reagieren,
2. das Einüben spezieller Gesprächsführungstechniken kann dabei helfen, eigene Argumente klar und verständlich darzulegen, die eigene Position gleichberechtigt in Diskussionen einbringen zu können und die weiteren Gesprächsteilnehmer/innen langfristig zu überzeugen, ohne sie lediglich kurzfristig zu »überreden«.

Dieser Abschnitt behandelt folgende Techniken:
- »Richtiges« Senden: Vier Säulen der Verständlichkeit
- Von Ketten und Rauten: Folgerichtiges Argumentieren
- Von der Kunst des Zuhörens
- Keine Scheu vor Fragen

- Die »Schlacht« gegen Abschweifungen, Einwände und Killerphrasen
- Von Kindern, Eltern und anderen Erwachsenen: Feedback nehmen und geben
- Selbstbehauptung und Körpersprache

## 4.4.1 »Richtiges« Senden: Vier Säulen der Verständlichkeit

Der Hamburger Psychologe Schulz von Thun hat sich in seinen Forschungen zur Kommunikation auch mit dem Problem der Verständlichkeit beschäftigt. Nach seinem Konzept werden Informationen dann besonders verständlich »gesendet«, wenn sie folgenden Kriterien genügen (vgl. Schulz von Thun 2000a, S. 140 ff.):
1. Einfachheit
2. Gliederung/Ordnung
3. Kürze, Prägnanz
4. Stimulanz/Anregung

### Einfachheit

Die Einfachheit gilt als wichtigster »Verständlichmacher«. Dieses Kriterium zieht kurze Sätze langen, verschachtelten Satzkonstruktionen vor. Fachjargon ist möglichst zu vermeiden. Die Themen werden so anschaulich wie möglich vorgestellt, statt kompliziert und auf einem abstrakten Niveau zu sprechen.

### Gliederung/Ordnung

Bei komplizierten und längeren Nachrichten geht der Empfängerin bzw. dem Empfänger oft der Überblick verloren. Es kommt zu Missverständnissen. Um dies zu vermeiden, sollte im Beitrag eine »innere und äußere Ordnung« erkennbar sein. Eine *»innere Ordnung«* liegt vor, wenn die Argumente folgerichtig aufeinander aufbauen. Wesentliches ist von Unwesentlichem deutlich getrennt. Die Informationen werden in eine nachvollziehbare Reihenfolge gebracht. Die *»äußere Ordnung«* soll der Empfängerin bzw. dem Empfänger zeigen, wie die Nachricht gegliedert ist. In einem schriftlichen Text kann dies durch Absätze, Überschriften und Hervorhebungen geschehen. Für Mitarbeitergespräche gibt Saul (1995, S. 37) folgende Tipps:

- Gliedern Sie Ihre Informationen in übersichtliche Blöcke.
- Machen Sie Zusammenfassungen.
- Betonen Sie Wesentliches.
- Leiten Sie wesentliche Aussagen etwa so ein:
  *Denken Sie vor allem an ...*
  *Das entscheidende Problem, nämlich ...*
  *Am wichtigsten ist hierbei ...*
  *Hierauf lege ich besonderen Wert ...*
- Trennen Sie Fakten und Meinungen.

## Kürze/Prägnanz

Unnötige Füllwörter, weitschweifige Erklärungen und Abschweifungen vom Hundertsten aufs Tausendste wirken häufig verwirrend. Im Gespräch ist eine kurze und präzise Ausdrucksweise von Vorteil (wobei die Verständlichkeit darunter allerdings nicht leiden darf). Die Information beschränkt sich auf das Wesentliche, das Ziel bleibt immer im Visier. Unnötige Überinformationen können ein Zeichen dafür sein, dass die Sprecherin bzw. der Sprecher noch keine genaue Vorstellung davon hat, was sie/er eigentlich konkret sagen wollte oder auf das Gespräch ungenügend vorbereitet ist. Mit Überinformationen zu reagieren, führt möglicherweise zu nachlassender Konzentration, Ermüdung oder Ungeduld des Gegenüber.

Dagegen kann das Mittel der Überinformation aus rhetorischen Gründen auch bewusst eingesetzt werden, um Themen zu gliedern oder zusammenzufassen, durch Wiederholungen die Behaltensrate bei den Zuhörer/innen zu erhöhen oder sicherzustellen, dass diese die Information verstanden haben (vgl. Crisand u. a. 1997, S. 28 f.).

## Stimulanz/Anregung

Wenn ein Text oder eine gesprochene Nachricht zu lang und uninteressant wird, sinkt die Aufmerksamkeit der Gesprächsteilnehmer/innen. Beim Kriterium Stimulanz und Anregung geht es darum, das Interesse wach zu halten. Als Mittel kommen hierfür direkte Anrede der Zuhörenden, lebensnahe oder lustige Beispiele und visuelle Hilfsmittel infrage.

Über diese »vier Verständlichmacher« hinaus ist die Sprechtechnik von großer Bedeutung für die Aufmerksamkeit der Zuhörer/innen. Die Art des Sprechens beeinflusst vor allem die Sach- und die Beziehungsebene zwischen den Gesprächsteilnehmer/innen. Dies belegen einige Beispiele (vgl. Pawlowski/Riebensahm 1998, S. 114 ff.):

- Ein zu *lautes Sprechen* wirkt aggressiv und aufdringlich. Sensible Personen können dadurch eingeschüchtert, selbstsichere dadurch provoziert werden. Die/der Sprecher/in wird möglicherweise auf der Beziehungsebene abgelehnt. Ein zu *leises Sprechen* zeugt dagegen von Unsicherheit oder Desinteresse.
- Wird zu langsam gesprochen, schweifen andere Gesprächsteilnehmer/innen möglicherweise ab. Eine zu schnelle *Sprechgeschwindigkeit* wirkt unsicher, hektisch oder ungeduldig.
- Eine undeutliche *Aussprache* verlangt vom Gegenüber eine starke Konzentration. Die Gesprächsatmosphäre kann durch Missverständnisse und/oder Verärgerung belastet werden.
- Das Reden in einer sehr hohen *Stimmlage* zeigt starke Emotionen, wie z.B. Freude oder Ärger. Zuhörer/innen empfinden das Anheben der Stimmlage meist als negativ.

Als Zwischenfazit gibt es folgende allgemeine Empfehlungen zum empfängerorientierten Sprechen (vgl. Neuberger 1998, S. 108 f.):

---

- Verwenden Sie kurze Sätze mit einfachen Wörtern und Ausdrücken (z.B. »weil« statt »in Anbetracht der Tatsache, dass«).
- Benutzen Sie Personalpronomen wie »ich«, »sie« und »er« statt umständlicher Umschreibungen wie »der Leiter der Abteilung«.
- Vermeiden Sie passive Formulierungen und verwenden stattdessen Aktivsätze (z.B. statt »mir wurde von der Personalabteilung dieser Termin mitgeteilt« »die Personalabteilung teilte mir den Termin mit«).
- Meiden Sie überflüssige Füllwörter und Eigenschaftswörter, diese bauschen den Satz auf.
- Bringen Sie Übersicht in Ihren Gedankengang: Arbeiten Sie Ausgangspunkt, Zwischenstationen, Ergebnis deutlich heraus. Schachtelsätze verwirren dabei nur.
- Verwenden Sie anschauliche Beispiele, legen Sie zur Unterstützung Ihrer Argumente und zur Abwechslung im Gespräch Bildmaterial vor (Statistiken, Grafiken usw.).
- Sprechen Sie mit angemessener Lautstärke. Variieren Sie dabei Höhe und Tiefe, laut und leise, schnell und langsam.
- Machen Sie in folgenden Situationen bewusst eine Sprechpause: *vor* und *nach* einer wichtigen Aussage.[4]

---

Übersicht 4-6: Allgemeine Empfehlungen zum empfängerorientierten Sprechen nach Neuberger
Aus der Broschüre: Miteinander arbeiten – miteinander reden, © by Bayerisches Staatsministerium für Arbeits- und Sozialordnung, Familie und Frauen (Hrsg.), München

---

4 Vgl. zu diesen Empfehlungen Neuberger (1990, S. 20); Saul (1995, S. 37 ff.) sowie Neuberger (1998, S. 108 f.).

Darüber hinaus gibt es zum »richtigen Senden« noch eine Fülle weiterer Methoden. Zwei sehr wichtige Stilmittel sind die »Ich-Botschaften« und die »Metakommunikation«.

## Ich-Botschaften

So genannte Du-Botschaften haben im Gesprächsverlauf den Nachteil, dass sie wie Schuldzuweisungen wirken und die anderen Gesprächsteilnehmer/innen verärgern können. Insbesondere in schwierigen Gesprächssituationen (z.b. Konfliktgesprächen) sind daher so genannte Ich-Botschaften vorzuziehen. Diese haben den Vorteil, dass über sie nur schwer gestritten werden kann: Äußert die Sprecherin bzw. der Sprecher aus ihrer/seiner persönlichen Sicht, was sie bzw. er denkt, meint oder fühlt, kann eine andere Person diese Aussage schwer bestreiten. Sie kann zwar eine eigene Ich-Äußerung dagegen setzen, die Richtigkeit der Gedanken und Empfindungen der/des Anderen aber nicht grundsätzlich leugnen. Die folgenden Beispiele sollen dies verdeutlichen:

| **Du-Botschaft** | **Besser: Ich-Botschaft** |
|---|---|
| *»Du störst die Besprechung!«* | *»Ich fühle mich durch dein Verhalten gestört.«* |
| *»Deine Meinung kann so nicht stimmen, weil ...«* | *»Ich bin da anderer Meinung, weil ...«* |
| *»Du lässt mich nicht ausreden!«* | *»Ich würde gern noch ausreden.«* |

Ich-Botschaften können durchaus einen größeren Umfang einnehmen. Stellen Sie sich vor, in einem Gespräch mit Ihrer Führungskraft haben Sie in der Informationsphase die Tagesordnungspunkte vereinbart: a) Analyse der Verkaufszahlen des vergangenen Geschäftsjahres, b) Ihre künftigen Entwicklungs- und Qualifizierungsmöglichkeiten. Nun stellen Sie fest, dass Ihr Gegenüber den Punkt a) ausführlich in allen Details behandelt und verschiedentlich vom Thema abschweift. Die vorab vereinbarte Gesprächszeit neigt sich dem Ende zu. Sie befürchten, dass keine Zeit bleibt für den wichtigen Punkt Ihrer Entwicklungs- und Qualifizierungsmöglichkeiten. Sie können mit einer so genannten erweiterten Ich-Botschaft reagieren, die aus drei Schritten besteht:

»Ich sehe, dass bei der Diskussion der Verkaufszahlen die Zeit bereits weit vorangeschritten ist (1). Nun befürchte ich, dass zu Punkt b der Tagesordnung nicht mehr ausreichend Zeit bleibt (2). Ich würde es vorziehen, wenn wir den Punkt ›Verkaufszahlen‹ hier abbrechen und zum Thema ›Entwicklungsmöglichkeiten‹ kommen könnten (3).«

Im ersten Schritt geben Sie an, was aus Ihrer Sicht passiert ist. Dann teilen Sie mit, welche Empfindungen das bei Ihnen auslöst (»...befürchte ich...«). Schließlich enden Sie mit einem Wunsch oder Verfahrensvorschlag. Stattdessen könnten Sie aber auch sagen, warum es Ihnen wichtig ist, zum nächsten Tagesordnungspunkt voranzuschreiten.[5] Ich-Botschaften haben noch einen weiteren Vorteil, sie sind wirkungsvoller, als wenn sich die Sprecherin bzw. der Sprecher hinter einem unpersönlichen »man« verstecken würde. Sie zeugen von Selbstbewusstsein und helfen, den eigenen Standpunkt auszudrücken, ohne anderen zu nahe zu treten.

## Meta-Kommunikation

Eine weitere wichtige Gesprächslenkungstechnik ist die so genannte Metakommunikation. Nach Schulz von Thun meint dieser Ausdruck die »Kommunikation über die Kommunikation«. Wir reden also über das, was im Gespräch selbst abläuft oder ablaufen soll. Metakommunikation liegt z.B. vor, wenn darüber gesprochen wird,

- wie die Gesprächsbeteiligten miteinander umgehen *(z.B. »ich fühle mich gestört durch...«),*
- wie die gesendeten Botschaften gemeint sind/waren *(z.B. »ich versuche hiermit zu erklären...«),*
- wie die Botschaften verstanden wurden *(z.B. »was genau meinst du mit...«)* (vgl. Schulz von Thun 2000a, S. 91 ff.).

Mit Hilfe der Metakommunikation kann man hervorragend auf Gesprächsverläufe einwirken. Jeder Vorschlag zur Strukturierung des Gespräches (Zeitrahmen setzen, Ergebnisse zusammenfassen, einen Verfahrensvorschlag machen, Themenwechsel einleiten usw.) ist eine Metakommunikation. Vielfach sind derartige Aussagen als Ich-Botschaften formuliert; zwischen beiden Stilmitteln gibt es enge Verflechtungen.[6]

Wir haben in diesem Abschnitt eine Fülle von Techniken zum »richtigen Senden« vorgestellt. Mit den folgenden kleinen Übungen können Sie Ihr Wissen zu diesem Abschnitt testen: Formulieren Sie um, streichen Sie Überflüssiges, trennen Sie die Sätze usw. Im Anhang 2 finden

---

5 Zu den erweiterten Ich-Botschaften vgl. ausführlicher Cole (1996, S. 104 ff.) und Gehm (1997, S. 120 ff.).
6 Vgl. zum Einsatz von Metakommunikation in Gesprächen ausführlicher Pawlowski/Riebensahm (1998, S. 101 ff.).

Sie einige Musterlösungen. Diese sind aber lediglich als Vorschläge anzusehen, mit Ihren eigenen Lösungen kommen Sie möglicherweise ebenfalls zum Ziel der besseren Verständlichkeit.

1. »In Anbetracht der Tatsache, dass uns zwei wichtige Informationen fehlen, nämlich welche Segmente die Kund/innen bevorzugen würden und ob wie auch immer geartete Animositäten gegen diese Farbnuancen bestehen, welche durch eine Umfrage hätten ermittelt werden müssen, plädiere ich hiermit ausdrücklich für eine Verschiebung der Erörterung der Sachverhalte.«

2. »Wir könnten ja mal über die Schwierigkeiten reden, die wir im letzten Jahr im Spareinlagenbereich hatten. Da war ja unser Kundenberater auch sehr lange krank. Die Kunden haben verstärkt in Lebensversicherungen investiert – da gab es ja steuerliche Änderungen, ich fände es ganz wichtig, wenn wir auch darüber dann noch reden – und nicht in Spareinlagen.«

3. »Aus der Abteilung hört man, dass das Betriebsklima nicht besonders gut ist. Man könnte ja mal darüber reden, woran das liegen könnte. Das wäre für die Kolleg/innen sehr wichtig, damit es dort endlich mal besser wird. Das wäre so eine Anregung, über die man mal nachdenken sollte.«

4. »Sie hätten vor der Maßnahme besser die Meister fragen sollen, ob das so geht!«

5. »Dass man nun wieder den Schritt B vor dem Schritt A macht, ist doch Blödsinn!«

6. »Die Arbeitsschutzvorschriften wurden von den Beschäftigten in der Abteilung X schon mehrfach nicht eingehalten. Das ist aber auch irgendwie eine Bequemlichkeit. Sie wurden vom Sicherheitsbeauftragten schon einige Male darauf hingewiesen.«

## 4.4.2 Von Ketten und Rauten: folgerichtiges Argumentieren

Im Kernbereich des Gespräches, der Argumentationsphase, geht es um das langfristige Überzeugen der anderen Gesprächsteilnehmer/innen. Die Sammlung von eigenen Argumenten und möglichen Gegenargumenten ist ein wichtiger Bestandteil der Vorbereitungsphase. In diesem Abschnitt geht es darum, wie sachliche Aussagen verknüpft werden können, damit Sie Ihr Gesprächsziel bestmöglich erreichen. Um Ihre Argumente logisch aufzubauen, können Sie sich verschiedener »Figuren« bedienen:[7]

### Die Kette

Bei dieser Argumentationsfigur bauen Sie Ihre Aussagen in einer streng chronologischen Reihenfolge auf. Die Struktur ist für die Zuhörenden leicht nachvollziehbar. Sie beginnen mit einer Ausgangsthese und fahren fort mit Argument 1, 2 usw. Hier ein Beispiel:

»Ich denke, das neue EDV-Programm ist für unsere Zwecke gut geeignet. Erstens ist es sehr bedienerfreundlich. Zweitens kann nach Buchungsende für jede Abteilung eine gesonderte Tagesbilanz ausgedruckt werden.«

### Die Raute

Die Raute besteht aus einem Einleitungs- und einem Hauptteil sowie dem Schluss. Ausgangspunkt ist eine Problemformulierung. Im Hauptteil folgt die (gleichgewichtige) Aufzählung der Argumente. Ein Lösungsvorschlag, der alle Argumente berücksichtigt, bildet den Abschluss. Auch hierzu ein Beispiel:

Einleitung: Ich stelle fest, dass der Platz im Hof zur Mülltrennung ständig verschmutzt ist.
Argumente: Gegen Ende der Woche quellen die Container über (Argument 1). Es fehlen Hinweisschilder zur »richtigen« Mülltrennung (Argument 2). Der Weg von der Produktionsanlage X bis zum Trennplatz im Hof ist zu weit (Argument 3).
Schlussteil: Ich beantrage deshalb die Aufstellung größerer Container im Hof und kleinerer Trennbehälter direkt an der Anlage. Außerdem schlage ich vor, an allen Plätzen mit Müllbehältern optisch auffällig gestaltete Hinweise zur richtigen Mülltrennung anzubringen.

---

7 Zu einer Übersicht von Argumentationsfiguren vgl. Crisand u. a. (1997, S. 45 f.) und Gommlich/Tieftrunk (1999, S. 146 ff.).

## Dialektik

Diese Figur ist besonders geeignet, wenn Sie in der Gesprächsvorbereitung sorgfältig mögliche Gegenargumente Ihrer Gesprächspartner/innen gesammelt und intensiv ausgewertet haben. Bei der dialektischen Vorgehensweise sind Sie sich der unterschiedlichen Sichtweisen bewusst und stellen sie in Ihrem Redebeitrag gegenüber. Der »Trick« besteht darin, nach einer kurzen Skizzierung des Problems (Schritt 1) zunächst das »gegnerische« Argument zu bringen (Schritt 2), um dieses im nächsten Schritt durch eine eigene Aussage wieder zu entkräften (Schritt 3). Es folgt ein Vergleich der beiden Positionen (Schritt 4). Daraus wird ein Lösungsvorschlag entwickelt (Schritt 5).

Als Beispiel versetzen Sie sich in die Position eines Betriebsratsmitgliedes eines Warenhauses: Aufgrund einer derzeit schlechten Absatzlage will der Arbeitgeber von den acht Auszubildenden, die ihre Prüfung in Kürze ablegen, nur die Hälfte übernehmen. Sie möchten aber auch den restlichen eine Chance bieten, Berufserfahrung zu erwerben. Ihre Argumentation könnte nach dem Prinzip der Dialektik folgendermaßen aufgebaut sein:

1. Ich stelle fest, dass nicht für alle acht Auszubildenden nach Bestehen der Abschlussprüfung ein dauerhafter Arbeitsplatz garantiert werden soll (Problemdarstellung).
2. Der Arbeitgeber führt dafür die derzeit schlechte Absatzlage als Grund an (gegnerisches Argument).
3. Dagegen spricht aber, dass in zwei Monaten aufgrund der zu erwartenden Belebung im Weihnachtsgeschäft erneut Kräfte vom externen Arbeitsmarkt eingestellt werden müssten, um die verlängerten Ladenöffnungszeiten vollständig abzudecken. Außerdem sind wir in Urlaubs- und Spitzenzeiten sehr dünn besetzt (eigenes Argument).
4. Der Vergleich beider Argumente lässt es als nicht sinnvoll erscheinen, im Hause ausgebildetes Personal mit den notwendigen Fachkenntnissen derzeit freizusetzen, um zu einem jetzt schon absehbaren Zeitpunkt externe Kräfte anzuwerben (Argumentenvergleich).
5. Ich schlage deshalb vor, alle Auszubildenden zu übernehmen, sofern sie die Prüfung bestehen (Lösungsvorschlag).

## Der Kompromiss

Der Aufbau der Kompromisslösung ist ähnlich wie bei der Dialektik. Die beiden konträren Argumente werden genannt (Schritt 1+2). Die Person, die den Kompromiss vorantreiben möchte, arbeitet dann Gemeinsamkeiten zwischen den Positionen heraus (Schritt 3) und zeigt auf dieser Basis Wege für einen möglichen Kompromiss auf (Schritt 4).

Den Abschluss bildet ein konkreter Vorschlag, der beide Seiten berücksichtigt (Schritt 5). Zum obigen Beispiel könnte eine dritte Person folgenden Kompromiss entwickeln:

1. Ich stelle fest: Der Arbeitgeber behauptet, eine Übernahme aller Auszubildenden sei aufgrund der schlechten Absatzlage nicht möglich. Er bietet die Übernahme der Hälfte der Azubis an (1. Position).
2. Der Betriebsrat widerspricht mit dem Argument der dünnen Personaldecke bzw. des zu erwartenden Aufschwunges im Weihnachtsgeschäft (2. Position).
3. Es ist doch beiden Positionen gemeinsam, dass sie a) grundsätzlich die Übernahme der Auszubildenden für wünschenswert halten, sie aber b) die Notwendigkeit sehen, Absatzschwankungen über das Jahr auszugleichen (Suche nach Gemeinsamkeiten).
4. Es müsste doch eine Lösung zu finden sein, die beiden Seiten entgegenkommt, indem einerseits so viele Auszubildende wie möglich fest übernommen werden und andererseits Spielraum für den Arbeitgeber bleibt, saisonale Schwankungen sowie Spitzen-/Urlaubszeiten auszugleichen (Lösungsweg andeuten).
5. Ich schlage deshalb vor, die Hälfte der Ausgebildeten in den Abteilungen 1-3 fest zu übernehmen. Die weiteren vier sollten einen auf zwei Jahre befristeten Arbeitsvertrag bekommen und in einem neu einzurichtenden Ausgebildetenpool eingesetzt werden: Aus diesem Pool können a) von den Abteilungen Kräfte zur Krankheits- und Urlaubsvertretung angefordert und b) saisonale Schwankungen ausgeglichen werden. Poolmitglieder haben einen Anspruch auf Festeinstellung, sofern ein geeigneter Arbeitsplatz frei wird (Lösungsvorschlag).

Weitere einfache Möglichkeiten, Ihre eigenen Argumente gut zu platzieren und Einwände der Gesprächsteilnehmer/innen abzuschwächen, sind (vgl. Gommlich/Tieftrunk 1999, S. 148 ff.):[8]

- die *Steigerungsmethode*: Steigern Sie Ihre Argumente im Diskussionsverlauf – beginnen Sie mit den schwächeren, enden Sie mit den stärkeren;
- die *Nachteil-Vorteil-Methode:* Seien Sie darauf vorbereitet, dass kritische Gesprächsteilnehmer/innen Schwächen Ihrer Argumentation aufdecken wollen – stellen Sie jedem genannten Nachteil umgehend einen Vorteil gegenüber;
- die *Methode der Einwandvorwegnahme*: Da Sie in der Vorbereitungsphase sich bereits intensiv mit möglichen Einwänden der anderen Parteien auseinandergesetzt haben, können Sie diese auch selbst nennen, um sie sofort selbst zu widerlegen;
- die *Methode der Einwandzurückstellung*: Erlaubt ist es auch, auf eingebrachte Einwände der »Gegenseite« erst zu einem späteren Zeitpunkt

---

8 Hierbei sind so genannte sachliche Einwände gemeint. Daneben gibt es auch Einwände unsachlicher Art (z.B. »Killerphrasen«). Hierauf wird weiter unten eingegangen.

einzugehen; Voraussetzung hierfür ist, dass Sie dies der anderen Person sofort und unter Angabe von Gründen mitteilen.

### 4.4.3 Von der Kunst des Zuhörens

Jedes Kind kennt vermutlich den geflügelten Ausspruch »Reden ist Silber, Schweigen ist Gold«. In unserem Zusammenhang verweist dieses Sprichwort darauf, dass es im Mitarbeitergespräch nicht nur auf das »richtige« Senden oder das Argumentieren ankommt. Ebenso wichtig ist es, die Regeln des »richtigen Zuhörens« zu beherrschen. Oft ertappen wir uns dabei, dass wir während des Beitrages unserer Gesprächspartner/innen aus dem Fenster oder auf die Uhr sehen, in Gedanken schon eigene Formulierungen im Kopf haben, unserem Gegenüber ungeduldig ins Wort fallen und so fort. Nicht richtig zuhören zu können, kann verschiedene Ursachen haben:

- Wir sind müde und/oder unkonzentriert,
- ein wichtiger Termin drängt zur Eile,
- wir haben selbst wichtige Gedanken zum Thema im Kopf, die schnell heraus wollen,
- wir haben kein echtes Interesse an den Ausführungen unserer Gesprächspartner/innen oder wir meinen schon im Voraus zu wissen, was von dieser Person an Argumenten kommen wird usw.

Im Gesprächsverlauf zeigen sich dann oft negative Folgen. Aufgrund falsch oder nicht verstandener Informationen kommt es zu Missverständnissen. Die Redner/innen beziehen sich nicht auf die Argumente ihrer Vorgänger/innen, die Diskussion wirkt zunehmend unstrukturiert. Darunter leidet sehr schnell die Beziehungsebene zwischen den Beteiligten: Unterbrechungen und das »Nicht-aufeinander-Eingehen« führen zu Verärgerung und möglichen Abwehrreaktionen bei den Gesprächsteilnehmer/innen. Das Klima verschlechtert sich, so dass sachliche Problemlösungen schwerer zu erreichen sind (vgl. Crisand u. a. 1997, S. 80 f.). Gefordert ist daher ein so genanntes *aktives und einfühlsames (»empathisches«) Zuhören*. Im Mitarbeitergespräch gilt dies für beide Seiten: für die Führungskraft und auch für die Beschäftigten. Dabei geht es keinesfalls darum, bloß zu schweigen und die andere Person reden zu lassen. Kern des aktiven und empathischen Zuhörens ist vielmehr, umfassend verstehen zu wollen, was die/der andere sagt, meint, denkt und fühlt. Ziel kann es dabei nicht sein, die andere Position unkritisch zu übernehmen, wohl aber sie zu begreifen. Deshalb bedeutet aktives Zuhören auch, auf die Argumente der anderen Gesprächsteilnehmer/innen wirklich einzugehen und im Gesprächsverlauf mitzudenken. Wichtig ist es, Aufmerksamkeit und Interesse zu signalisieren, um ein gutes Gesprächsklima herbeizuführen. Dabei spielen verbale Äußerungen eine ebenso große Rolle wie z.B. eine gesprächsoffene Körperhaltung. Bekannt geworden sind die »Zehn Gebote guten Zuhörens« nach Davis (1967, S. 333):

---

*1. Nicht sprechen!*
Man kann nicht zuhören, wenn man spricht.
*2. Den Gesprächspartner entspannen!*
Zeigen Sie ihm, dass er frei sprechen kann. Schaffen Sie eine »erlaubende« Umgebung.
*3. Zeigen Sie, dass Sie zuhören wollen!*
Zeigen Sie Interesse. Lesen Sie z.B. während des Gesprächs keine Post. Man soll zuhören, um zu verstehen, und nicht, um zu opponieren.
*4. Halten Sie Ablenkung fern!*
Zeichnen Sie z.B. keine Kritzeleien, stapeln oder durchblättern Sie keine Papiere. Wäre es nicht ruhiger bei geschlossener Tür?
*5. Stellen Sie sich auf den Partner ein!*
Versuchen Sie, sich in seine Position zu versetzen, damit Sie seinen Standpunkt verstehen!
*6. Geduld!*
Haben Sie Zeit! Unterbrechen Sie nicht! Nicht auf dem Sprung sein!
*7. Beherrschen Sie sich!*
Wenn Sie sich ärgern, interpretieren Sie die Worte Ihres Gegenübers falsch!
*8. Lassen Sie sich durch Vorwürfe und Kritik nicht aus dem Gleichgewicht bringen!*
Das bringt Ihren Partner in Zugzwang. Streiten Sie nicht: Auch wenn Sie gewinnen, Sie haben verloren!
*9. Fragen Sie!*
Das ermutigt Ihren Partner und demonstriert Ihr Interesse. Es kann das Gespräch vertiefen!
*10. Nicht sprechen!*
Dies ist das erste und letzte Gebot, und alle anderen hängen davon ab. Man kann nicht gut zuhören, solange man spricht!

---

Übersicht 4-7: Die zehn Gebote guten Zuhörens nach Davis

Für das »gute Zuhören« gibt es eine Fülle von Techniken. Die wichtigsten sind hier aufgelistet.

## Verstärken mit »Türöffnern«

»Türöffner« sind kurze Äußerungen wie »hmm«, »ja« oder »richtig«. Wenn sie z.B. durch Blickkontakt und/oder ein Lächeln begleitet werden, signalisieren sie die Aufmerksamkeit und das Interesse der zuhörenden Person. Die Sprecherin bzw. der Sprecher fühlt sich durch die kurze Rückmeldung eingeladen, in der Rede fortzufahren. Wenn derartige positive Verstärker im Gespräch ausbleiben, kann die/der Gesprächspartner/in dies als Ablehnung des Beitrages deuten. Eine ähnliche Reaktion rufen negative Verstärker hervor, wie Stirnrunzeln, Kopfschütteln, abgewandte Körperhaltung o. ä. (vgl. Neuberger 1998, S. 138).

## Paraphrasieren

Das Paraphrasieren ist eine wichtige Rückmeldung darüber, ob die zuhörende Person den Inhalt einer Aussage richtig verstanden hat. Denken Sie an die vier Seiten einer Nachricht des Modells von Schulz von Thun: Allzu oft kommt die Botschaft beim Empfänger nicht so an, wie der Sender sie gemeint hatte. Dadurch kommt es in Gesprächen zu Missverständnissen, die durch das Paraphrasieren vermieden werden können. Bei dieser Technik greift die/der Zuhörer/in eine sachliche Aussage der Sprecherin/des Sprechers auf und wiederholt sie mit eigenen Worten. Damit versichert sich die/der Zuhörer/in, dass sie/er den Kern der Aussage richtig verstanden hat. Die/der Gesprächspartner/in hat dann die Möglichkeit, die Rückmeldung zu bestätigen oder zu verbessern. Paraphrasen haben oft die Form einer Frage oder beginnen mit »Wenn ich Sie richtig verstanden habe…«. Dazu zwei Beispiele:

**Beispiel 1:**

Person A:    »Um Mitarbeitergespräche erfolgreich bei uns einführen zu können, sollten wir uns zunächst darüber informieren, ob für die Beschäftigten irgendwelche Kommunikationstrainings angeboten werden sollten!«

Person B:    »Meinen Sie Rhetorikkurse?«

Person A:    »Nein. Ich finde, die Beschäftigten müssten auf die besondere Situation, mit Ihren Vorgesetzten ein Vier-Augen-Gespräch zu führen, besonders vorbereitet werden. Ich habe da einige interessante Angebote…«

**Beispiel 2:**

Person A:    »Die Absatzprognosen für den Junge-Mode-Bereich bereiten mir einiges Kopfzerbrechen. Wie groß ist eigentlich noch der Anteil der Sechzehn- bis Fünfundzwanzigjährigen in der Region? Liegt uns etwas über deren Kaufverhalten vor? Darüber müssen wir uns dringend Gedanken machen!«

Person B:    »Wenn ich Sie richtig verstehe, befürworten Sie eine Marktanalyse für diesen Bereich?«

Person A:    »Ja, weil…«

Wie besonders dieses letzte Beispiel zeigt, dienen Paraphrasen also auch dazu, Redebeiträge »auf den Punkt zu bringen«. Die Gedanken der/des Sprechenden werden ebenso strukturiert wie die der Zuhörenden.[9]

## Zusammenfassen

Eine ähnliche Absicht verfolgen Zusammenfassungen. Besonders wenn im Gespräch unterschiedliche Argumentationsstränge verfolgt werden, ist es notwendig, von Zeit zu Zeit ein Zwischenfazit zu ziehen. Bei einer solchen Zusammenfassung entfällt Unwesentliches, Wichtiges wird betont. Zwischenergebnisse werden deutlich hervorgehoben. Die Anwesenden haben die Möglichkeit, dem Zwischenergebnis zuzustimmen oder neue Akzente zu bringen. Zusammenfassungen sorgen dafür, dass das Gespräch beim Thema und die Übersicht erhalten bleibt. Typische Redewendungen für Zusammenfassungen sind:

- *»Wenn ich kurz zusammenfassen darf, ...«*
- *»Nach allem, was wir bisher gesagt haben, ...«*
- *»Damit halte ich fest, dass ...«*

Eine besondere Bedeutung haben Zusammenfassungen zum Abschluss eines Gespräches. Hier werden Ergebnisse gesichert, die die Grundlage für weitere Maßnahmen sein können (vgl. hierzu die Beschlussphase des Gespräches in Abschnitt 4.2).

## Verbalisieren

Vom sachlichen Paraphrasieren und Zusammenfassen ist das Verbalisieren zu unterscheiden. Auch hier wird mit eigenen Worten Bezug genommen auf den Kern der vorangegangenen Aussage. Beim Verbalisieren geht es allerdings nicht um den sachlichen, sondern den emotionalen Gehalt der Äußerung. Die zuhörende Person hinterfragt, wie es der Sprecherin bzw. dem Sprecher geht, welche Emotionen hinter dem Gesprächsbeitrag stehen. Das Verbalisieren hat zwei Vorteile: Erstens können sich die Sprecher/innen selbst über ihre Gedanken klar werden und ihre Gedanken strukturieren. Emotionen an das »Tageslicht« zu holen und sachlich darüber zu sprechen, macht zweitens unterschwellige Strömungen und Störungen im Gespräch diskutierbar (vgl. Crisand u.a. 1997, S. 85). Einige Beispiele zum Verbalisieren:

---

9 Vgl. zu den Funktionen des Paraphrasierens ausführlicher Pawlowski/Riebensahm (1998, S. 89 ff.).

**Beispiel 1:**

Person A: »Wir können das gern versuchen. Ich weiß aber nicht, was die Kolleg/innen dazu sagen würden. Das kann ich ihnen, glaube ich, nur schwer vermitteln.«

Person B: »Sie befürchten also, dass die Kolleg/innen ihren Frust an Ihnen auslassen werden?«

**Beispiel 2:**

Person A: »Ich glaube nicht, dass wir diese Maßnahme noch in diesem Jahr umsetzen können. Sie wissen ja, die neuen Kennzahlen vom Vorstand...«

Person B: »Sie befürchten also, die Kosten übersteigen unser Budget?«

**Beispiel 3:**

Person A: »Ich hatte fest damit gerechnet, dass Sie das heute noch erledigen würden!«

Person B: »Das ist für Sie also sehr wichtig?«

Normalerweise laden die verbalisierenden Fragen Person A dazu ein, weitere Informationen zu liefern (z.B. die Ursachen für eine Verärgerung näher zu erläutern oder – wie im dritten Beispiel – Prioritäten deutlich zu machen). Dabei spielen Fragetechniken eine bedeutende Rolle. Aufgrund ihrer hohen Bedeutung im Gespräch werden Fragen in einem eigenen Abschnitt behandelt. Das Einüben von Paraphrasieren und Verbalisieren kann Ihnen helfen, im Gesprächsverlauf mehr Informationen von den anderen Gesprächsteilnehmer/innen zu erfahren. Mit den folgenden kurzen Übungen können Sie feststellen, ob Sie mit diesen Stilmitteln auf Äußerungen anderer Gesprächsteilnehmer/innen reagieren können. Lösungsvorschläge finden Sie im Anhang 3.

1. Person A: »Ich habe schon früher gesagt, dass wir diesen Vorschlag nicht durchkriegen.«

   Person B: _____

2. Person A: »Ich kann mir vorstellen, die Schulung von Herrn X durchführen zu lassen. Andererseits könnte aber auch Frau Y in Frage kommen.«

   Person B: _____

3. Person A: »Es häufen sich die Beschwerden, dass vor 9:00 Uhr morgens in unserer Abteilung telefonisch kaum jemand erreichbar ist. Da müssen wir etwas ändern!«

   Person B: _____

4. Person A: »Ich plädiere ausdrücklich dafür, dass wir uns das vorher noch mal durch den Kopf gehen lassen.«

   Person B: _____

5. Person A: »Ich weiß nicht, ob wir das mit unseren Mitteln noch hinkriegen, ich bin da etwas skeptisch.«

   Person B: _____

6. Person A:  »Ich möchte Sie bitten, Herrn X für mich anzurufen und einen Termin für morgen zu vereinbaren. Dann wäre da noch die Sache mit Frau Y, aber halt, das erledige ich vielleicht besser selbst. Bitte sorgen Sie doch dafür, dass im Vorraum Stühle für die Wartenden aufgestellt werden. Vielleicht passend zu den Vorhängen. Sollte nichts Passendes am Lager sein, müssten wir wohl neue Stühle bestellen, denke ich. Da müssen wir uns dann noch mal unterhalten.«

Person B: _____

_____

_____

7. Person A:  »Ich erwarte, dass Sie das bis mittags erledigt haben!«

Person B: _____

## 4.4.4 Keine Scheu vor Fragen

Wie schon die vorangegangenen Abschnitte gezeigt haben, spielen Fragen eine große Rolle im Gespräch. Manche/r hat im Rückblick auf ein erlebtes Gespräch das Gefühl, nicht viel Wissenswertes erfahren, aber selbst relativ viele Informationen preisgegeben zu haben (oder sogar vom Gegenüber »ausgehorcht« worden zu sein). Dies kann daran liegen, dass sie oder er selbst zu wenig Fragen im Gespräch platziert hat. Denn auch für Mitarbeitergespräche gilt der Grundsatz: Wer fragt führt! Fragen sind eine wichtige Gesprächslenkungstechnik. Für die Formulierung von Fragen gelten folgende Regeln:[10]

1. Vorab zu bedenken, welche Fragen Sie stellen wollen, ist eine wichtige Aufgabe der Gesprächsvorbereitungsphase. Dort ist auch zu überlegen, welche Fragen die bzw. der Gesprächspartner/in stellen könnte.
2. Achten Sie darauf, dass Ihre Frage immer nur einen Gedanken enthält und Sie jeweils nur eine Frage auf einmal stellen.
3. Formulieren Sie die Frage so klar, kurz und einfach wie möglich. Vermeiden Sie komplexe Sätze.
4. Stellen Sie nur wertneutral formulierte Fragen.
5. Überlegen Sie, ob es angebracht ist, den Grund Ihrer Frage kurz zu erwähnen (z.B.: »Haben Sie von den Beschwerden aus der Abteilung X gehört? Ich frage deshalb, weil...«)

---

10 Vgl. Bidmon/Spatzl (1994, S. 7 f.); Crisand u. a. (1997, S. 68); Gehm (1997, S. 109 ff.).

6. Hören Sie Ihrem Gegenüber gut zu, um die richtige Frage zum richtigen Zeitpunkt stellen zu können.

## Offene und geschlossene Fragen

Grundsätzlich sind »offene« und »geschlossene« Fragen zu unterscheiden. Bei den *offenen Fragen* muss die antwortende Person die Antwort selbst strukturieren und formulieren; Antwortkategorien sind nicht vorgegeben. Diese Frageart fordert zu einer etwas ausführlicheren Stellungnahme heraus. Offene Fragen sind meist daran erkennbar, dass sie mit einem »W-Wort«[11] beginnen, z.B.:

*»Was ist Ihre Meinung zu...?«,*

*»Worin sehen Sie die Ursachen für...?«,*

*»Warum haben Sie...?«*

Diese Fragen sind typisch für die Argumentationsphase eines Mitarbeitergespräches (vgl. Abschnitt 4.2). In dieser Phase geht es darum, die Gedanken und Ideen der anderen Gesprächsteilnehmer/innen kennen zu lernen. In einem kooperativen Austausch zwischen Vorgesetzten und Beschäftigten werden offene Fragen von beiden Seiten einen großen Raum im Gespräch einnehmen.

*»Geschlossen«* sind Fragen, wenn verschiedene Antwortalternativen vorgegeben sind und die/der Befragte sich lediglich zwischen diesen Alternativen entscheiden muss. Dieser Fragetyp dient oft zur Ergebnissicherung oder zur Sammlung von Fakten (vgl. Hofbauer/Winkler 1999, S. 148):

*»Stimmen Sie zu, dass...?«*

*»Haben Sie Zeit am...?«*

*»Dann werden wir die Anlage also nächste Woche abschalten?«*

Die wesentlichen Vor- und Nachteile von offenen und geschlossenen Fragen in Gesprächen fasst die folgende Tabelle zusammen.

---

11 Ausnahme: Wer-Fragen leiten oft geschlossene Fragen ein.

|  | offen | | geschlossen | |
|  | + | – | + | – |
|---|---|---|---|---|
| Frager | bekommt viel Information; bringt den anderen zum Reden; kann eigene Strategien vorbereiten | bekommt Information, die er nicht braucht; kann durch die Frage kaum steuern | bekommt knappe Antworten; bekommt Entscheidung, auf die er den anderen festlegen kann | bekommt wenig Information; kann sich kein ausreichendes Bild vom anderen machen |
| Befragter | kann viel (alles, was ihm einfällt) sagen; kann Informationen weglassen, ausschmücken | sagt eventuell zu viel, gibt preis; weiß nicht, was er auswählen soll: was ist sachlich, was strategisch richtig? | hat klaren Antwortrahmen; kann aus der Fragestellung die erwartete (richtige?) Antwort heraushören (Prüfung) | hat nur geringen Handlungsspielraum; muss sich in seiner Entscheidung festlegen |

Übersicht 4-8: Vor- und Nachteile von offenen bzw. geschlossenen Fragen (nach Pawlowski/ Riebensahm 1998, S. 82)
© 1998 by Rowohlt Taschenbuch Verlag GmbH, Reinbek

Bei der folgenden kurzen Übung sollen Sie einige geschlossene in offene Fragen umwandeln. Stellen Sie sich dabei die Frage, wie Sie die Frage umformulieren können, um von Ihrer Gesprächspartnerin bzw. Ihrem Gesprächspartner mehr Informationen zu erlangen als bei der geschlossenen Version. Überlegen Sie auch, in welchen Gesprächsphasen Sie die jeweiligen Alternativen einsetzen würden. Im Anhang 4 sind einige Lösungsvorschläge aufgeführt.

1. geschlossen: »Halten Sie die Anlage für unsere Zwecke geeignet?«
   offen: _____

2. geschlossen: »Machen wir den Betriebsausflug nach Wien oder nach Berlin?«
   offen: _____

3. geschlossen: »Haben Sie schon Weiterbildungsmaßnahmen für Herrn X beantragt?«
   offen: _____

4. geschlossen: »Kann ich Ihnen dabei helfen?«
   offen: _____

5. geschlossen: »Hat Herr X die richtige Qualifikation zur Bedienung der Anlage?«
   offen: _____

6. geschlossen: »Ist der Stromausfall die Ursache für den Defekt?«
   offen: _____

## Manipulative Fragen erkennen

Offene und geschlossene Fragen kennen und in den verschiedenen Gesprächsphasen einsetzen zu können, ist nur ein Aspekt von Fragen als Gesprächslenkungstechnik. Fragen können im Gespräch auch in manipulativer Absicht benutzt werden. In Mitarbeitergesprächen ist es wichtig, bewusst oder unbewusst eingesetzte manipulative Fragearten zu erkennen. Einige werden in diesem Abschnitt kurz erläutert.[12]

*Alternativfragen mit unvollständiger Alternativenstellung:* Denken Sie hierbei an das Beispiel des Betriebsausfluges: Wenn die Beteiligten sich vorab nicht auf eine engere Wahl »Wien oder Berlin« verständigt haben, engt die/der Fragesteller/in mit dieser Frageform die Auswahl ein. Sie bzw. er eröffnet scheinbar Wahlmöglichkeiten, lässt aber andere Zielorte für den Betriebsausflug nicht zu. Die Alternativenstellung ist damit unvollständig.

*Suggestivfrage:* Hierbei legt die Fragestellung der antwortenden Person bereits eine gewünschte Antwort »in den Mund«. Derartige Beeinflussungsstrategien sind oft erkennbar an Wendungen wie »Sicherlich stimmen Sie mir zu, wenn...« oder »Finden Sie nicht auch...«. Suggestive Wirkungen auf die/den Antwortende/n hat außerdem die Verwendung von *Stereotypen:* »Wie können wir gegen den Schlendrian in der Abteilung angehen?« Oder: »Mit welchen Maßnahmen können wir hier Ordnung schaffen?« Obwohl diese Fragen offen formuliert sind, lenken die Begriffe »Schlendrian« und »Ordnung schaffen« die nachfolgenden Äußerungen in eine bestimmte Richtung.

*Meinungsfixierende Fragen:* Diese gehören zum Typ geschlossene Frage und zwingen die Befragten zu einer eindeutigen Stellungnahme. Hieraus können Sie sich im Nachhinein nur schwer wieder lösen. Ein Beispiel ist die Frage: »Sind Sie für oder gegen den Vorschlag?« Die Möglichkeiten des »Noch-Nicht-Entschließens«, des Zeitaufschubes oder der Abänderung des Vorschlages sind in der geschlossenen Frage nicht inbegriffen.

*Kettenfrage:* Nach den oben erwähnten Gesprächsregeln sollte nur jeweils eine Frage gestellt werden, die ihrerseits wieder nur einen Gedanken beinhaltet. Kettenfragen haben oft zur Folge, dass im Gedächtnis der Befragten lediglich die letzten zwei bis drei Fragen haften bleiben

---

12 Vgl. zur Manipulationsgefahr und Beispielen Saul (1995, S. 149 ff.), Crisand u. a. (1997, S. 74 ff.) und Holm (1991, S. 53 ff., insbesondere S. 63 f.).

und sie/er auf die ersten Fragen der Kette nicht mehr reagieren kann. Werden Kettenfragen bewusst eingesetzt, kann auch dies manipulatorische Wirkung haben.

*Rhetorische Frage:* Rhetorische Fragen werden häufig gestellt, ohne dass die Fragestellerin bzw. der Fragesteller eine Antwort erwartet. Vielfach wird an die Gefühlsebene appelliert, um Gemeinsamkeiten für die weiteren Argumentationen aufzuzeigen. Einige Beispiele hierfür: »Haben wir nicht alle schon einmal erlebt, dass...?« »Kennen Sie nicht auch diese Situation...?«

Nicht alle diese Frageformen werden notwendigerweise in bewusster Absicht verwendet, um andere Gesprächsteilnehmer/innen »über den Tisch zu ziehen«. Derartige Strategien werden häufig auch dann eingesetzt, wenn heikle Themen zu besprechen und bei den Beteiligten Antwortwiderstände zu erwarten sind. Umschreibungen und Abschwächungen können in diesen Situationen helfen, derartige Widerstände abzubauen. Neuberger (1998, S. 145 f.) nennt hierfür exemplarisch folgende Möglichkeiten:

- Die fragestellende Person deutet an, dass sie von einer bestimmten Meinung oder Äußerung nicht überrascht wird (*z.B. »Viele Beschäftigte halten ja das jetzige Arbeitszeitsystem für inflexibel. Was halten Sie davon?«*)
- In der Frage wird unterstellt, dass eine bestimmte Feststellung ohnehin zutrifft (*»Welche Probleme haben Sie mit dem Kollegen X?« statt »Haben Sie Probleme mit dem Kollegen X?«*)
- Die Frage weist daraufhin, dass abweichende Ansichten oder Informationen bekannt sind (*»Herr Meier hat ja eine abweichende Analyse vorgelegt. Aber...«*)
- In der Frage werden abschwächende Ausdrücke verwendet (*z.B. statt »Fahrlässigkeit« »kleine Unachtsamkeiten«, statt »kündigen« »freisetzen«, »Kennen Sie möglicherweise ungefähr...« usw.*)

Bei der Verwendung derartiger Formulierungen ist zu bedenken, der Grat zwischen dem Abbau von Widerständen und manipulativen Zwecken kann äußerst schmal sein.

Sicher hängt es von der Konstellation der Frage ab, wie Sie auf eine manipulationsverdächtige Frage angemessen reagieren können. Die Stilmittel Nachfragen, Ich-Botschaften, und Meta-Kommunikation oder auch ein einfaches »Nein-Sagen« können Ihnen möglicherweise dabei helfen:

1. Person A:  »Finden Sie nicht, dass in dieser Abteilung der Schlendrian Einzug gehalten hat?«

   Person B:  »Was genau meinen Sie mit Schlendrian?« (Nachfrage) oder: »Ich bin irritiert. Sie nennen das Schlendrian. Meine Wahrnehmung ist aber, ...« (Ich-Botschaft)

2. Person A:  »Wollen wir den Betriebsausflug nach Wien oder nach Berlin machen?«

   Person B:  »Sie haben gerade zwei Alternativen für den Betriebsausflug vorgestellt. Ich möchte den Vorschlag machen, zu diskutieren, ob noch andere Zielorte in Frage kommen.« (Meta-Kommunikation)

3. Person A:  »Sind Sie nicht auch dafür, dass das Arbeitszeitsystem flexibler sein müsste?«

   Person B:  »Ganz und gar nicht. Aus meiner Perspektive ...« (klares »Nein« plus Ich-Botschaft)

4. Person A:  »Wir müssen etwas dagegen unternehmen, dass der Müller immer zu spät kommt.«

   Person B:  »Immer?« oder »Was genau meinen Sie damit?« (Nachfragen)

## 4.4.5 Die »Schlacht« gegen Abschweifungen, Einwände und Killerphrasen

*Abschweifungen vom Thema* kommen in vielen Gesprächen vor. Ausflüge in Nebensächlichkeiten kosten Zeit, behindern die Ergebnissicherung und lassen rückblickend die Gesprächssituation als unbefriedigend erscheinen. Manchmal reicht eine Ich-Botschaft, um auf das Thema zurückzukommen: »Ich möchte gern noch den Punkt X abschließend behandeln.« Eine weitere wirksame Methode, hartnäckigen Abschweifungen zu begegnen, ist die »Kaputte-Platte-Technik« (vgl. Cole 1996, S. 93 f.).

### Die »Kaputte-Platte-Technik«

Bei dieser Strategie wiederholen Sie Ihre Argumente so lange, bis Ihr Gegenüber darauf eingeht. Denken Sie noch einmal an die Gesprächssituation, in der Mitarbeiter/in und Führungskraft zunächst über Verkaufszahlen, dann über die Entwicklungsmöglichkeiten der Mitarbeiterin bzw. des Mitarbeiters reden wollten. Abschweifungen vom Thema könnte die/der Beschäftigte nach der »Kaputte-Platte-Technik« etwa so begegnen:

Mitarbeiter/in:  »Wir hatten zu Beginn verabredet, dass wir zunächst über die Verkaufszahlen reden wollten. Ich würde nun gern über weitere Entwicklungsmöglichkeiten reden.«

| | |
|---|---|
| Führungskraft: | »Ja, die geplanten Maßnahmen für Ihre Qualifizierung. Im letzten Quartal sind wir ja nicht dazu gekommen. Sie erinnern sich wahrscheinlich noch an den Ausfall der Produktionsanlage, der uns ganz schön zu schaffen machte...« |
| Mitarbeiter/in: | »Ja, ich weiß. Ich möchte jetzt auf die geplanten Qualifizierungsmaßnahmen zu sprechen kommen.« |
| Führungskraft: | »Genau, die Maßnahmen. Ich habe mich noch gar nicht damit beschäftigten können. Wissen Sie, ich habe derzeit so viel um die Ohren, dass...« |
| Mitarbeiter/in: | »Ja, das verstehe ich. Aber in Kürze steht die Anmeldung für die Qualifizierungsmaßnahmen an. Deshalb möchte ich nun gerne...« usw. |

Bei dieser Methode werden Abschweifungen höflich aber bestimmt übergangen. Sie eignet sich auch dazu, »nein« zu sagen, ohne jemand anderen zu verletzen.

Was ist aber zu tun, wenn auch nach mehrfacher Wiederholung Ihrer Hauptaussagen die andere Person nicht auf Ihre Aussagen eingeht? In diesem Falle ist ein Methodenwechsel nötig. Hier kann eine erweiterte Ich-Botschaft (vgl. Abschnitt 4.4.1) angebracht sein:

*»Ich stelle fest, dass wir in der Tagesordnung nicht weit vorankommen* (1. Schritt = Feststellung). *Ich fühle mich etwas irritiert, da ich bereits mehrfach vorgeschlagen habe, zum nächsten Tagesordnungspunkt weiterzugehen* (2. Schritt = Empfindungen nennen). *Nun möchte ich wirklich anregen, dass wir als nächstes über den Punkt Qualifizierungsmaßnahmen reden...!«* (3. Schritt = Wunsch/Verfahrensvorschlag)

Ihr Anliegen jetzt noch nicht zur Kenntnis zu nehmen, wäre ausgesprochen unhöflich. Sofern Sie jedoch noch immer kein Gehör finden, kann die Ich-Botschaft in Form und Schärfe gesteigert werden.

Neben Abschweifungen können auch fortwährende *Einwände* den Gesprächsfluss und Ihren Gedankengang unterbrechen. Hierbei ist zu unterscheiden zwischen:

1. Einwänden, die sich auf Ihre Argumentationskette und die denkbaren Gegenpositionen beziehen, sowie
2. störenden Einwänden, die unsachlich vom Thema ablenken (so genannte Killerphrasen).

Auf Einwände der ersten Kategorie sollten Sie sich in der Gesprächsvorbereitungsphase gut eingestellt haben. Dann können Sie die Techniken des Argumentierens anwenden, wie sie in Abschnitt 4.4.2 beschrieben sind. An dieser Stelle geht es vor allem um »Verunsachlichungsstrategien« (Gehm 1997, S. 131), die eben in *nicht* sachlich-argumentativer Form der Auseinandersetzung vom Thema ablenken. Neben den so genannten Killerphrasen gehört in diese Kategorie auch die heimtückischere (weil nicht einfach zu erkennende) »Ja-aber-Schleife« im Gespräch.

**Killerphrasen** (vgl. z.B. Brühwiler 1994, S. 20)

Killerphrasen sind im Grunde nicht anderes als Floskeln. Sie sind derart allgemein gehalten, dass alle Beteiligten etwas damit anfangen können. Die Gefahr besteht darin, dass das Gespräch sich in der Behandlung dieser Allgemeinplätze verfängt und vom eigentlichen Thema abgelenkt wird. Eine Möglichkeit, mit Killerphrasen umzugehen, ist das Überhören, wie es Gehm generell empfiehlt (1997, S. 133 ff.). Denkbar ist aber auch, dass in den Killerphrasen ein »Quentchen Wahrheit« steckt. Eine andere Umgehensweise mit solchen Gemeinplätzen wäre es dann, den »positiven Kern« der Phrase aufzugreifen, zu versachlichen und in die eigene Argumentation einzubauen bzw. schnell auf das Thema zurückzulenken. Einige Beispiele verdeutlichen diese Strategie:

| | |
|---|---|
| Killerphrase: | »Diese Forderung ist doch unnötig, das haben wir doch schon immer so gemacht.« |
| positive Wendung: | »Das ist ja interessant. Was genau haben Sie denn an Maßnahmen schon eingeleitet?« |
| | |
| Killerphrase: | »Das hat Ihr Vorgänger aber ganz anders gesagt!« |
| positive Wendung: | »Was genau hat er denn gesagt?« |
| | |
| Killerphrase: | »Es ist noch nicht aller Tage Abend!« |
| positive Wendung: | »Deshalb halte ich es ja auch für gut, wenn wir über diesen Punkt noch einmal ausführlich diskutieren!« |
| | |
| Killerphrase: | »Das kriegen Sie in der kurzen Zeit doch nie hin!« |
| positive Wendung: | »Gut, dass Sie mich erinnern. Den Zeitplan würde ich gern später noch vorstellen.« |
| | |
| Killerphrase: | »Das kostet viel zu viel!« |
| positive Wendung: | »Was genau verstehen Sie unter zu viel?« |

Welche Art der Reaktion angemessen ist, hängt neben der eigenen »Schlagfertigkeit« auch vom Kontext und den anwesenden Personen ab. An den Übungen zum Ende dieses Abschnittes können Sie Ihre eigene Schlagfertigkeit testen.

Während Killerphrasen in den Gesprächen relativ leicht zu entdecken sind, handelt es sich bei den »Ja-aber-Schleifen« um eine verdeckte Art von Verunsachlichungsstrategien, da die Gesprächsteilnehmer/innen scheinbar auf der sachlichen Ebene diskutieren (aber eben nur scheinbar).

## Ja-aber-Gespräche

Jeder Mensch ist wahrscheinlich schon einmal in die Situation gekommen, dass Gespräche sich im Kreis drehen und die Kontrahenten immer neue Argumente gegeneinander auffahren, ohne auf die der Gegenseite tatsächlich eingehen zu wollen. In diesen Konstellationen geschieht oft Folgendes: Partei A äußert ein Argument. Partei B signalisiert Zustimmung (»da stimme ich dir grundsätzlich zu«), ohne dies wirklich zu meinen. Nach der Zustimmung folgt dann ein »aber...!«. Wenn Partei A ebenfalls mit einer »Ja-aber-Strategie« antwortet, können beide endlos aneinander vorbeireden; keine Seite will auf die Äußerungen der anderen tatsächlich eingehen. Sie können sich selbst durch folgende kleine Übung für Ja-aber-Schleifen im Gespräch sensibilisieren (vgl. Brühwiler 1994, S. 93):

Suchen Sie sich eine Partnerin oder einen Partner aus Ihrem näheren Umkreis und erheben Sie die Ja-aber-Formulierungen zur Gesprächsregel – jede/r darf auf den vorangegangenen Satz der anderen Person nur mit »ja, aber...« antworten. Dadurch wird diese Strategie derart absurd, dass Ihnen im nächsten Mitarbeitergespräch eine Ja-aber-Schleife bestimmt auffällt. Dann können Sie – ähnlich wie beim Beispiel der »Kaputte-Platte-Technik« – mit einer erweiterten Ich-Botschaft antworten.

## Übungen zu Killerphrasen

Bei gesprächsbelastenden Killerphrasen ist Schlagfertigkeit gefragt. Dabei sollten Entgegnungen immer sachlich und ohne Bloßstellung des Gegenübers vorgetragen werden. An den hier aufgelisteten Killerphrasen können Sie Reaktionen üben. Probieren Sie immer mindestens zwei verschiedene Möglichkeiten und verwenden Sie auch Techniken wie Einwandvorwegnahme, Einwandzurückstellung, Fragetechniken usw. Im Anhang 5 finden Sie verschiedene Lösungsmöglichkeiten.

1. »Wir sitzen doch alle in einem Boot«

---
---

2. »Da habe ich, glaube ich, doch wohl mehr Erfahrung als Sie!«

---
---

3. »Rom wurde auch nicht an einem Tag erbaut.«

---
---

4. »Das ist mit diesen Leuten nicht zu machen.«

5. »Das haben schon ganz andere versucht.«

6. »Um das zu entscheiden, fehlen mir die Informationen.«

7. »Das macht der Chef niemals mit!«

## 4.4.6 Von Kindern, Eltern und anderen Erwachsenen: Feedback nehmen und geben

Von besonderer Bedeutung in Mitarbeitergesprächen ist das sogenannte Feedback, die Rückmeldung oder Rückkoppelung. Hierbei teilen sich Menschen wechselseitig ihre Eindrücke voneinander mit. Dies kann zur Klärung und Verbesserung der zwischenmenschlichen Beziehungen beitragen. Auch im Arbeitsprozess ist mit einem »guten« Feedback eine Vielzahl von Hoffnungen verknüpft. Rückmeldungen sollen z.B. erwünschte Verhaltensweisen positiv verstärken, unerwünschte dagegen korrigieren helfen. Ein regelmäßiges Feedback kann die Zusammenarbeit im Team verbessern und ein Quell von Lernprozessen bzw. Verbesserungen der Arbeitsabläufe sein. Es soll helfen, die eigenen Möglichkeiten der beruflichen Entwicklung besser einzuschätzen und die Identifikation mit der Arbeitsaufgabe zu stärken. Schließlich verspricht man sich vom Feedback auch eine motivierende Wirkung. Nicht zuletzt aus diesem Grund ist Unternehmensleitungen zunehmend – zumindest verbal – an einer offenen Feedback-Kultur gelegen. Zumal auch die Beschäftigten ein Interesse an regelmäßigen Rückmeldungen über ihre Leistung haben dürften.[13] Mitarbeitergespräche scheinen ein idealer Anlass für einen derartigen Austausch zu sein.

Gleichwohl haben die meisten Menschen Probleme, ein gekonntes

---

13 Zur Definition und weiteren Funktionen des Feedbacks vgl. Fengler (1998, S. 13 f. u. 21).

Feedback zu geben oder eines zu empfangen. In Mitarbeitergesprächen tritt diese Problematik besonders zutage. Dies gilt vor allem dort, wo in den Unternehmen bisher eine »Anweisungskultur« vorherrschte. Vorgesetzte, die bis dato in hierarchischen Ober- und Unterordnungsbegriffen dachten, sollen nun in kooperativer Weise einen offenen Austausch mit ihren Mitarbeiter/innen pflegen. Von den Beschäftigten selbst wird verlangt, ebenfalls zunehmend Rückmeldungen an ihre Vorgesetzten zu geben; dies ist wegen des bestehenden Abhängigkeitsverhältnisses aber problematisch und gewöhnungsbedürftig.

Woran liegt es, dass wir oft Probleme mit dem Feedback haben? Jeder Mensch hat ein bestimmtes Bild von sich selbst. Dieses Selbstbild ist wichtig für die eigene Selbstachtung. In Feedbackgesprächen erhalten wir Rückmeldungen zu unserem Verhalten – wir erfahren, welches Bild andere Personen von uns haben. Selbstbild und Fremdbild müssen nicht immer übereinstimmen, wir müssen uns deshalb mit anderen Ansichten auseinandersetzen. Erschwerend kommt hinzu, dass in jedem Feedback das eigene Selbstbild schmerzlich »angekratzt« wird, wenn die Rückmeldung verletzend oder unsachlich ausgeführt wird. Wie Selbst- und Fremdbild auseinander klaffen, das macht das »Johari-Fenster« deutlich.[14]

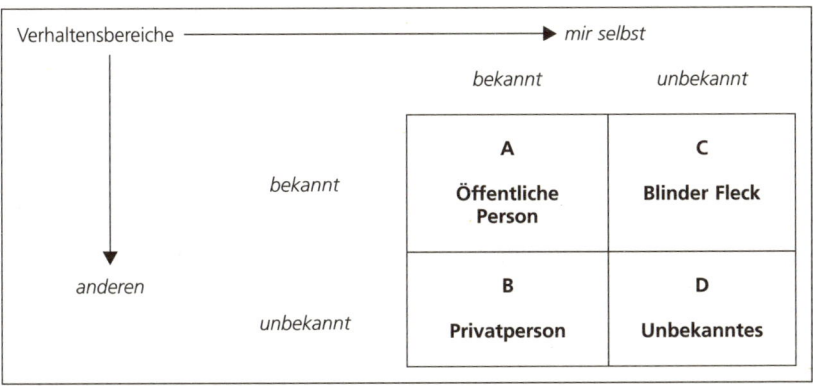

Übersicht 4-9: Das Johari-Fenster

---

14 »Johari« ist eine Verkürzung der Namen der Schöpfer dieses Fensters, Joseph Luft und Harry Ingham, vgl. Luft (1971).

Dieses Schema teilt die bekannten und unbekannten Verhaltensbereiche eines Menschen in vier Quadranten ein:

*Quadrant A:* Dieser Verhaltensbereich ist sowohl mir selbst als auch anderen Personen bekannt (»öffentliche Person«);

*Quadrant B:* Einige Bereiche meines Wesens sind zwar mir bekannt, meinem Gegenüber aber nicht. Diese »Privatperson« werde ich nur ungern in Gesprächen vollständig darstellen;

*Quadrant C:* Es gibt Verhaltensaspekte, die andere Menschen deutlich wahrnehmen, ich selbst aber nicht. Dieser »blinde Fleck« ist damit nicht Bestandteil des Selbstbildes, wohl aber des Fremdbildes;

*Quadrant D:* Dieser Verhaltensbereich ist weder mir noch den Mitmenschen bekannt.

In Feedback- und Mitarbeitergesprächen schildert eine Person der anderen ihre subjektiven Eindrücke über das Verhalten des Gegenüber. Es geht darum, Selbst- und Fremdbild abzugleichen. Gute Rückmeldungen verraten uns dabei viel über unseren »blinden Fleck«, der uns selbst nicht bekannt ist. Im Laufe eines gelungenen Gespräches wird der »blinde Fleck« kleiner, der Quadrant der »öffentlichen Person« dagegen größer. Dabei soll das Verständnis der Beteiligten füreinander wachsen.

Wann aber kann ein Feedback als »gut« oder »gelungen« bezeichnet werden? Fengler (1998, S. 22) hält ein Feedback dann für gelungen, wenn es folgenden Kriterien genügt:

- eher beschreibend als bewertend und interpretierend,
- eher konkret als allgemein,
- eher einladend als zurechtweisend,
- eher verhaltensbezogen als charakterbezogen,
- eher erbeten als aufgezwungen,
- eher sofort und situativ als verzögert und rekonstruierend,
- eher klar und pointiert als verschwommen und vage,
- durch Dritte überprüfbar.

Diese Kriterien einzuhalten ist einfacher gesagt als getan. Einen Grund kennen Sie bereits: Nach Schulz von Thun besteht jede Nachricht aus vier Seiten, jeder Empfänger kann nach dem »4-Ohren-Modell« die Nachricht mit einem oder mehreren seiner »Ohren« wahrnehmen.[15] Die Psycho-

---

15 Die vier Seiten einer Nachricht sind: Sachinhalt, Selbstkundgabe, Beziehungshinweis und mehr oder weniger offener Appell. Analog hierzu kann die Empfängerin bzw. der Empfänger die Nachricht vorrangig mit dem Sach-, dem Beziehungs-, dem Selbstkundgabe- oder dem Beziehungsohr wahrnehmen, vgl. Abschnitt 2.2.

logie weist aber noch auf ein weiteres Phänomen hin, das für hochsensible Feedback-Situationen besonders relevant ist. Wenn wir Lob oder Kritik äußern (bzw. annehmen), fallen wir leicht in Verhaltensweisen zurück, die uns an Eltern-Kind-Reaktionen erinnern. Spricht z.B. die eine Seite ermahnend-schimpfend, reagiert die andere Seite ablehnend-trotzig; ist eine Partei übermütig leichtsinnig, reagiert die andere behütend usw. Psychologen begründen diese (relativ »eingefahrenen«) Verhaltensmuster damit, dass in jedem Menschen drei verschiedene Persönlichkeitsinstanzen vorhanden sind (vgl. Schulz von Thun 2000a, S. 169 ff.):

1. das *Eltern-Ich* (dieses gibt Lebensweisheiten, Ge- und Verbote, Kritik und Ermahnungen von sich, spendet aber auch Hilfe und Fürsorge),
2. das *Kindheits-Ich* (welches brav, ausgelassen, rebellisch-trotzig, verspielt usw. sein kann) und
3. das *Erwachsenen-Ich* (das sachlich, informierend, analysierend, höflich usw. ist).

Übersicht 4-10: Jeder ist gleichzeitig drei Personen (Neuberger 1990, S. 58).
Aus der Broschüre: Miteinander arbeiten – miteinander reden, © by Bayerisches Staatsministerium für Arbeit und Sozialordnung, Familie und Frauen (Hrsg.), München

Ein Beispiel soll dies verdeutlichen. Stellen Sie sich vor, zwei Kolleginnen oder Kollegen, die das Büro teilen, unterhalten sich über die Ordnung an ihren Arbeitsplätzen. Person A beschwert sich mit einem anklagenden Ton: »So geht das hier aber wirklich nicht!« (Eltern-Ich). Person B hat nun drei Möglichkeiten darauf zu reagieren:

1. als trotziges Kindheits-Ich: »Dauernd musst du an mir herumnörgeln!«,
2. als Eltern-Ich: »Dafür musst du allerdings öfter mal das Telefon annehmen!«,

3. als Erwachsenen-Ich: »Du hast Recht. Besonders übersichtlich ist es hier nicht«.

Der Verlauf dieses Gespräches hängt also zum einen davon ab, mit welchem »Ich« Person A das Thema Ordnung am Arbeitsplatz zur Sprache bringt, zum anderen davon, mit welchem »Ich« Person B auf den Appell reagiert. Die meisten dieser Prozesse laufen unbewusst ab. In Feedback-Prozessen, die die Erörterung von Leistung oder Verhalten der Beschäftigten zum Gegenstand haben, besteht eine besonders große Gefahr, in die Rolle eines Eltern- oder Kindheits-Ichs zu verfallen. Dadurch kann die Beziehungsebene der Beteiligten beeinträchtigt werden. Deshalb sollten sich beide Seiten, die feedbackgebende und die feedbacknehmende, an »Spielregeln« halten. Wenn Sie im Mitarbeitergespräch von Ihren Vorgesetzten Rückmeldung erhalten, sollten Sie daher:[16]

- ruhig zuhören, ohne sich sofort zu rechtfertigen,
- für konstruktive Kritik offen sein,
- nachfragen, wenn Sie etwas nicht verstanden haben,
- Missverständnisse richtig stellen und Ihrem Gegenüber mitteilen, warum Sie in welchen Punkten anderer Meinung sind,
- darauf achten, dass am Ende des Gesprächs alle strittigen Punkte sachlich besprochen wurden,
- darauf achten, bei der Reaktion nicht ins trotzige »Kindheits-Ich« oder das herablassende »Eltern-Ich« zu verfallen, selbst wenn Sie aus den Äußerungen Ihres Gegenüber z.B. die Position eines »Eltern-Ich« herauszuhören glauben.

Brisant ist die Lage, wenn Beschäftigte ihrerseits den Vorgesetzten Rückmeldungen über ihr Verhalten geben wollen. Sind Sie in der Rolle des Feedbackgebers, erleichtert Ihnen die Beachtung folgender Punkte die ungewohnte Situation:

- bereiten Sie sich gut auf die Feedback-Situation vor und sammeln Sie ausreichend Argumente;
- leiten Sie auf dieser Basis Ihr Feedback mit möglichst konkreten Beschreibungen und Beobachtungen ein, interpretieren und verallgemeinern Sie nicht;
- verwenden Sie »Ich-Botschaften«, da dann Ihre subjektiven Eindrücke von Dritten nur schwer bestritten werden können;

---

16 Zu Regeln beim Feedback geben und nehmen vgl. z.B. Mentzel u. a. (1998, S. 42 f.), Hofbauer/Winkler (1999, S. 121 ff.), Becker/Langosch (1995, S. 337 ff.).

- geben Sie kein Feedback auf der Grundlage von Vermutungen, Gerüchten oder Berichten Dritter;
- versuchen Sie, nicht in ein kritisches »Eltern-Ich« oder ein trotziges »Kindheits-Ich« zu verfallen; respektieren Sie Ihre/n Gesprächspartner/in;
- dosieren Sie Ihr Feedback: Nennen Sie nicht zu viele Details, sondern beschränken Sie sich auf wenige, aber wichtige Eindrücke;
- negatives Feedback sollte in einem ausgewogenen Verhältnis zu positiven Punkten stehen, auf jeden negativen sollten etwa zwei positive Aspekte fallen;
- beachten Sie bitte, dass der Inhalt eines Feedbackgesprächs absolut vertraulich bleiben sollte.

## 4.4.7 Selbstbehauptung und Körpersprache

In den vorangegangenen Abschnitten haben Sie Techniken erfahren, die Ihnen dabei helfen können, sich in Mitarbeiter- und sonstigen Gesprächen verbal zu behaupten, Ihre Argumente angemessen zu formulieren, Einwänden zu begegnen und Ihren Standpunkt präzise vorzutragen. Gleichzeitig ist aber auch bekannt, dass die verbale Seite nur einen Aspekt der menschlichen Kommunikation darstellt. Ebenso wichtig ist die sogenannte nonverbale (nichtsprachliche) Kommunikation. Auch Körpersprache, Sprech- und Pausenverhalten des »Senders« wirken beispielsweise darauf ein, wie der »Empfänger« eine Nachricht aufnimmt (vgl. Abschnitt 2.2).

Aspekte der nonverbalen Kommunikation können hier nur kurz skizziert werden; eine vollständige Darstellung würde den Rahmen dieses Ratgebers sprengen.[17] Hinzu kommt, dass viele Signale der Körpersprache zweideutig interpretierbar sind. So kann z.B. das Stirnrunzeln situationsabhängig als intensives Nachdenken oder aber als Missbilligung einer vorangegangenen Äußerung gedeutet werden. Eine nach vorn geneigte Haltung drückt manchmal Interesse aus, kann aber auch Druck auf den Gegenüber ausüben. Eine gerade, aufrechte Haltung kann Entschlossenheit oder (je nach Situation) durchaus auch Starrheit bedeuten. Erschwerend kommt hinzu, dass Körpersprache kulturell unterschied-

---

17 Ein sehr lesenswertes Werk mit vielen Beispiel-Abbildungen zur Körpersprache ist: Malcho (1983).

lich ist (z.B. das Nähe-Distanz-Verhalten, der Blickkontakt usw.). Aus diesem Grunde können die nachstehenden Tipps zur nonverbalen Kommunikation allenfalls als vage Richtschnur gelten. Das große Problem wird immer sein, die nonverbale Kommunikation auf die Situation und den eigenen Inhalt abzustimmen. Ein Ratgeber kann dabei allenfalls das Augenmerk auf einige wichtige Aspekte richten.

Eine Hauptfrage für Beschäftigte ist, wie sie ihren hierarchisch höhergestellten Vorgesetzten in Mitarbeitergesprächen selbstbewusst und offen gegenübertreten können. Zur *verbalen Selbstbehauptung* im Gespräch gehören Techniken, die Sie bereits kennen gelernt haben. Die Ich-Botschaften, Meta-Kommunikation, Argumente vorbringen und abwägen, Feedback nehmen und geben können, Fragen stellen, Verfahrensvorschläge machen und vieles mehr. Aspekte der *nonverbalen Selbstbehauptung* sind in der folgenden Übersicht zusammengefasst.[18] Dabei ist noch einmal ausdrücklich zu betonen, dass es sich lediglich um knappe Hinweise handelt.

- Signalisieren Sie bei der Begrüßung Gesprächsbereitschaft durch eine offene *Handhaltung*.
- Halten Sie einen offenen, interessierten (aber nicht starren) *Blickkontakt*, verstärken oder verringern Sie ihn (je nachdem, ob Sie Druck ausüben oder verringern möchten).
- Achten Sie bei sich selbst auf eine ruhige, offene und entspannte *Mimik*: Lächeln Sie, wenn Sie zufrieden sind, runzeln Sie die Stirn, wenn Sie unzufrieden sind. Wenn Sie die Mimik Ihres Gegenübers zu »lesen« versuchen, hüten Sie sich vor vorschnellen Interpretationen.
- Zu viele *Gesten* verraten Unsicherheit oder Nervosität, nutzen Sie aber Ihre natürliche Gestik; zu wenig Gestik kann als »steif« interpretiert werden. Runde Gesten wirken offener als kurze, abgehackte.
- Sitzen Sie *aufrecht*, aber nicht steif. Achten Sie darauf, dass weder Arme noch Beine »zwanghaft« verschränkt sind. Lehnen Sie sich gelegentlich *leicht nach vorn*, um Interesse zu signalisieren.
- Sorgen Sie dafür, dass das Gespräch etwa auf *gleicher Höhe* stattfindet: Sitzt eine beteiligte Person höher, kann dies Dominanz ausdrücken.
- Achten Sie insbesondere bei 4-Augen-Situationen auf den *Winkel* der Gesprächsbeteiligten zueinander: Ein zu großer Winkel signalisiert Desinteresse, ein frontales Gegenübersitzen fördert Konfrontation. Üblich ist etwa ein Winkel von 90–120 Grad, damit auch ein ungestörtes Nachdenken durch leichtes Abwenden des Blickkontaktes noch möglich ist.
- Versuchen Sie, in einem ruhigen, gleichmäßigen Tempo zu *sprechen* (nicht zu laut, aber auch nicht zu leise). *Betonen* Sie Wichtiges besonders.
- Reden Sie nicht zu schnell. Bauen Sie vielmehr bewusst *Sprechpausen* ein, um eine Aussage gewichtig erscheinen zu lassen, das Tempo zu drosseln oder selbst Zeit zum Nachdenken zu haben. Achten Sie aber darauf, dass Sie nicht schleppend reden.

Übersicht 4-11: Aspekte der nonverbalen Selbstbehauptung

---

18 Vgl. hierzu z.B. Cole (1996, S. 91 ff. und S. 180), Gehm (1997, S. 35 ff.), Hofbauer/Winkler (1999, S. 83 ff.), Meier (1997, S. 91 ff.).

Heißt das nun, die einmal »gefundene Position« während des gesamten Gespräches beizubehalten? Das ist damit nicht gemeint. Vielmehr signalisiert Bewegung im Gespräch auch Annäherung der Positionen oder das Sich-Einlassen auf andere Argumente. Wenn sich z.B. Standpunkte in schwierigen Situationen verhärtet haben, kann etwas Bewegung im Gespräch (das Einschenken eines Kaffees, der Hinweis auf einen Vorgang vor dem Fenster) Entspannung bringen. Unterbrechungen und Bewegungen entschärfen dann die Situation (vgl. Malcho 1983, S. 75 f.).

Letztlich ist es nicht möglich, ein Patentrezept zur Selbstbehauptung und Körpersprache zu geben. Nonverbale Kommunikation ergibt sich in der Regel aus der Situation heraus, vieles passiert spontan. Aspekte der nonverbalen Kommunikation zu »trainieren« gestaltet sich daher als schwierig. Deshalb nehmen Sie sich nicht zu viel vor. Beginnen Sie mit einzelnen Punkten, die Sie im letzten Gespräch als negativ empfunden haben (z.B. die Haltung oder die zu leise Sprechweise). Nehmen Sie sich vor, auf diese Punkte im nächsten Gespräch besonders zu achten. Eine gute Vorbereitung des Gespräches verschafft Ihnen zusätzlich Sicherheit (vgl. Abschnitt 4.1).

# 5. Arten von Mitarbeitergesprächen

Nach diesen längeren Ausführungen sind Sie mit den verschiedenen Phasen eines Mitarbeitergesprächs und mit elementaren Gesprächstechniken und -regeln vertraut gemacht worden.

Wie schon mehrfach angekündigt, versuchen wir, Ihnen im Folgenden einige spezifische Informationen zu bestimmten Typen von Mitarbeitergesprächen zu vermitteln. Dabei können wir nicht auf jeden denkbaren Typ eingehen, sondern wir konzentrieren uns auf diejenigen Arten, die wir aufgrund unserer Wahrnehmung für die derzeit in der Praxis wichtigsten erachten. In diesem Sinne wenden wir uns im fünften Kapitel des Ratgebers folgenden Gesprächstypen in jeweils vertiefender Form zu:

- Informationsgespräche,
- Zielvereinbarungsgespräche,
- Motivationsgespräche,
- Konfliktgespräche,

teilweise mit verschiedenen Unterformen.

Wir weisen schon jetzt darauf hin, dass der Umfang der einzelnen Abschnitte unterschiedlich ist. Aufgrund der unseres Erachtens besonders hohen und aktuellen praktischen Bedeutung befassen wir uns mit den Zielvereinbarungsgesprächen und den Konfliktgesprächen ausführlich, während wir uns bei den Informations- und bei den Motivationsgesprächen auf einige grundlegende Ausführungen beschränken.

## 5.1 Informationsgespräche

Bei den Informationsgesprächen werden im Prinzip wichtige Unternehmensmeldungen weitergegeben, wobei sich die Anlässe unterscheiden. Als besondere Unterarten wollen wir Ihnen die Dienstbesprechung sowie das Einführungsgespräch mit neuen Mitarbeiter/innen näher vorstellen.

## 5.1.1 Dienstbesprechung

**Hintergründe**

Die Dienstbesprechung findet statt, damit relevante Informationen in einer Abteilung alle Mitarbeiter/innen erreichen. Meist erfolgt aufgrund der Information die Abstimmung für den weiteren Betriebsablauf. Dieses Gespräch dient in großen Abteilungen zur Koordination der Tätigkeiten und des Einsatzes der Arbeitskräfte. In diesem Zusammenhang sind auch Anweisungen und Aufträge zu erteilen sowie dienstliche Entscheidungen mitzuteilen.

Wie schon in Abschnitt 3.5.1 erläutert, werden in einem Arbeitsvertrag keine Einzelheiten der Leistungserbringung fixiert, nur Art und Umfang der Arbeit formuliert. Es obliegt aufgrund des Direktionsrechts den direkten Vorgesetzten, detaillierte Anweisungen und Aufträge zu erteilen, damit die Arbeitsleistung klar definiert wird und möglichst wenige Unstimmigkeiten aufkommen können. Die Dienstbesprechung beinhaltet in ihrer reinen Form die Vorgabe bestimmter Arbeitsmethoden und die Übergabe von Verantwortung für einen bestimmten Leistungsprozess. Oft wird dabei zwischen »Anweisung« und »Auftrag« unterschieden. In einer Anweisung werden die relevanten Ausführungsorgane, der Inhalt, die Zeit, der Ort, die Art und die Instrumente bestimmt und von der Führungskraft vorgegeben. Ein Auftrag hingegen beschreibt die Rahmenbedingungen, unter denen bestimmte Tätigkeiten ausgeführt werden sollen. In den meisten Fällen werden dann nur bestimmte »Eckdaten« formuliert, so dass die/der Ausführende selbständig über den Erfüllungsweg entscheiden kann (vgl. Drzyzga 2000, S. 77).

Aufträge und Anweisungen sollten mündlich übermittelt, ggf. aber auch ergänzend schriftlich fixiert werden. Aufgrund unseres Plädoyers für dialogorientierte Mitarbeitergespräche halten wir natürlich Aufträge für tendenziell sinnvoller und wünschenswerter als Anweisungen. Aber auch Anweisungen, etwa über bestimmte Verfahrensweisen, neue Produkte oder was auch immer schließen einen dialogischen Charakter keineswegs aus. Wichtig ist in jedem Fall, dass die Anforderungen, die durch die Erfüllung der Aufträge oder Anweisungen gestellt werden, auch von den beauftragten Mitarbeiter/innen erfüllt werden können. Es ist somit vorher zu prüfen, ob die jeweilige Person auch die notwendige Kompetenz besitzt. Sollten Sie also im Rahmen von Dienstbesprechungen mit Aufträgen oder Anweisungen »bedacht« werden, stellen Sie sich kritisch diese Frage: Habe ich überhaupt die erforderlichen Kompetenzen und/oder Qualifikationen dafür? Bei Teamarbeit sollte auch bedacht werden, dass nur die Teammitglieder ausgewählt werden, die miteinander in der Gruppe zusammenarbeiten können. Sie sollten zudem darauf achten, dass es klare Ziele und Aufgabenformulierungen gibt, so dass es keine (oder nur wenige) Missverständnisse zwischen Auftraggeber/innen und Auftragnehmer/innen geben kann. Eine Visualisierung des Auftragsvolumens und -inhaltes könnte hier zusätzlich für ein besseres Verständnis sorgen. Ist eine Zielklarheit von vornherein nicht zu erreichen, sollten sich die/der Vorgesetzte und der/die Mitarbeiter/in über die möglichen Ziele und Aufgaben wenigstens grob verständigen.

### Chancen/Risiken für Beschäftigte

Eine Dienstbesprechung hat häufig etwas Formales. Es geht darum, dass die Vorgesetzten Aufgaben und Informationen an die Mitarbeiter/innen weitergeben. Dieser formale Gesprächscharakter wird durch die Erteilung von Anweisungen und Aufträgen unterstrichen.

Der/die Mitarbeiter/in kann dabei in einen Zwiespalt geraten. Zum einen verspricht eine neue Aufgabe, sofern sie sich wirklich von den Routineaufgaben unterscheidet, eine Herausforderung, die die Arbeit insgesamt vielleicht anregender und interessanter macht. Dem steht die Gefahr gegenüber, dass auf die Mitarbeiterin/den Mitarbeiter neue Belastungen quantitativer und/oder qualitativer Art zukommen. Dies gilt besonders dann, wenn mit der Anweisung bzw. dem Auftrag keine Entlastung oder gar Befreiung von den bisherigen Aufgaben einhergeht.

Wichtig ist auch, dass die Mitarbeiterin/der Mitarbeiter möglichst sachgerecht einschätzt, ob die neue Aufgabe in ihren/seinen Kompetenzrahmen passt und mit ihren/seinen Fähigkeiten und Qualifikationen zu bewältigen ist. Sonst kann es nämlich zu folgenden Problemen kommen: Der/die Mitarbeiter/in wird sowohl von der/dem Vorgesetzten als auch von sich selbst falsch eingeschätzt, und es stellt sich schnell heraus, dass sie/er durch den Auftrag überfordert ist und die Aufgabe nicht befriedigend erledigt werden kann. Oder die Situation wird nur von der Führungskraft falsch eingeschätzt. Der Mitarbeiterin/dem Mitarbeiter ist dies zwar bewusst, sie/er macht aber die Bedenken nicht geltend aus Furcht, dass eine Diskussion um den Auftrag nur negativ in Bezug auf ihr/sein Arbeitsverhalten gedeutet werden könnte. Die Konsequenz wird ebenfalls eine unzureichende Auftragsumsetzung sein, die wiederum auf den/die Mitarbeiter/in zurückfällt.

Solche Probleme können zumindest verringert werden, wenn Vorgesetzte und Mitarbeiter/innen ein vertrauensvolles Verhältnis pflegen und auch über Anweisungen und Aufträge ein offenes und kooperatives Gespräch führen können. Dann können nämlich eventuelle Defizite und Probleme ohne Furcht vor Benachteiligungen und Repressalien angesprochen werden.

Risiken bestehen für die Beschäftigten immer dann, wenn die Dienstbesprechung in eine »gewollte Überforderung« einmündet und damit zur Machtdemonstration ausartet. Die Mitarbeiterin bzw. der Mitarbeiter sollten bei den ersten Anzeichen des Machtmissbrauchs die/den Vorgesetzte/n und den Betriebsrat einschalten, damit sie/er nicht am Ende noch als Arbeitsverweigerer hingestellt werden kann. In dem Zusammenhang erinnern wir nochmals an die Beschwerderechte nach §§ 84 und 85 BetrVG.[1]

Im positiven Sinne kann eine Dienstbesprechung als Koordinationsmaßnahme und gewollte partnerschaftliche Abstimmung bzw. Kooperation gesehen werden. Mitarbeiter/innen und Vorgesetzte vereinbaren das weitere Vorgehen und die unterschiedlichen Schritte im betrieblichen Arbeitsprozess. Dabei informiert die/der Vorgesetzte ihre/seine Mitarbeiter/innen über die zukünftige Planung und stimmt diese mit den Erfahrungen der Mitarbeiter/innen ab, um einen realistischen Arbeitsplan zu entwickeln. Die Vorteile liegen auf der Hand. Die Mitarbeiter/innen haben die Möglichkeit, ihr Wissen in den Prozess einzubringen und müssen somit keine Ziele und Aufgaben erfüllen, die ihnen unbekannt sind bzw. zu denen sie keine Stellung nehmen konnten. Die Vorgesetzten lernen aus dem Feedback, was im operativen Prozess machbar und realistisch ist und können dieses Wissen in neue Planungen einbringen. Insofern kann das Dienstgespräch auch lernfördernd eingesetzt werden, wenn es im partnerschaftlichen Sinne angewandt wird. Dieses top-down und bottom-up Feedback verhilft dem Unter-

---

1 Vgl. zu den rechtlichen Möglichkeiten im Allgemeinen Abschnitt 3.5 und in Bezug auf Konfliktgespräche im Speziellen Abschnitt 5.4.5.

nehmen insgesamt auch, eine größere Transparenz der Prozesse und Abläufe zu erreichen.

## Rechtliche Aspekte

Die Rechtsgrundlage der Dienstbesprechung liegt in den schon erwähnten Weisungs-, Direktions- und Leitungsrechten, die die Vorgesetzten befugen, Anweisungen bezogen auf die konkrete Ausführung von Arbeiten zu erteilen.

In diesem Zusammenhang sei auch an die arbeitgeberseitige Erörterungspflicht nach § 81 Abs. 1 und 2 BetrVG erinnert, die Mitarbeiter/innen über ihre Aufgaben bzw. deren Veränderung und weitere sich daraus ergebende Aspekte zu informieren (vgl. Abschnitt 3.5.1).

Schließlich weisen wir auf ein Urteil des Arbeitsgerichts Nürnberg hin, wonach regelmäßige Dienstgespräche *außerhalb* der Arbeitszeit von Mitarbeiter/innen dem Mitbestimmungsrecht des Betriebsrates nach § 87 Abs. 1 Nr. 3 BetrVG (Mitbestimmung bei einer vorübergehenden Verkürzung oder Verlängerung der betriebsüblichen Arbeitszeit) unterliegen (Arbeitsgericht Nürnberg, Beschluss vom 31.10.1995 – 6BV 71/93 – rechtskräftig).

## Tipps für Arbeitnehmer/innen und Vorgesetzte

Zur Vorbereitung auf eine Dienstbesprechung mögen Ihnen die folgenden Checklisten helfen, wobei die erste mehr auf die Vorgesetzten, die zweite auf die Mitarbeiter/innen zugeschnitten ist.

---

- Den Zusammenhang zwischen Einzelauftrag und Unternehmensaufgaben deutlich machen.
- Umfang und Wichtigkeit des Einzelauftrages vor Augen führen.
- Entscheidung über die Auftragsvergabe unter Berücksichtigung der Erfahrung, Leistungsfähigkeit und Belastbarkeit der Mitarbeiterin/des Mitarbeiters.
- Welche Aufträge hat der/die Mitarbeiter/in erhalten?
- Welche Informationen können dem/der Mitarbeiter/in zur Verfügung gestellt werden? Arbeitsmittel, Hilfsmittel und Finanzmittel
- Welche Zusatzinformationen wie Pläne und Skizzen können gegeben werden?
- Welche Informationen sind so wichtig, dass sie schriftlich fixiert werden sollten?
- Wann ist der Auftrag erfüllt und welche Folgeaufträge bzw. Koordination sind damit verbunden?

---

Übersicht 5-1: Vorbereitungsleitfaden zum Dienstgespräch (nach Drzyzga 2000, S. 81)
© by Verlag C. H. Beck, München (Beck-Wirtschaftsberater in dtv, Band 50840)

- Gibt es wichtige Informationen über die letzten Aufträge, die der/dem Vorgesetzten noch nicht bekannt sind?
- Ist es möglich, bei der bestehenden Arbeitsbelastung noch zusätzliche Aufträge zu erledigen?
- Welchen Inhalt und welchen Umfang sollten im Gegensatz zu den letzten Aufträgen neue Aufträge haben, damit sie als Herausforderung anzusehen sind?
- Sind möglicherweise flexiblere Arbeitszeiten und Ortswechsel mit dem neuen Auftrag verbunden?
- Wie differenziert sollten Aufträge bei Ihrer/Ihrem Vorgesetzten formuliert werden?

Übersicht 5-2:  Vorbereitungsfragen für die Mitarbeiterin/den Mitarbeiter
(nach Drzyzga 2000)
© by Verlag C. H. Beck, München (Beck-Wirtschaftsberater in dtv, Band 50840)

## 5.1.2    Einführungsgespräch bzw. Begrüßungsgespräch

### Hintergründe

Als Anlass für das Einführungsgespräch gilt die Situation, dass eine Mitarbeiterin/ein Mitarbeiter in eine neue Abteilung bzw. ein Unternehmen aufgenommen wird. Dieses geschieht meistens am ersten Arbeitstag, wenn die bzw. der neue Beschäftigte offiziell vom Vorgesetzten begrüßt wird und ihren/seinen neuen Kollegen/innen vorgestellt wird. Dabei können diese Gespräche ausschließlich unter Beteiligung der Führungskraft und der/des Neuen stattfinden oder auch in der Abteilung/Gruppe mit den anderen Mitarbeiter/innen. Ziele des Einführungsgesprächs sind die offizielle Begrüßung, die Einweisung am Arbeitsplatz und die Vorstellung bei den neuen Kolleg/innen. Die Mitarbeiterin/der Mitarbeiter soll in vorhandene Strukturen und Prozesse eingewiesen werden. Aber auch das Kennenlernen der Mitarbeiter/innen, mit denen die/der Neue direkt zu tun hat, ist dabei wichtig. Das Begrüßungsgespräch gilt als erster richtungsweisender Kontakt in der neuen Arbeitssituation. Für beide Parteien entwickelt sich ein Bild, das handlungsleitend für das weitere Engagement ist. Insofern sollte die Wichtigkeit eines Begrüßungsgesprächs nicht unterschätzt werden. Wenn zwischen Führungskraft und Mitarbeiter/in nur kurze Statements im Sinne von »business as usual« ausgetauscht werden, kann dies schnell als mangelndes Interesse interpretiert werden. Wie soll die Mitarbeiterin/der Mitarbeiter zu den Vorgesetzten ein Vertrauensverhältnis aufbauen, wenn bereits in dieser für sie/ihn wichtigen Phase offenkundig Desinteresse gezeigt wird (vgl. Rischar 1994, S. 40)? Das Einführungsgespräch soll »dazu beitragen die wechselseitigen Beziehungen zwischen Vorgesetztem und Mitarbeiter zu initiieren und aufzubauen, so dass eine offene und vertrauensvolle Zusammenarbeit langfristig entstehen und sich entwickeln kann« (von Saldern 1998, S. 163).

In der ersten Phase nach Aufnahme einer Tätigkeit strömen viele neue Informationen auf die Mitarbeiter/innen ein, so dass ihre Aufnahmegrenze schnell erreicht ist. Daher ist für das Gespräch zu überlegen, welche Daten und Kontakte im Unternehmen für die Neuen vorrangig sind. In einem Einführungsgespräch sollte darauf geachtet werden, dass keine langen Monologe durch die/den Vorgesetze/n entstehen oder sich eine Fragestunde entwickelt, die einem Verhör gleicht (vgl. Rischar 1994, S. 39). In diesem Sinne muss das Treffen erlebbar konzipiert werden. Die neue Mitarbeiterin/der neue Mitarbeiter hört nicht nur die Informationen, sondern könnte diese durch die Veranschaulichung am Ort des Geschehens besser behalten. Ein kleiner Rundgang durch das Unternehmen, die Vorstellung der zukünftigen Kolleg/innen am Arbeitsplatz und der Besuch des gesamten Abteilungsbereichs würden hierbei erfolgreich wirken. Die Mitarbeiterin/der Mitarbeiter wird auch hierbei nur 3 bis fünf Namen behalten können (vgl. Rischar 1994, S. 41). Mehr als eine erste Orientierung zu geben, kann und soll nicht geleistet werden. »Die Devise des Vorgesetzten muss konsequent lauten: Mut zur Lücke« (Rischar 1994, S. 41)!

Ein Einführungsgespräch sollte mit einer kurzen Vorstellung der/des Vorgesetzten und ihrer/seiner Abteilung bzw. Unternehmen beginnen. Werden im Unternehmen firmenspezifische Begriffe und Bezeichnungen verwandt, so sind diese ebenfalls zu erläutern. Auch eine kurze schriftliche Zusammenstellung dieser wichtigen Informationen kann der Mitarbeiterin/dem Mitarbeiter ausgehändigt werden, damit sie/er auf diese später zurückgreift. Das Begrüßungsgespräch sollte im interessierten Dialog stattfinden. Die/der Vorgesetzte zeigt dabei, dass sie/er aufgeschlossen gegenüber den Interessen und Bedürfnissen der neuen Mitarbeiter/innen ist. Durch Visualisierung und das Verschaffen kleiner »Erlebnisse« kann der Aufmerksamkeitsgrad gesteigert werden. Es ist darauf zu achten, nicht zu viele neue Eindrücke zu vermitteln, damit die Mitarbeiterin/der Mitarbeiter nicht »erschlagen« und verängstigt wird. Es können in einem Begrüßungsgespräch nur dosierte Informationen, am besten orientiert am vorhandenen Wissen der Mitarbeiterin/des Mitarbeiters fließen. Am Ende eines solchen Gesprächs sollten die Mitarbeiter/innen einen kleinen, für sie/ihn interessanten Überblick über das Unternehmen bzw. die Abteilung gewonnen und vor allem wichtige Ansprechpartner persönlich kennen gelernt haben, die in den ersten Tagen weiterhelfen können.

## Chancen/Risiken für Beschäftigte

Das größte Risiko für die Mitarbeiter/innen ist sicherlich das »unterlassene« Einführungs- bzw. Begrüßungsgespräch. Vielen empirischen Untersuchungen zufolge wird den neuen Mitarbeiter/innen in den ersten Tagen nicht die der schwierigen Situation gebührende Aufmerksamkeit durch die Vorgesetzten entgegengebracht. Sie bleiben dann in dieser kritischen Phase ihrem Schicksal überlassen, oft verbunden mit dem Hinweis, man möge sich doch selbst die notwendige Orientierung verschaffen.

Diese »Strategie« ist für alle Beteiligten sehr gefährlich. Die neuen Mitarbeiter/innen, die sich ohnehin in einer schwierigen Situation des Umbruchs und der Neuorientierung befinden, werden alleine gelassen und fühlen sich entsprechend. Sie werden schnell die Frage aufwerfen, ob diese Wahl des neuen Arbeitsplatzes denn die richtige gewesen sei. Eine rasche Identifikation mit dem Unternehmen wird sich unter diesen Bedingungen nicht einstellen. Stattdessen aber steigt die Neigung, noch in der Probezeit das Unternehmen wieder zu verlassen.

Für das Unternehmen ist dieser Fall der frühzeitigen Fluktuation aufgrund einer misslungenen, genauer gesagt unterlassenen, Einführung oft ein hoher Kostenfaktor. Untersuchungen haben gezeigt, dass die Wahrscheinlichkeit einer mitarbeiterseitigen Auflösung des Arbeitsvertrages in den ersten zwölf Monaten des Eintritts in ein Unternehmen ungleich höher ist als in späteren Phasen und dass sich die Einarbeitungskosten für neue Kräfte je nach Qualifikationsstufe auf 50–200% eines Jahresgehalts belaufen (Kieser u.a. 1985, S. 2).

Insofern sprechen alle Regeln der Vernunft wie auch der Menschlichkeit für ein solches Einführungs- und Begrüßungsgespräch. Aber auch wenn ein solcher Dialog stattfindet, sind nicht alle Probleme automatisch beseitigt. Die neue Mitarbeiterin/der neue Mitarbeiter befindet sich bei einem Begrüßungsgespräch in der Regel in einer erheblichen Stresssituation. Den Hoffnungen und Erwartungen auf das Neue steht die Unsicherheit gegenüber, was nun wirklich verlangt wird und ob die Herausforderungen auch entsprechend bewältigt werden können. Sicherlich ist die Mitarbeiterin/der Mitarbeiter auch bemüht, sich von ihrer/seiner besten Seite zu zeigen, damit der erste Eindruck auf Seiten der/des Vorgesetzten wie auch der Kolleg/innen nicht negativ ausfällt. Es ist davon auszugehen, dass die richtige Einführung richtungsweisend für die innere Einstellung zu ihren/seinen neuen Aufgaben, der Arbeitsgruppe, für die Arbeitsqualität und für die Leistungsbereitschaft ist (vgl. Kempe/Kramer 1998, S. 71). Die Mitarbeiterin/der Mitarbeiter versucht in dem Begrüßungsgespräch in der Regel herauszufinden, wie sie/er sich am besten in die neue Situation hineinfinden kann, um schnell eine gewisse Sicherheit im Umgang mit den an sie/ihn gestellten Aufgaben und mit den Kolleg/innen zu gewinnen. Insofern wird mit einem gelungenen und der schwierigen Situation angemessenen Einführungs- und Begrüßungsgespräch viel Positives erreicht. Der »Sprung ins kalte Wasser« wird erleichtert, Schwellenängste werden reduziert, soziale Kontakte zu Kolleg/innen und Vorgesetzten aufgebaut.

### Rechtliche Aspekte

Rechtlich ist in diesem Zusammenhang einmal mehr auf die *Verpflichtung* des Arbeitgebers nach § 81 BetrVG hinzuweisen (vgl. schon ausführlich Abschnitt 3.5.1). Das Einführungsgespräch ist eine wesentliche, wenn auch vermutlich nicht die ausschließliche Komponente, mit der der Arbeitgeber seiner *Unterrichtungs- und Erörterungspflicht* aus dieser Rechtsnorm nachkommt.

### Tipps für Arbeitnehmer/innen und Vorgesetzte

Falls Sie in der Situation eines Neueintritts in ein Unternehmen stehen und einen entsprechenden Gesprächstermin mit der/dem Vorgesetzten haben, sollten vorab alle verfügbaren Informationen über das Unternehmen, die Abteilung bzw. Arbeitsgruppe und die Arbeitsstelle studiert werden, um angemessen vorbereitet zu sein und nachfragen zu können. Stellt das Unternehmen keine Vorabinformationen bereit, so können auch Tageszeitungen oder das Internet zur Informationssuche genutzt werden. Eine völlige Uninformiertheit könnte Ihnen als Desinteresse ausgelegt werden und einen schlechten Eindruck hinterlassen.

Als Mitarbeiter/in sollten Sie Ihre Neugierde grundsätzlich nicht verbergen und das Gespräch auch auf Ihre Interessen lenken, so dass Sie sich einen guten ersten Überblick über Ihren Arbeitsplatz verschaffen können. An einigen Stellen des Gesprächs sollten Sie sich auch ein paar Notizen machen, die Ihnen in den nächsten Tagen weiterhelfen.

Und die Vorgesetzten? Die Mitarbeiterin/der Mitarbeiter erwartet vom Begrüßungsgespräch, dass die/der Vorgesetzte Einfühlungsvermögen zeigt, ihre/seine Persönlichkeit anerkennt und gemeinsame Werte und Vorstellungen herausstellt. Zudem sollte das Gespräch im Sinne der Nachhaltigkeit eine langfristige, faire und entwicklungsfähige Zusammenarbeit in Aussicht stellen können (vgl. von Saldern 1998, S. 164). Die Vorgesetzten sollten möglichst einen sicheren Rahmen für die Arbeit der Mitarbeiterin/des Mitarbeiters schaffen, damit die in der Regel vorhandene hohe Anfangsmotivation auch umgesetzt werden kann (vgl. Schmitz/Billen 2000, S. 48). Das Begrüßungsgespräch sollte die individuelle Art der/des Neuen unterstützen, damit sie/er sich durch Kreativität und Leistung in das Unternehmen einbringen kann.

Für die Vorbereitung und Durchführung eines Einführungs- bzw. Begrüßungsgespräches mögen die nachfolgenden Materialien Hilfestellung geben.

---

*Checkliste für Einführungsgespräche:*

- Informationen über das Unternehmen
- Informationen über die Abteilung und Gruppe
- Aufgabenverteilung
- Kompetenzverteilung
- Zielvorgaben
- Klarheit über das interne Who is who
- Transparenz der informellen Spielregeln
- Kein Zeitdruck
- Dosierte Information
- Feedback
- Vorbereitete Abteilung auf den Neuzugang

---

Übersicht 5-3: Checkliste Einführungsgespräch (nach Demmer 1998, S. 138)
© 1998 verlag moderne industrie, Landsberg am Lech

Aus der Sicht der/des Vorgesetzten ist eine sorgfältige Planung des Einführungsgesprächs und der darauffolgenden Einführungsphase notwendig. Das Gespräch könnte nach folgender Systematik angelegt werden: *Vorbereitung, Begrüßung, Vorstellung und Information* (vgl. Kempe/Kramer 1998, S. 73).

> *Vorbereitung:* Zeit für die Begrüßung einplanen, Einarbeitung planen, die notwendigen Kolleg/innen informieren und mit ihnen den Zeitplan abstimmen.
> *Begrüßung:* persönliches Gespräch führen, keine Standards benutzen, Einordnung der

129

Stelle und Abteilung erklären, Arbeits- und Stellenziele erörtern und Dokumentationen wie Leitbild, Führungsgrundsätze und Betriebszeitung aushändigen.

*Vorstellung:* bei der/dem nächsthöheren Vorgesetzten, bei den direkten Kolleg/innen, bei anderen Mitarbeiter/innen bzw. Gruppen, mit denen der/die Neue in Ausübung seiner/ihrer Arbeit in Kontakt treten könnte.

*Information:* Sicherheitsvorschriften und Unfallgefahren, Verhalten bei Unfällen, Berufsgenossenschaft nennen, Arbeitszeitregelungen bekannt geben, über Betriebsrat, Jugendvertretung, Betriebsarzt usw. informieren, betriebliche Zentraleinrichtungen zeigen. Stellenbeschreibung erklären, Verantwortungsbereiche, Ziele und Befugnisse erklären.

# Ein Gesprächsleitfaden könnte dementsprechend wie folgt aussehen:

| | |
|---|---|
| *Begrüßung der Mitarbeiter/innen* Entwickeln von Vertrauen und Sicherheit: Informationen und Orientierung: Erkennen von Bedürfnissen | |
| *Vorbereitung:* Kenntnis der personenbezogenen Daten, Planung des Arbeitseinsatzes, Einstimmung auf das Gespräch | *Überlegungen:* Sind weitere Personen zu beteiligen? Wann ist der ideale Zeitpunkt? |
| *Durchführung:* Entwickeln einer positiven Beziehungsebene, Informationen zum neuen Arbeitsplatz, Erkennen von Bedürfnissen, Orientierung für die/den Mitarbeiter/in | *Gesprächseröffnung:* ➤ Begrüßung (keine themengebundene Unterhaltung) ➤ Sich öffnen ➤ Soziale Situation des Mitarbeiters Allgemeine Informationen ➤ Standardinfos ➤ Organisation des Betriebes ➤ Fragen der Mitarbeiterin/des Mitarbeiters Spezifische Informationen ➤ Beschreibung der künftigen Aufgaben ➤ Verlauf der Einarbeitung ➤ Fragen der Mitarbeiterin/des Mitarbeiters ➤ Ansprechpartner/innen (durch Rundgang vorstellen) Zusammenfassung ➤ Fragen der Mitarbeiterin/des Mitarbeiters ➤ Neuer Termin |
| *Nachbereitung* Umsetzung der individuellen Gesprächsergebnisse, Selbstbewertung | |

Übersicht 5-4: Gesprächsleitfaden Begrüßungsgespräch (nach von Saldern 1998, S. 165)
© 1998 by Schneider Verlag Hohengehren GmbH, Baltmannsweiler

Name des Mitarbeiters
Datum
Uhrzeit
Ort

Sehr geehrte/r Frau ... / Herr ...,
wie bereits telefonisch/schriftlich mit Ihnen vereinbart, findet unser Begrüßungsgespräch am ... statt.
In diesem Gespräch wollen wir
- uns kennen lernen und offen darüber unterhalten, was für die zukünftige Zusammenarbeit wichtig ist,
- Sie über die Abläufe und Regeln in Ihrem künftigen Arbeitsfeld informieren,
- mit Ihnen Ihre künftigen Kollegen und Tätigkeiten kennen lernen,
- mit Ihnen Ihre Einarbeitung und künftige Weiterentwicklung und Perspektive in unserem Unternehmen erörtern und
- Ihnen relevante Dokumente übergeben.

Unserem Unternehmen ist es bewusst, dass Sie sich in diesem ersten offiziellen Kontakt mit Ihrem künftigen Arbeitgeber einen nachhaltigen Eindruck von Ihrem neuen Arbeitsbereich machen werden. Insofern erscheint uns dieses Gespräch sehr wichtig im Hinblick auf unsere Zusammenarbeit und wir möchten Sie daher bitten, sich mit Fragen und eigenen Ideen einzubringen.

Mit freundlichen Grüßen

## Muster zur Vorbereitung (Rückseite des obigen Schreibens) (für den Mitarbeiter)

Als neuer/neue Mitarbeiter/in haben Sie sich Vorstellungen über Ihre künftige Tätigkeit gemacht. Zentrale Gesprächspunkte könnten so aussehen, wobei sie noch durch Ihre persönliche Situation voraussichtlich ergänzt werden:

- Was war der Grund für Ihre berufliche Veränderung? Waren es ausschließlich betriebliche oder eher persönliche Gründe? Was waren Ihre wesentlichen Aufgaben bei Ihrer vorherigen Tätigkeit?

- Gibt es für Ihre künftige Tätigkeit gesundheitliche Beschränkungen? Benötigen Sie für Ihre Arbeit besondere ergonomische Hilfsmittel?

- Haben Sie an außerbetrieblichen Bildungsmaßnahmen teilgenommen und möchten Sie Ihre neuen Kenntnisse anwenden?

- Welche wesentlichen Erwartungen verbinden Sie mit Ihrer neuen Arbeit?

- Gibt es in Ihrem privaten Umfeld Gründe, aus denen Sie bestimmte Arbeitszeiten einhalten müssen? Haben Sie Ihre Urlaubsplanung bereits verbindlich geregelt? Gibt es in den nächsten Monaten vorhersehbare Beschränkungen in Ihrem Arbeitseinsatz?

- ...

Übersicht 5-5: Einladungsmuster zum Begrüßungsgespräch (mit rückseitigem Vorbereitungsblatt für Arbeitnehmer/in) (nach von Saldern 1998, S. 167)
© 1998 by Schneider Verlag Hohengehren GmbH, Baltmannsweiler

| Original z.d.A. Kopie an den Mitarbeiter | |
|---|---|
| | Gesprächsteilnehmer: _____<br>Name des Mitarbeiters/der<br>Mitarbeiterin: _____<br>Name des/der Vorgesetzten: _____<br><br>Sonstige/Funktion: _____<br>Datum: _____ |

| | |
|---|---|
| Bisherige Tätigkeiten; berufliche Erfahrung | |
| Gesundheitliche Einschränkungen | |
| Teilnahme an WB-Maßnahmen | |
| Erwartungen an die neue Tätigkeit | |
| Verabredungen bez. Urlaubsgewährung/Freizeiten | |
| Aufgaben während der Einarbeitung | |
| Einarbeitungspate | |
| Sonstiges: | |
| | |
| Neuer Gesprächstermin: | |

Übersicht 5-6: Muster für Aufzeichnungen zum Einweisungsgespräch
(von Saldern 1998, S. 168)
© 1998 by Schneider Verlag Hohengehren GmbH, Baltmannsweiler

| Besprechungsphase/Ziele | Erläuterungen | Hinweise |
|---|---|---|
| *Gesprächseröffnung*<br>> erste Kontaktaufnahme | > Begrüßen<br>> sich vorstellen<br>> Mitarbeiter »abholen«<br>> Platz anbieten<br>> Getränke anbieten<br>> Vereinbarung über den zeitlichen Rahmen des Gesprächs<br>> kurze Erörterung des Besprechungszwecks<br>> Einverständnis zu Notizen einholen | Empathie zeigen > erster Eindruck<br><br>Sitzposition beachten<br><br><br>Formblatt zeigen mit dem Hinweis, dass sie/er eine Durchschrift erhält |

| | | |
|---|---|---|
| *Beziehungsebene* vorbereiten, Vertrauen schaffen<br>> Einleitende Unterhaltung<br>> nicht themengebunden<br>(Warming up) | > Zu Beginn von sich selbst berichten<br>■ Wie ist es mir in einer solchen Situation ergangen?<br>■ Was habe ich empfunden<br>■ sich öffnen<br>> Überleiten zu dem Mitarbeiter; soziale Situation (Familie, Hobby) Unterhaltung ausklingen lassen und auf die Informationsphase einstimmen | Offene Fragen<br>Narratives Interview<br>Keine Themen mit individuellen Wertvorstellungen wie Politik, Religion u.a. |
| *Informieren*<br>Orientierung schaffen<br>> allgemeine Informationen<br>> formale Angelegenheiten<br>> zum Betrieb/zur Abteilung | Standardinformationen anhand der Checkliste besprechen<br>Darstellung der Aufgaben der Abteilung innerhalb des Betriebes<br>> Was sind unsere Hauptaufgaben?<br>> Mit wem arbeiten wir besonders eng zusammen?<br>> Wer sind unsere Kunden? | Liste aushängen,<br>Mitarbeiter macht Notizen, Namen ggf. Tel. von Ansprechpartnern nennen<br>Paralleltransaktion<br>Keine Appelle<br>Einfachheit und Gliederung der Nachricht<br>Interaktionsprozess fördern<br>■ wie wurde das bei Ihrer vorherigen Abt. geregelt?<br>■ inwieweit ist Ihnen diese Regelung vertraut?<br>Blickkontakt beachten<br>Platz für Fragen einräumen |
| *Mitarbeiterspezifische Informationen*<br>Informieren<br>Orientierung schaffen<br>Vertrauen und Beziehungsebene stärken<br>Bedürfnisse erkennen | Zusammenfassen der Informationen<br>Überleitung zu spezifischen Informationen und zur geplanten Aufgabenstellung<br>> Beschreibung der künftigen Tätigkeit<br>■ Welche Aufgaben kommen auf den MA zu?<br>■ Welche Bedeutung hat diese Tätigkeit für den Betrieb/die Abteilung?<br>■ Mit wem muss er besonders eng zusammenarbeiten?<br>■ Wer hilft bei Problemen?<br>■ Wem muss er berichten?<br>■ Wer ist weisungsberechtigt (im Allgemeinen/im Besonderen)?<br>> Vorstellungen des Mitarbeiters einholen<br>> Fragen des MA<br>Zusammenfassen der spezifischen Informationen und Überleitung zum Rundgang | Empathie äußern<br>Kommunikationsregeln beachten<br>> nonverbale Zeichen<br>> Paralleltransaktion<br>Interaktionsprozess fördern, Vertrauensbasis vertiefen<br>Reflexion zu der Tätigkeitsbeschreibung (inwieweit gibt es Gemeinsamkeiten der neuen Tätigkeit zu Ihrer bisherigen Arbeit?)<br>Hilfen nicht nur anbieten, sondern konkret einplanen (Paten benennen)<br>Organisationsplan des Betriebes/der Abteilung<br>Welche grundsätzlichen Vorstellungen verbinden Sie mit Ihrer beruflichen Tätigkeit?<br>Besprechungsergebnisse/ Eindrücke absichern<br>Empathie äußern |

| | | |
|---|---|---|
| *Rundgang*<br>Orientierung schaffen<br>Vertrauen und Beziehungs-<br>ebene stärken<br>> Rückmeldung zu den<br>Infophasen<br>Bedürfnisse erkennen | Vorstellung der Abteilung<br>> persönlicher Arbeitsplatz, ggf. Er-<br>läuterungen zu den Einrichtungen<br>> Kennen lernen der neuen Kollegen/<br>innen; Vorstellen der Personen und<br>ihrer Aufgaben<br>Ansprechpartner für bestimmte<br>Fragen<br>kurzes Gespräch mit dem Paten<br>> Betriebliche Besonderheiten (Ret-<br>tungswege/Fluchtpläne; Sicher-<br>heitszonen)<br>Zusammenfassen der Eindrücke aus<br>dem Rundgang und Überleitung zu<br>spezifischen Informationen zur Einar-<br>beitungsphase | Kommunikationsregeln<br>beachten<br>> Aufnahmebereite Zuwen-<br>dung<br>> Paralleltransaktion<br>> Fragetechnik<br>Vertiefen der bisherigen In-<br>formationen in der realen<br>Arbeitsumgebung<br>Darstellen der Vernetzung<br>von Tätigkeiten im betrieb-<br>lichen Kontext<br>Besprechungsergebnisse/<br>Eindrücke absichern |
| *Mitarbeiterspezifische Infor-<br>mationen*<br>> Verlauf der Einarbeitungs-<br>zeit<br>Informieren<br>Orientierung schaffen<br>Vertrauen und Beziehungs-<br>ebene stärken<br>Bedürfnisse berücksichtigen | > Aushändigen der betrieblichen In-<br>formationen (Rettungspläne, Da-<br>tenschutz, ggf. Dienstanweisungen)<br>> Feedback zu den bisherigen Ein-<br>drücken des Mitarbeiters einholen<br>■ Wie sehen Sie Ihre neue Aufgabe?<br>■ Inwieweit benötigen Sie zusätzliche<br>Informationen?<br>■ Wo sehen Sie Möglichkeiten, dass<br>ich Ihnen behilflich sein kann?<br>■ Wie fühlen Sie sich jetzt?<br>> Hinweise zu Weiterbildungsmög-<br>lichkeiten/Bildungsmaßnahmen<br>> Nächstes Gespräch vereinbaren<br>■ Inhalte (Erkenntnisse und Eindrücke<br>aus der zurückliegenden Arbeit,<br>Arbeitszufriedenheit, Verbesse-<br>rungspotenzial, Weiterbildungsbe-<br>darf)<br>■ Termin, Ort<br>Zusammenfassung | > Paten zum Gespräch hin-<br>zuziehen und einbeziehen<br>(Betroffene beteiligen)<br>Kommunikationsregeln be-<br>achten<br>> Aufnahmebereite Zuwen-<br>dung<br>> Paralleltransaktion<br>> Fragetechnik<br>> Bedeutung des MA für<br>den Betrieb aufgreifen<br>und angemessen verstär-<br>ken<br>> Positive Eindrücke aufzei-<br>gen<br>> Emotionale Situation er-<br>fragen<br>> Erste Perspektiven aufzei-<br>gen (nur soweit wie<br>möglich!)<br>> Bereitschaft zu Hilfen un-<br>terstreichen<br>Besprechungsergebnisse/<br>Eindrücke absichern |
| *Verabschiedung*<br>> Ausblick auf die weitere<br>Zusammenarbeit<br>Informieren<br>Orientierung schaffen<br>Vertrauen und Beziehungs-<br>ebene stärken | > Abschließende Fragen des MA<br>> Gesprächsprotokoll aushändigen<br>> Erhalt von Unterlagen (falls erfor-<br>derlich) bestätigen lassen<br>> Verabschiedung | |

Übersicht 5-7: Fiktiver Ablauf Einweisung neuer Mitarbeiter/innen
(nach von Saldern 1998, S. 169 ff.)
© 1998 by Schneider Verlag Hohengehren GmbH, Baltmannsweiler

| Notizen / Namen / Tel. | |
|---|---|
| Infopunkte | |
| Arbeitszeiten / Pausenzeiten | |
| Soziale, betriebl. Einrichtungen | |
| Kantine | |
| Wäschedienst | |
| Gesundheitsdienst | |
| Sozialberatung | |
| Mitbestimmungsorgane | |
| Betriebsrat | |
| Vertrauensmann | |
| Sonstige Ansprechpartner | |
| Gehaltsfindung | |
| Fahrkostenbeihilfe | |
| Steuerkarte | |
| Mitarbeiterausweis | |
| Weiterbildungsbeauftragte | |
| Materialausgabe | |
| Genehmigungsverfahren | |
| Urlaubsregelung | |
| Arbeitsbefreiungen | |
| Betriebsversammlungen | |
| Krankheit | |

Übersicht 5-8:  Checkliste der Standardinformationen (nach von Saldern 1998, S.172)
© 1998 by Schneider Verlag Hohengehren GmbH, Baltmannsweiler

## 5.2    Zielvereinbarungsgespräche

Zielvereinbarungsgespräche gehören sicherlich zu den aktuellsten und auch wichtigsten Gesprächsarten, mit denen es Arbeitnehmer/innen und Führungskräfte in ihrem Erwerbsleben zu tun haben.

135

Bei Zielvereinbarungen treffen Vorgesetzte mit ihren Mitarbeiter/innen oder ganzen Teams Abmachungen über (von den einzelnen Beschäftigten bzw. Gruppen) anzustrebende Ziele. Es handelt sich dabei um ein Führungsinstrument, das auch zu Zwecken der (leistungsorientierten) Entlohnungsgestaltung genutzt werden kann, aber nicht muss. Bei der Bundesanstalt für Arbeit heißt es z.B.:

»Unter Zielvereinbarung verstehen wir . . .

- einen Aushandlungsprozess,
- in dem Führungskraft und Teams ihre arbeitsbezogenen Erfahrungen, Erwartungen und Sichtweisen austauschen,
- eine gemeinsame Verständigung über Ziele herbeiführen
- und die eigenverantwortliche Umsetzung dieser Ziele in Form einer Selbstverpflichtung vereinbaren« (Ochs 1997, S. 12).

Zielorientierte Führungs- und/oder Entlohnungskonzepte, für deren Funktion und Ergebnis das Zielvereinbarungsgespräch eine Schlüsselrolle spielt, sind für den Bereich höherrangiger Führungskräfte bereits seit längerem bekannt, z.B. bis zur Ebene Hauptabteilungsleiter/in oder Abteilungsleiter/in (vgl. etwa Knebel 1984). Auch soziologische Untersuchungen unter hochqualifizierten Angestellten ergaben, dass in diesen Beschäftigtengruppen spätestens seit Beginn der 80er Jahre Zielvereinbarungskonzepte weit verbreitet sind (vgl. Baethge/Denkinger/Kadritzke 1995, S. 98 ff.). Ebenso werden sie seit vielen Jahren oder gar Jahrzehnten bei Positionen an der Schnittstelle Unternehmen/Markt (z.B. Verkaufsförderung, Außendienst) eingesetzt. *Jüngeren Datums* ist nunmehr ein gewisser Trend, Zielvereinbarungen auch für die Beschäftigten auf mittleren und unteren Ebenen einzuführen (vgl. auch Ehlscheid u.a. 1997b, S. 491),[2] sie also zu einem alle Ebenen und Bereiche umfassenden, flächendeckenden Führungs- und Steuerungsverfahren zu machen.

Damit gehören Zielvereinbarungen auf dem lukrativen »Markt« neuer Führungs- und Managementkonzepte mit deutlich wachsender Tendenz zu den am höchsten gehandelten und mit großen Erwartungen verbundenen Instrumenten. Unternehmen aller Größenklassen und Branchen wie auch neuerdings Behörden und andere Organisationen aus dem öffentlichen Sektor versprechen sich davon einen ebenso effi-

---

2 Diese Entwicklung wird sichtbar gefördert durch namhafte industrienahe Institutionen wie den REFA-Verband für Arbeitsstudien und Betriebsorganisation (1995) oder das Institut für angewandte Arbeitswissenschaft (1994).

zienten wie flexiblen Steuerungsmechanismus der Unternehmensaktivitäten, der noch dazu beteiligungsorientierte Komponenten enthält und insofern den Bedürfnissen und Interessen der Beschäftigten entgegenkommen kann (vgl. ausführlich Schau 1998).

Von daher müssen Sie wie im Übrigen Beschäftigte aller Bereiche heutzutage in Ihrem Berufsleben damit rechnen, dass Sie vor der Situation stehen, mit Ihrer/Ihrem Vorgesetzten ein Zielvereinbarungsgespräch führen zu müssen. Immerhin geht es in diesem Gespräch um – mehr oder weniger – verbindliche Absprachen über die eigenen Arbeits- und Leistungsbedingungen und möglicherweise über einen Teil der Vergütung, der an den Grad der Zielerreichung gekoppelt wird. Auch wird man es sich nur schwerlich leisten können, mittel- bis langfristig die festgelegten Zielmarken in größerem Umfang zu unterschreiten. Daher ist das Zielvereinbarungsgespräch in Verlauf und Ergebnis von hoher, vielleicht sogar von existenzieller Bedeutung für viele Arbeitnehmer/innen. Daher wollen wir Sie im Folgenden relativ ausführlich über das Führungsinstrument der Zielvereinbarung und vor allem die Rolle des Zielvereinbarungsgesprächs darin informieren.

## 5.2.1 Konzeptionelle Grundlagen und Hintergründe

Zunächst ist darauf hinzuweisen, dass die Praxis weit von einer einheitlichen Handhabung dieses Instrumentes entfernt ist. Man kann Zielvereinbarungen zu unterschiedlichen Zwecken einsetzen und auch verschiedenartige Konsequenzen daran knüpfen. Dies liegt teilweise auch daran, dass es sich – wie soeben gezeigt – um ein gerade sehr modernes Konzept handelt und es die Unternehmen und Organisationen unterschiedlich ernst mit seiner Einführung und Anwendung meinen.

Die Zielvereinbarung ist eine spezifische Form der Festlegung von Zielen als Steuerungsgrößen der Leistung und des Verhaltens der Mitarbeiter/innen, die sich maßgeblich von einer Zielvorgabe im Rahmen hierarchischer Beziehungen unterscheidet (zumindest unterscheiden sollte):

»Das zentrale Merkmal der Zielvereinbarung liegt in der gemeinsamen Festlegung von Zielen zwischen Vorgesetzten und untergeordneten Mitarbeitern. Es werden konkrete Verantwortungsbereiche für bestimmte Ergebnisse vereinbart, auf deren Basis die Arbeit geführt und die Leistungsbeiträge des Einzelnen bewertet werden. Im Rahmen von

Zielvereinbarungen findet so eine Verteilung von Kompetenzen zwischen Vorgesetzten und Untergebenen statt. Wichtig ist, dass trotz der Vergabe von Kompetenzen keine Umstrukturierung der Leitung im organisatorischen Sinne stattfindet, der hierarchische Aufbau also unberührt bleibt« (Schau 1998, S. 57).

Die meisten Anwendungen von Zielvereinbarungen haben ihren geistigen Nährboden in dem amerikanischen Führungskonzept »Management by objectives« (MBO), das im Deutschen zumeist mit »Führen durch Ziele« o.ä. übersetzt wird. Das MBO wurde in den 50er und Anfang der 60er Jahre in den USA von einer Vielzahl von Autoren entwickelt. Es stellt möglichst quantifizierte, also in Zahlen ausgedrückte Ziele als zentralen Steuerungsmechanismus der Unternehmensaktivitäten bzw. der Aktivitäten seiner Mitglieder heraus. Ziele sind offenbar für solche Steuerungsfunktionen gut geeignet. Als Vorzüge werden genannt (Slusher/Sims 1977, S. 86):

»(1) Auf der Basis klar definierter Ziele kann der Aufgabenträger seine Verantwortung und die Schwerpunkte seiner Tätigkeiten erkennen. Klar formulierte Ziele helfen die Frage beantworten, was von dem einzelnen Aufgabenträger erwartet wird.

(2) Ziele lösen konstruktive Feedback-Informationen, insbesondere von Vorgesetzten aus.

(3) Quantifizierbare Ziele zeigen dem Aufgabenträger die Effektivität seiner Arbeit auf.

(4) Ziele erhöhen die Verpflichtung des Aufgabenträgers, gesetzte Ziele zu erreichen.

(5) Ziele fördern die aktive Partizipation des Aufgabenträgers an der eigenen Karriereplanung.«

Ein Unternehmen, das nach MBO führt, kennt neben einer Aufgaben- und Personenhierarchie auch eine *Zielhierarchie*. Ausgehend von der Unternehmensführung, die Rahmenziele und strategische Pläne festlegt, werden die Ziele kaskadenförmig auf die untergeordneten Organisationseinheiten (Sparten, Hauptabteilungen, Gruppen, einzelne Stellen) »heruntergebrochen«.

Die auf diesem Wege festgelegten Ziele nehmen nach unten hin an Detaillierung, Präzision und Operationalisierung zu. Sie sollen gegenüber den Zielen der Vorperiode eine Herausforderung enthalten, d. h. sie sollen in ihrem Anspruch über den bisher erreichten Stand hinausgehen.

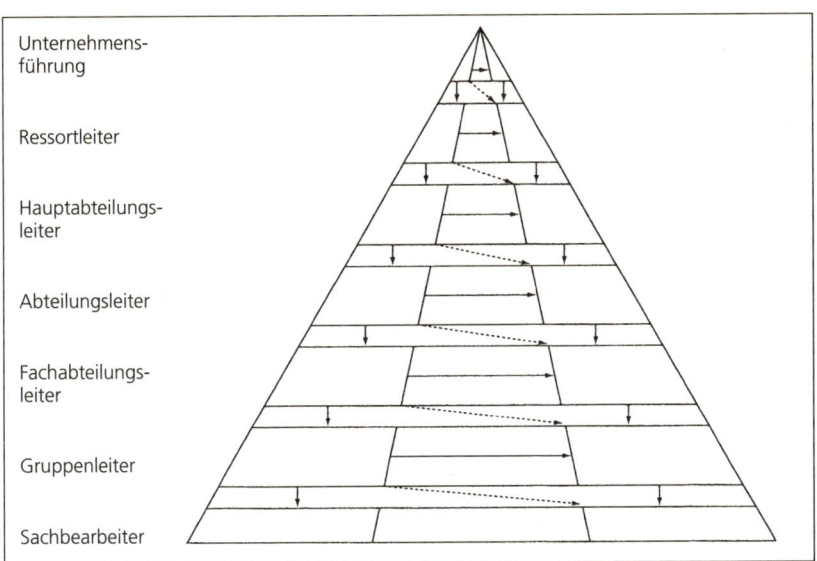

Übersicht 5-9: Zielhierarchie in MBO-Konzepten

In Bezug auf die Frage der *Beteiligung* der Mitarbeiter/innen an der Festlegung ihrer Stellenziele lassen sich im MBO zwei verschiedene Ansätze ausmachen. Bei der *Zielvorgabe* legt die/der Vorgesetzte in alleiniger Kompetenz die Zielgrößen für die unterstellten Mitarbeiter/innen fest und gibt sie per Anordnung als verbindliche Richtschnur vor. Bei der *Zielvereinbarung* soll die Festlegung demgegenüber in einem kooperativen Prozess zwischen Vorgesetzten und Mitarbeiter/innen erfolgen. Dieser Beteiligung der Beschäftigten an der Zielfestlegung wird im MBO eine stark motivierende Wirkung zugeschrieben. Sie soll eine stärkere Realitätsnähe, aber auch eine höhere Identifikation der Beschäftigten mit den Zielen auslösen. Die Mitarbeiter/innen sollen sich selbst »in die Pflicht genommen« fühlen und gegenüber der fremdbestimmten Variante der Zielvorgabe ein stärkeres Verantwortungsbewusstsein für die Realisation der Ziele entwickeln.

Die Zielvereinbarung findet in der Regel statt in einem jährlichen Gespräch zwischen Führungskraft und Mitarbeiter/in. Die dabei festgelegten Ziele gelten für eine feststehende Dauer (häufig ein Jahr) und werden in einem einfachen Formular festgehalten (vgl. Übersicht 5-11). Zugleich wird geklärt, wie man die im Soll/Ist-Vergleich (vgl. unten) festgestellten Zielerreichungsgrade bewertet (z.B. anhand einer fünfstufigen Skala: Ziel weit verfehlt – annähernd erreicht – erreicht – übertroffen – weit übertroffen). Auch können eventuell unterschiedliche Gewichtungen vorgenommen werden.

Die Leistungsbeurteilung lässt sich im MBO-Konzept rein an der Zielerreichung ausrichten. Die Mitarbeiter/innen werden nach Ablauf einer entsprechenden Periode (z.B. ein Jahr) anhand eines *»Soll/Ist-Vergleichs«* bewertet. In einem Beurteilungsgespräch wird der Grad der Zielerreichung festzustellen und zu diskutieren versucht. Dabei soll auch, da in der Zwischenzeit aufgrund nicht vorhersehbarer Einflüsse das Zielniveau beeinträchtigt werden kann, eine Abweichungsanalyse vorgenommen werden. Schließlich sollen Folgemaßnahmen (z.B. Personalentwicklung) aufgrund der Beurteilungsergebnisse besprochen und die neuen Ziele für die kommende Periode festgelegt werden, so dass in der Regel dann der Soll/Ist-Vergleich für die zurückliegende Periode im gleichen Gespräch durchgeführt wird wie die Zielvereinbarung für den kommenden Zeitraum.

Die Vorgehensweise bei einer zielorientierten Leistungsbeurteilung geht noch einmal aus folgendem Schaubild hervor:

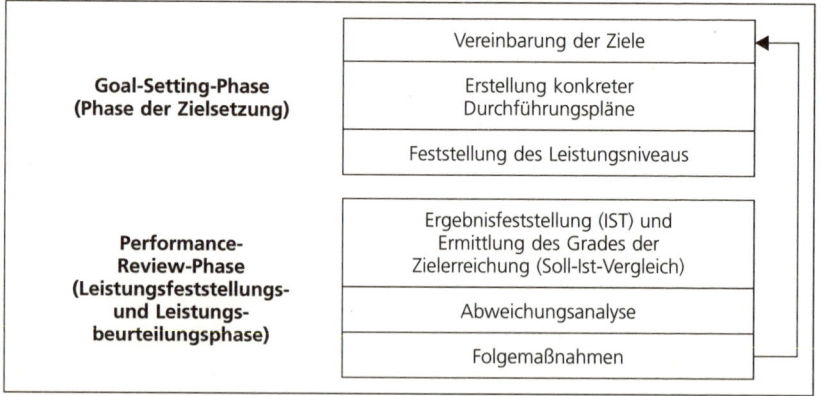

Übersicht 5-10: Schema zielorientierter Leistungsbeurteilung (nach Mungenast 1994, S. 56)

Zielvereinbarungsgespräche finden zu einem bestimmten Zeitpunkt statt. Dabei müssen kommende Entwicklungen der Rahmenbedingungen prognostiziert werden. Zumeist wird aber schlicht eine Fortdauer der momentan geltenden Situation unterstellt. Wegen des starken Einflusses von Situationen und dem immer wieder möglichen Eintritt unvorhergesehener Ereignisse, die den Zielerreichungsgrad ohne Zutun und Verschulden der Mitarbeiterin/des Mitarbeiters beeinflussen, muss ein gutes Zielvereinbarungs-System *während* der Laufzeit auch ein Verfahren zur *Zielkorrektur* im Sinne einer *unterjährigen Zielanpassung* beinhalten (vgl. Becker 1994, S. 244 ff. u. 274). Auf Initiative der/des Vorgesetzten, der Mitarbeiterin/des Mitarbeiters bzw. der Gruppe muss auch in der laufenden Zielperiode eine Prüfung erfolgen können, ob Zielfestlegungen verändert oder eine Verschiebung von Prioritäten erfolgen sollen. Knicker (1996, S. 463) schlägt sogar regelmäßige vierteljährliche Ziel-Checkups vor. Die Ergebnisse einer solchen zwischenzeitlichen Verständigung sind in geeigneter Form festzuhalten, notfalls durch das völlig neue Ausfüllen eines Bogens.

Damit dies funktioniert, muss aber eine weitere Voraussetzung gegeben sein: Zur Stärkung der Selbständigkeit der Mitarbeiter/innen oder der Teams und zur Gewährleistung der Selbstkontrolle während der laufenden Zielperiode benötigen die Mitarbeiter/innen *laufend fundierte Informationen*, damit sie insbesondere bei den quantitativen Größen jederzeit leicht erkennen können, wo sie stehen (vgl. auch Bühner 1996, S. 139).

## 5.2.2    Arten von Zielvereinbarungsgesprächen

Ein unverzichtbares Element der Zielvereinbarungs-Konzepte ist der Vereinbarungsprozess im Rahmen eines extra (offiziell) dafür einberufenen *dialogorientierten Gesprächs* zwischen Mitarbeiter/innen und Vorgesetzten. Dabei sind im Prinzip die folgenden Vorgehensweisen denkbar (mit allen Zwischenformen):

- Die Führungskraft *gibt die Ziele quasi vor* (Umsetzung der Zielhierarchie; vgl. oben). Die Mitarbeiter/innen werden informiert und haben allenfalls die Möglichkeit zur Stellungnahme und ggf. leichte Korrekturchancen im Sinne von Vorschlägen und Beratungen, solange der vorgegebene Rahmen eingehalten wird. Auch lässt sich in diesem »autoritären« Modell über Zielerreichungsgrade (Leistungsniveaus) und Umsetzungswege, nicht aber über die Ziele selbst reden (Hlawaty/Hlawaty 1998, S. 106; Tondorf 1998b, S. 323).
- Die Mitarbeiter/innen *entwerfen »ihre« Ziele selbst*, präsentieren sie der Führungskraft und einigen sich ggf. nach Einwänden und Korrektu-

ren auf eine Lösung. Die Führungskraft hat in diesem Ansatz sozusagen ein Einspruchs- und Genehmigungsrecht (vgl. Schau 1998, S. 61).

- Die Parteien *entwickeln unabhängig voneinander Zielvorstellungen*. Im Gespräch werden die Positionen ausgetauscht, ggf. »verhandelt« und gemeinsam unter (einigermaßen) gleichberechtigten Parteien festgelegt (manchmal als »Gegenstromverfahren« bezeichnet; vgl. Schau 1998, S. 66 f.). Verhandlungsgegenstand können die Art der Ziele, die festzulegenden Zielhöhen wie auch z.b. die Überprüfungskriterien sein.

Die im Gespräch festgelegten Ziele gelten für eine feststehende Dauer (häufig ein Jahr) und werden zumeist in einem einfachen Formular festgehalten:

| **Formular zur Zielvereinbarung und Beurteilung** | | | | | | | | |
|---|---|---|---|---|---|---|---|---|
| Vereinbarung für den Zeitraum von . . . . . . . . . . . . . . . . . . . . . . . . bis . . . . . . . . . . . . . . . . . . . . . | | | | | | | | |
| Stelle . . . . . . . . . . . . . . . . . . . . . . . . . . . . . . .   Abteilung . . . . . . . . . . . . . . . . . . . . . . . . . . . . . . . | | | | | | | | |
| Stelleninhaber . . . . . . . . . . . . . . . . . . . . . . . . . . . . . . . . . . .   Vorgesetzter . . . . . . . . . . . . . . . . . . | | | | | | | | |
| Datum . . . . . . . . . . . . . . . . . . . . . . . . . . . . . .   Unterschriften . . . . . . . . . . . . . . . . . . . . . . . . . . . | | | | | | | | |
| | | | . . . . . . . . . . . . . . . . . . . . . . . . . . . . . . | | | | | | |
| Zielformulierung | Zielerreichung (Beschreibung) | Gewich-tung | Bewertung | | | | | Punkte |
| | | | 1 | 2 | 3 | 4 | 5 | |
| | | | | | | | | |
| | | | | | | | | |
| | | | | | | | | |
| | | | | | | | | |
| | | | Summe Gesamtpunkte | | | | | |

Übersicht 5-11: Zielvereinbarungsformular (nach Busch 1995, S. 247)

Zugleich wird möglichst im Zielvereinbarungsgespräch bereits geklärt, anhand welcher Kriterien und Indikatoren und wie man die im Soll/Ist-Vergleich festgestellten Zielerreichungsgrade bewertet (vgl. dazu ausführlicher unten).

## 5.2.3    Anforderungen an ein Zielvereinbarungsgespräch

Zielvereinbarungsgespräche sind also sehr bedeutungsschwangere, mitunter sogar schicksalhafte Kommunikationsakte. Entsprechend anspruchsvoll und schwierig sind sie auch zu führen. Sie bedürfen einer intensiven geistigen Durchdringung ebenso wie einer soliden Vor- und Nachbereitung. Besonders gut durchdacht müssen auch die Gesprächsergebnisse sein, denn nicht alle Formulierungen und Festlegungen sind »gute«, praktikable Zielsetzungen. Auch kann nicht oft genug darauf hingewiesen werden, dass es sich bei einer Zielvereinbarung *nicht um eine geschönte Zielvorgabe* handelt!

### Welche Ziele sollen gesetzt werden?

Weiter oben wurde dargestellt, wie die geschäftlichen Ziele eines Unternehmens oder einer anderen Organisation kaskadenförmig von oben nach unten heruntergebrochen werden. Allerdings muss es nicht nur um Unternehmensziele gehen.

Zielvereinbarungen lassen sich theoretisch zu allen Aspekten des Arbeits- und Leistungserstellungs-Prozesses treffen. An unmittelbar ökonomisch-betriebswirtschaftlichen Größen lassen sich in erster Linie Ertrags- bzw. Marktziele sowie Kostenziele anführen. Verbreitete Beispiele sind die Erreichung bestimmter Umsätze, die Erzielung eines Deckungsbeitrages, die Verminderung von Reklamationszahlen oder Ausschussstücken, die Erhöhung der Produktqualität, die Verbesserung des Services, das Erreichen eines Produktionspensums, die Verminderung von Durchlaufzeiten, die Reduktion von Kosten aller Art usw.

Weitere Zielgrößen können sich auf die Erfüllung von Standardaufgaben, bestimmte Projekte oder auch persönliche Entwicklungsziele (z.B. Einarbeiten in ein neues Aufgabengebiet, Erlangung oder Erweiterung bestimmter Qualifikationen) beziehen.

Die folgende beispielhafte Übersicht möglicher Zieldimensionen entstammt den Diskussionen über Potenziale so genannter »Neuer Steuerungsmodelle« für Organisationen des öffentlichen Dienstes:

| Ziel- und Messdimension | Erläuterung |
|---|---|
| **Wirkung** | Optimal würden Finanzentscheidungen bzw. Budgets überall an Wirkungsziele wie z.B. den Rückgang an Verkehrstoten, die Zunahme an neu angesiedelten Unternehmen, den Rückgang der Sozialhilfedichte etc. gekoppelt werden. Anderer Begriff ist »Outcome«. |
| **Ergebnis** | Für viele Verwaltungsbereiche sind aber deren Wirkungen leider nicht eindeutig bestimmbar. Dies gilt z.B. für das Einwohnermeldewesen, aber auch für ein Theater. Deshalb werden hier ersatzweise die Ergebnisse des Verwaltungshandelns, also die Zahl der ausgestellten Dokumente, die Zahl der Theaterbesucher/innen etc. beschrieben und hierfür ein Budget ausgesetzt. Anderer Begriff ist »Output«. |
| **Finanzen** | Finanzkennzahlen sollten sich vor allem auf die Budgetentwicklung bzw. -einhaltung und zum anderen auf die Wirtschaftlichkeit richten. |
| **Sturktur- und Prozessqualität** | Dazu gehören Öffnungszeiten, Bearbeitungsdauer, Qualifizierung und Motivation der Mitarbeiter/innen, Rechtmäßigkeit etc. |
| **Kunden- zufriedenheit** | Grundsätzlich können alle Merkmale der anderen Zieldimensionen Gegenstand von Bürger- bzw. Kundenbefragungen sein. In der Praxis richten sich Befragungen vor allem auf Merkmale der Struktur- bzw. Prozessqualität, wie z.B. Erreichbarkeit (räumlich/telefonisch), Zeitverhalten, Freundlichkeit etc. |

Übersicht 5-12: Mögliche Zieldimensionen für Organisationen des öffentlichen Dienstes (Busse o. J., S. 7)

Gerade aus Sicht der Arbeitnehmer/innen sind »fortschrittliche« Zielvereinbarungskonzepte auch daran zu erkennen, dass sie sich nicht auf ökonomische und dabei noch vorzugsweise quantitative Zielgrößen beschränken. Es sollte genauso möglich sein, auch Ziele der einzelnen Mitarbeiter/innen (z.B. Verbesserung von Arbeitsbedingungen, Erhöhung der Arbeitssicherheit, individuelle Förderung und Personalentwicklung usw.) in den Katalog festzulegender Größen aufzunehmen. Die Glaubwürdigkeit der »Vereinbarung« wird ebenso gestärkt wie die auch für die ökonomischen Ziele so wichtige Identifikation und Motivation der Mitarbeiter/innen.

### Worin unterscheiden sich Ziele von Aufgaben?

Obwohl dies mitunter sehr schwierig ist, wird in der Regel ein Unterschied gemacht zwischen Aufgaben und Zielen.

Unter Aufgaben werden zumeist die routinehaft zu erledigenden Arbeiten der Mitarbeiter/innen auf einer bestimmten Position verstanden, z.b. in einer Bank: Kund/innen beraten, Analysen vornehmen, Darlehen prüfen, Bankprodukte verkaufen usw. Oft sind die Aufgaben in schriftlich fixierten Stellenbeschreibungen ersichtlich.

Unter einem Ziel wird demgegenüber ein festgelegter Zustand verstanden, der in der Zukunft im Rahmen der Aufgabenerfüllung erreicht werden soll. Es soll den Mitarbeiter/innen eine konkrete Ausrichtung der jeweiligen Aufgabenstellung, in der Regel bezogen auf ein Geschäftsjahr, geben. Die Aufgabe »Bankprodukte verkaufen« kann in diesem Sinne beispielsweise konkretisiert werden in: »Bis zum 31.12. d. J. 30 Bausparverträge mit einem Mindestvolumen von 3,2 Millionen DM abschließen«.

Hinter dem Bestreben, Aufgabenstellungen in konkretere Ziele zu überführen, stehen entsprechende Erkenntnisse der Sozialpsychologie. Spezifische, klare Ziele bringen demnach bessere Resultate als vage Vorgaben. So gilt die Vorgabe »tue dein Bestes« oder »steigere die Produktivität« als uneffektiv und damit wenig sinnvoll. Spezifische Ziele sind in diesem Sinne z.B. die »Senkung der Reklamationsquote um 20% im nächsten Jahr« oder »Umsatzsteigerung von 7% in den kommenden sechs Monaten«. Als Folgeproblem dieser Norm ergibt sich jedoch, dass viele Bereiche aufgrund der Natur ihrer Aufgabenstellung (z.B. eine Personalabteilung, ein Sekretariat) einer Ziel-Spezifizierung kaum oder nur über fragwürdige Umwege zugänglich sind. Auch lassen sich ökonomische Größen recht gut in klare Ziele umsetzen, nicht jedoch soziale Ziele wie die Humanisierung von Arbeitsbedingungen, die Erhöhung der Arbeitszufriedenheit, die Verbesserung des Betriebsklimas oder die Steigerung der Kund/innen-Zufriedenheit.

An diesem Punkt stehen wir vor einem Dilemma von Zielvereinbarungs-Systemen. Sie sind im Sinne ihrer reinen Philosophie dort gut umsetzbar, wo auf einfachem Wege quantitative Größen zur Verfügung stehen, die als Indikator für Leistung und Verhalten von Mitarbeiter/innen oder Gruppen taugen. Jedoch ist dies – insbesondere in weiten Bereichen des Dienstleistungssektors – in wenigen Fällen gegeben. Für die Mehrheit der Arbeitsplätze gilt, dass Ziele nur umschrieben und vor allem ihre Erreichung nicht in klar messbaren und der Person zuzuordnenden Größen erfasst werden kann.

Die Konsequenz aus diesem Dilemma ist ein Entweder-oder: *Entweder* man beschränkt Zielvereinbarungen auf wenige Bereiche wie etwa den Außendienst, Kundenberatung und ähnliches *oder* man bezieht viele oder gar alle Bereiche und Beschäftigten mit ein und muss dann eben auch qualitative Ziele zulassen, die sich dann in der Tat nur schwer von Aufgabenbeschreibungen abgrenzen lassen.

Das Beste ist dann, wenn die Betroffenen versuchen zu überlegen, woran man nach Ablauf der Zielperiode erkennen kann, ob das Ziel erreicht ist oder nicht. Dies können z.b. klar beobachtbare Ereignisse oder Ergebnisse sein (etwa die Konzipierung eines Workshops, eines neuen Produkts), die Einhaltung von Terminen, die Realisierung eines bestimmten, in eine Zielvereinbarung »gepackten« Projekts oder auch die kreative Suche nach Indikatoren wie etwa Reklamationsquoten bei Servicezielen, Verbesserungsvorschlägen bei Innovationszielen u. ä. Aber Vorsicht! Solche Ersatzgrößen sind oft nicht gezielt interpretierbar (Wofür steht eigentlich eine Reklamationsquote?). Außerdem muss gesichert sein, dass es sich um solche Größen handelt, die für Leistung und Verhalten an einem bestimmten Arbeitsplatz wirklich wichtig sind.

### Welche Anforderungen sind an Ziele zu stellen?

Damit Zielvereinbarungen einigermaßen funktionieren, werden in Literatur und Praxis vielfältige Anforderungen an die festzulegenden bzw. zu vereinbarenden Ziele formuliert.

Berühmt geworden ist, nicht nur wegen der Assoziationen zu einem populären Kleinwagen, inzwischen die sog. SMART-Regel. Danach sollen Ziele im Einzelnen sein:

| | | |
|---|---|---|
| **S** | – | chriftlich fixiert, präzise und klar |
| **M** | – | essbar, d. h. in Zahlen ausdrückbar, nachvollziehbar und überprüfbar |
| **A** | – | nspruchsvoll, d. h. eine Herausforderung darstellend aber dennoch |
| **R** | – | ealistisch und erreichbar |
| **T** | – | erminiert, d. h. auf einen konkreten, festen Zeitraum bezogen |

Übersicht 5-13: Anforderungen an Zielvereinbarungen nach der SMART-Regel

Im Folgenden wollen wir diese wichtigen Anforderungen präzisieren. Dabei orientieren wir uns aber nicht exakt an dieser – zugegebenermaßen eingängigen – Regel, weil sie nicht erschöpfend ist und ebenso wichtige Aspekte außer Acht lässt.

So ist es beispielsweise auch ein bedeutsamer Punkt, dass sich die Beteiligten auf eine *überschaubare Zahl* von Zielen (z.B. drei bis fünf) verständigen. Weniger ist mehr, damit die anzustrebenden Ziele im Blickfeld bleiben und die ihnen zugedachte Funktion der Aufmerksamkeitslenkung und Anstrengungsmobilisierung überhaupt erfüllt werden kann.

Ferner sollen Zielvereinbarungen möglichst *klar, konkret, prägnant, greifbar und überprüfbar* sein. Dass dies leichter gesagt als getan ist, haben wir bereits im vorausgehenden Abschnitt dargestellt. Dabei ist es nicht nur häufig aufgrund der Aufgabenstellung schwierig, diese Norm zu erfüllen. Praktiker/innen wissen oft zu berichten, dass man selbst bei vermeintlich klaren Zielsetzungen immer noch große Unklarheiten oder gar ein widersprüchliches Verständnis bei den Beteiligten vorfindet.

Als im Sinne dieser Regel am besten geeignet werden selbstredend quantitative Ziele erachtet, etwa durch die Festlegung von Größen wie Umsätze, Kosten, Budgets, Erträge, Termine, Mengen, messbare Qualitäten oder dergleichen. Zur generellen Auflage kann man das aus den oben genannten Gründen jedoch nicht machen. Dennoch sollen die folgenden Beispiele verdeutlichen, was es heißt, klare und präzise Ziele anzustreben:

---

*Unklar:*
»Verbesserung der Kapazitätsauslastung«
*Besser:*
»Erhöhung der Kapazitätsauslastung im eigenen Bereich von 79% (2000) auf 82% (2001)«

*Unklar:*
»Kosteneinsparungen erbringen«
*Besser:*
»Reduzierung der Materialkosten im Jahr 2001 um 5%«

*Unklar:*
»Qualitätsverbesserung erbringen, Kund/innen-Zufriedenheit erhöhen«
*Besser:*
»Verringerung der Kunden/Kundinnen-Reklamationen um 10%« (Stand 2000: 85)

---

Übersicht 5-14: Präzisierung von Zielvereinbarungen anhand von Beispielen
(in enger Anlehnung an Hlawaty/Hlawaty 1998, S. 102 f.)

Es muss auch möglich sein, sich bei komplexeren und unbestimmteren Aufgabeninhalten auf qualitative Umschreibungen zu beschränken.[3] Andernfalls sind sehr viele Aufgaben und Bereiche einer Zielvereinbarung nicht zugänglich. Für solche *qualitativen* Ziele werden auch andere, »weichere« Forderungen erhoben. So sollen die Ziele eindeutig und ver-

---

3 So haben z.B. Wunderer u. a. (1979, S. 123) bereits früh darauf hingewiesen, dass für wissenschaftliches Personal in der Regel nur qualitative Vorgaben sinnvoll entwickelt werden können. Vgl. zu dieser Forderung auch Knebel (1984, S. 89).

ständlich, auf einen eingegrenzten und ebenso klaren Zeitraum bezogen sein. Zudem sollen sich die Beteiligten (Vorgesetzte/r und Mitarbeiter/in) idealerweise schon bei der Zielfestlegung auf Überprüfungskriterien, Indikatoren, Merkmale oder Sachverhalte verständigen, an denen man nach Ablauf der Zielvereinbarungsperiode in etwa erkennen kann, ob das Ziel gut oder weniger gut erreicht worden ist.

Ggf. können die Parteien auch unterschiedliche Gewichtungen der Ziele vornehmen. Dies erhöht die Klarheit, weil auch eine Ordnung der Ziele nach Prioritäten vorgenommen wird.

Die Beteiligten am Zielvereinbarungs-Gespräch sollten ihre »Entwürfe« mit dem folgenden »5-W-Test für gute Zielvereinbarungen« überprüfen:

| | |
|---|---|
| Warum? | Das Ziel entspricht welchem Handlungsbedarf? |
| Wohin? | Welche Qualitäten/Quantitäten sollen erreicht werden? |
| Wie? | Mit welchen Maßnahmen soll das Ziel erreicht werden? |
| Womit? | Welche Mittel, Unterstützungen, Kompetenzen, Qualifikationen sind dazu nötig? |
| Wonach? | Anhand welcher Größen/Kriterien soll der Erfolg erfasst werden? |

Übersicht 5-15: 5-W-Test für gute Zielvereinbarungen
(verändert nach Hlawaty/Hlawaty 1998, S. 101)

Die Ziele müssen ferner *transparent und durchschaubar* sein. Neben der Überschaubarkeit in der Zahl (wie schon gesagt sind drei bis fünf Ziele je Arbeitsplatz eine treffende Orientierungsgröße) ist in diesem Zusammenhang wichtig, dass die Zielfestlegungen im Gesprächsbogen schriftlich vermerkt und für beide Beteiligten erkennbar festgehalten werden.

Es sollte gewährleistet sein, dass die Festlegungen und Formulierungen keine Mehrdeutigkeiten und Interpretationsspielräume zulassen.

Sie müssen ferner *spezifisch*, d. h. auf den konkreten Arbeitsbereich der Mitarbeiterin/des Mitarbeiters bzw. des Teams bezogen sein, sich jedoch stets im Rahmen der vertraglich vereinbarten Arbeitsaufgaben bewegen.

Sie können im Geiste der SMART-Regel zwar durchaus anspruchsvoll und herausfordernd sein, müssen aber *erreichbar* bleiben und die Berücksichtigung anderer – z.B. sozialer – Zielgrößen ermöglichen. Zu eng bzw. hoch bemessene Vorgaben gehen zulasten der Kooperation mit anderen Mitarbeiter/innen oder Bereichen oder von langfristigen Zielen wie z.B. die Stärkung der Kund/innen-Bindung. Gerade im langfristigen Interesse der Mitarbeiter/innen ist zu verhindern, dass Ziele rücksichtslos an Höchstleistungen orientiert und nur unter dauerhafter Überforderung, Stress und mit Überstunden zu erreichen sind.[4] Die Ziele müssen *auf Dauer (nicht nur kurzfristig!) physisch, psychisch und sozial zumutbar* sein. Wenn die Mitarbeiter/innen das Gefühl bekommen, dass sie unter dem Deckmantel eines progressiven Führungskonzepts nur ausgepresst werden sollen wie eine Zitrone, wird sich dies zulasten der Akzeptanz des Verfahrens auswirken (Mungenast 1994, S. 58). Dementsprechend darf es auch *keine Intensivierungspflicht* geben. Die Leistungsschraube wird immer weiter nach oben getrieben, wenn einmal erreichte Zielniveaus in der nächsten Periode bereits zur Normalleistung geworden sind, die nunmehr wieder übertroffen werden muss (Tondorf 1998b, S. 325). Eine Automatik ständig steigender Zielniveaus schadet den Interessen der Beschäftigten. Und es nützt häufig auch dem Arbeitgeber langfristig nicht, wenn die Mitarbeiter/innen ausgepowert und krank werden bzw. am typischen »burnout«-Syndrom leiden.

Vielmehr gilt es bei der Festlegung der Zielniveaus, die jeweilige Situation abzuschätzen und ggf. den bisherigen Stand aufrecht zu erhalten oder gar ein bescheideneres Zielniveau als im letzten Jahr zu vereinbaren, sofern sich die Rahmenbedingungen verschlechtert haben (vgl. auch Ochs 1997, S. 19).

Des Weiteren, auch dieser Aspekt fehlt uns in der SMART-Regel, ist vor allem bei quantitativen Größen eindringlich darauf zu achten, dass nur solche Ziele Eingang in den vereinbarten Katalog finden, die von den Mitarbeiter/innen oder der Gruppe auch tatsächlich aktiv durch ihr Leistungs- und sonstiges Arbeitsverhalten *beeinflusst* werden können. Ziele müssen »im unmittelbaren Einwirkungsbereich und Handlungsfeld des Einzelnen oder des Teams liegen« (Ochs 1997, S. 19). Ist von vorneherein klar, dass der Erreichungsgrad mehr von marktlichen, konjunkturellen oder sonstigen kaum kalkulierbaren Situationsfaktoren abhängig ist als vom Zutun der Mitarbeiterin/des Mitarbeiters bzw. des Teams, so sind solche Ziele denkbar ungeeignet. Das Erlebnis der Machtlosigkeit trotz großer Anstrengungen führt leicht zu Motivations- und Identifikationsverlusten bei den Betroffenen. Ebenso unsinnig ist es

---

4 In dieser Hinsicht wohltuend erscheint die folgende Klarstellung aus der »Mitarbeiter-Information« bei einem Sozialversicherungsträger: »Müssen es Jahr für Jahr weitergehende Ziele sein? Nein, nicht in jedem Fall: Auch die Bestätigung bisheriger Ziele kann zweckmäßig sein, um dem Mitarbeiter Orientierung und Sicherheit für die nächste Etappe zu geben. Wesentlich ist, die Ziele so zu setzen, daß der Mitarbeiter durch Erfolgserlebnisse motiviert wird, die erwarteten Leistungen zu bringen.«

z.B., mit einer Außendienstmitarbeiterin ein Umsatzziel über Versicherungsverträge mit Industriekunden abzuschließen, wenn es in deren Arbeitsgebiet kaum genügend Industriekunden gibt.

Ferner müssen die Ziele bzw. die in ihnen »verpackten« Verhaltenserwartungen im Einklang stehen mit den im Betrieb geltenden kollektiven Normen, wie sie insbesondere mit Tarifverträgen und Betriebs- bzw. Dienstvereinbarungen abgesteckt werden. So müssen die Ziele z.B. in der Normalarbeitszeit erreichbar sein oder dürfen nicht die Beteiligung der Betroffenen an der betrieblichen Gleitzeit beeinträchtigen (vgl. Gewerkschaft HBV 1998, S. 2).

Hinsichtlich des Vereinbarungszeitraumes spricht vieles für den *Jahresturnus*. Die Mitarbeiter/innen oder Gruppen benötigen einen bestimmten Entfaltungsspielraum bei der Verfolgung von Zielen, so dass es nicht sinnvoll erscheint, sich monatlich oder gar in noch kürzeren Abständen zusammenzusetzen. Bei zu kurz getakteten Zielvereinbarungs-Gesprächen leidet außerdem die Akzeptanz, da bei Vorgesetzten wie Mitarbeiter/innen der Planungs- und Koordinationsbedarf als hoch zu veranschlagen ist.

Gleichwohl gibt es Bereiche, in denen kürzer getaktete Teil-Ziele Sinn machen, etwa bei quantifizierbaren Leistungszielen bei Gruppenarbeit (z.B. 6 Monate Laufzeit). Dadurch können besser nachfragebedingte Schwankungen in der Auslastung oder Veränderungen in den Produktions- und Prozessabläufen berücksichtigt werden (Hlawaty/Hlawaty 1998, S. 104 f.).

### Regelung der Rahmenbedingungen

Vor allem Leistungsziele können nur sinnvoll erreicht werden unter bestimmten personellen, technischen und sachlichen Rahmenbedingungen (z.B. einer vorhandenen Personaldecke im Team, keine unbesetzten Stellen über längere Zeit, einer günstigen Marktsituation). Daher empfiehlt es sich, in Verbindung mit Zielvereinbarungen auch die entsprechenden Rahmenbedingungen (im Team, in der Abteilung) zu dokumentieren, unter denen die Absprache lediglich Gültigkeit beanspruchen kann. D. h., es müssen z.B. die tariflichen oder betrieblichen Arbeitszeiten sowie die gängigen Ausfallzeiten und die Personalbemessung der jeweiligen Organisationseinheit berücksichtigt werden. Das kann am besten geschehen, indem solche Rahmenbedingungen möglichst klar und in schriftlicher Form festgehalten werden. Ändert sich daran etwas während des Verlaufs der Zielperiode, muss eine entsprechende Zielkorrektur erfolgen (vgl. unten). Denkbar ist zudem eine Regelung in dem Sinne, dass sich die Verhandlungsparteien auch über notwendig erscheinende Veränderungen der Leistungsbedingungen im Vorfeld des Inkrafttretens der Vereinbarung verständigen (Tondorf 1998a, S. 390 f.).

## Festlegung der Kriterien der Zielüberprüfung und der Folgen der Zielerreichung

Im Zielvereinbarungsgespräch sollen sogleich Kriterien oder Indikatoren festgelegt werden, an denen man nach Ablauf der Zielperiode (z.B. ein Jahr) erkennen kann, ob die Ziele erreicht oder verfehlt wurden, so dass ein Soll/Ist-Abgleich möglichst ohne große Probleme erfolgen kann. Bei quantitativ-ökonomischen Zielen sind dies Kennzahlen im weitesten Sinne, bei qualitativen Zielen Indikatoren oder Gütekriterien. Dabei gilt als Grundsatz, dass von vornherein ein möglichst konkretes Bewertungsschema entwickelt wird, um Ermessensbeurteilungen der Vorgesetzten zu vermeiden.

Wie weiter oben dargelegt, kann dies aber nicht als Dogma gelten. Wenn die Kennzahlen, Quoten, Indikatoren methodisch allzu fragwürdig sind und kaum als geeignetes Abbild der Leistungen bzw. der Zielerreichung der Mitarbeiter/innen bzw. Teams taugen, ist das Vorgesetzten-Urteil unseres Erachtens vorzuziehen, denn es ist wenigstens in seiner Problematik offen zu erkennen und insofern leichter anzufechten. Gegen subjektive Ermessensbeurteilungen ist vermutlich leichter anzugehen als gegen vermeintlich klare Zahlen – mag ihre Aussagekraft auch noch so fraglich sein.

Es kann also nicht – wie auch Frieling (1994, S. 141) feststellt – um die »Messung« anhand von Kennzahlen um jeden Preis und als »statistischer Selbstzweck« gehen. Sie müssen methodisch tragfähig sein und als Indikator für Leistung bzw. Zielerreichung wirklich taugen. Ebenso wichtig ist es nach Frieling (ebenda), die Mitarbeiter/innen in die »Entwicklung, Dokumentation und Diskussion von Kennzahlen« aktiv einzubinden.

## Ergebnisdokumentation

Selbstredend müssen die Ergebnisse von Zielvereinbarungsgesprächen dokumentiert werden. In den meisten Verfahren ist dafür ein spezieller, wenn auch in der Regel recht einfach gehaltener Bogen vorgesehen (vgl. oben, Übersicht 5-11).

Weitergehende Konzepte sehen eine ausführliche Dokumentation vor. So werden z.B. bei der Bundesanstalt für Arbeit die Ergebnisse der Zielvereinbarungen zwischen Führungskräften und Teams wie folgt dokumentiert:

»■ Übersichtsblatt
  Auflistung aller Zielvereinbarungen des Teams
  Namen der Beteiligten
■ Zielplanungsbogen für jedes vereinbarte Ziel mit ...
  Wortlaut der Vereinbarung
  stichwortartige Erläuterung des Diskussionsergebnisses: Warum ist dieses Ziel vereinbart worden?
  Angaben zu Ressourcenvereinbarungen
  Zeitrahmen und Meilensteine
  Vorgehensweisen, Maßnahmen und Handlungspläne
  Verantwortliche
  sowie später: Zwischenergebnisse der Zielerreichungskontrolle«
  (Ochs 1997, S. 8).

Allerdings wird man bei derart detaillierten Konzepten aufpassen müssen, dass die Handlungsspielräume der Betroffenen bei der Zielumsetzung nicht zu sehr beschnitten werden. Die Teil-Autonomie soll ja gerade gefördert werden!

### Konfliktlösung

Wegen der Neigung zu Zielvorgaben im Rahmen von Zielhierarchien (vgl. unten, Abschnitt 5.2.4, Risken) besteht eine der wichtigsten Anforderungen an fortschrittliche Zielvereinbarungs-Konzepte darin, dass es sich bei der Ziel*vereinbarung* nicht um eine Scheinbeteiligung der Mitarbeiter/innen handeln darf, sondern um einen Ansatz, der diesen Namen auch zu Recht trägt. Die Mitarbeiter/innen zu beteiligen heißt, sie/er bzw. die Gruppe muss eine *reale* Einflusschance auf Art und Niveau der Ziele besitzen und nicht mit bereits für sie/ihn vorbestimmten Ergebnissen und einer erwarteten Zielzustimmung konfrontiert werden. Ziele dürfen nicht aufgezwungen sein; die Vorgesetzten müssen dementsprechend auch einen Verhandlungsspielraum haben.

Das ist wichtig, damit sich die Mitarbeiter/innen bzw. das Team mit den Zielen identifizieren, sie verinnerlichen und als »die ihren« anerkennen. Diese Identifikation ist nicht umsonst zu haben. Hier ist im Konfliktfall ein gewisses Maß an Offenheit und Bereitschaft zu Zugeständnissen seitens der Vorgesetzten bzw. des Unternehmens erforderlich. Andernfalls ist »Beteiligung« und »Vereinbarung« nicht viel mehr als eine schöne Floskel. Die wahre Kooperativität muss sich nämlich *besonders* im Konfliktfall erweisen. Wird dann nach der Devise verfahren, dass kategorisch das Wort der/des Vorgesetzten gilt, ist gegenüber der alten Philosophie nicht viel gewonnen – im Gegenteil: das ganze Konzept mit seinen hehren Ansprüchen wird unglaubwürdig und in der Belegschaft als (weiterer) Versuch des Managements abgestempelt, die Mitarbeiter/innen unter dem Schein freundlichen Entgegenkommens mit immer höheren Zielfestlegungen unter Druck zu setzen.

Nach Oechsler (1992, S. 56 f.) sollten für einen Vereinbarungsprozess die folgenden Prinzipien gelten:

»■ die Überprüfung der Argumente des anderen (check)
■ der Ausgleich zwischen unterschiedlichen Standpunkten (balance)
= zum Treffen einer verpflichtenden Vereinbarung (commitment).«

Es sollte also eine offizielle Regelung gefunden werden, etwa der Art, dass bei der Zielfestlegung die über die/den Vorgesetzte/n eingebrachten Unternehmensziele ebenso berücksichtigt werden wie die persönlichen Wünsche und Vorstellungen der Beteiligten, insbesondere der Mitarbeiter/innen. Selbstverständlich wird zu gewährleisten sein, dass die zu findenden Lösungen nicht fundamental gegen die Zielrichtung der übergeordneten Ebene verstoßen, weil andernfalls die Unternehmensplanung unter Umständen erschwert wird. Es muss aber möglich sein, dass nach eingehender Diskussion z.B. auch Abstriche an den quantitativen Zielvorstellungen der Vorgesetzten (z.B. Erhöhung der zu bearbeitenden Fallzahlen nur um 2 anstatt um 10%) gemacht werden, wenn klar wird, dass das vorgeschlagene hohe Ziel unrealistisch oder angesichts persönlicher Einflüsse nicht umzusetzen sein wird. In jedem Fall müssen die beiden Gesprächspartner/innen jenseits dieser unmittelbar planungsbezogenen Ziele Raum für das Einbringen eigener Festlegungen (auch qualitativer Art) haben, wobei selbstredend den Vorstellungen und Wünschen der Mitarbeiter/innen ein besonderer Stellenwert zukommt – schließlich geht es um *ihre* Ziele bzw. Aufgaben.

Ein offizieller Konfliktlösungsmechanismus könnte beispielsweise folgendermaßen aussehen: Die beiden Beteiligten (oder die Vorgesetzten zusammen mit den Teammitgliedern) diskutieren die festzulegenden Ziele konstruktiv mit dem Willen zur Einigung. Dabei werden sowohl die Vorstellungen der beiden Parteien als auch die maßgeblichen Rahmengrößen der Zielplanung des Unternehmens eingebracht. Im Konfliktfall sind Kompromisslösungen anzustreben.

Wird dennoch eine Einigung nicht erzielt, so müssen Regularien zur Auflösung des Dissenses gefunden werden. So könnte etwa für diesen Fall ein weiteres Gespräch unter Hinzuziehung der/des Vor-Vorgesetzten und eines zuständigen Mitglieds des Betriebsrats zur Zielklärung angesetzt werden. Oder es wird geregelt, dass im Konfliktfalle vorläufig die von der/dem Vorgesetzten festgelegten Ziele gelten. Der Mitarbeiterin/dem Mitarbeiter oder der Gruppe steht es jedoch frei, ein auf dem Prinzip der Parität aufbauendes Verfahren zur Konfliktlösung in Gang zu setzen.[5]

## 5.2.4 Chancen und Risiken für Beschäftigte

Zielvereinbarungen sind wie gezeigt ein unternehmerisches Steuerungsinstrument, können aber auch als ein modernes Verfahren zur Stärkung und Unterstützung der Selbständigkeit und Kompetenz der Mitarbeiter/innen angesehen werden. Entsprechend liegen aus Sicht der Mitarbeiter/innen Chancen und Risiken nahe beieinander. Man wird bei deren Abwägung auf den konkreten Einzelfall sehen müssen. Bei der Diskussion der Risiken und Chancen beginnen wir zunächst mit den positiven Potenzialen.

### Chancen

Schon in einem älteren Aufsatz charakterisiert Knebel (1984, S. 187) die möglichen (nicht zwingenden!) Chancen von Zielvereinbarungen für die betroffenen Beschäftigten wie folgt:

»Zielvereinbarung als Führungsmodell findet ... Zustimmung, weil es eine Antwort geben kann auf die immens angestiegenen Selbstentfaltungs- und Selbstverwirklichungsinteressen vieler Mitarbeiter. Diesem Bestreben kommt dieses Management-Konzept am weitesten entgegen, weil das Erreichen eines auch vom Mitarbeiter gewollten Ergebnisses im Blickpunkt des Interesses steht, wodurch der einzelne Mitarbeiter oder das Team aus der direkten und häufig als bevormundend empfundenen

---

5 Vgl. dazu auch die Formulierungsvorschläge für eine Betriebsvereinbarung bei Hlawaty/ Hlawaty 1998, S. 121).

Abhängigkeit zum Vorgesetzten teilweise entlassen wird. Hiermit wird also dem Wunsch nach Entfaltung eigener Initiative und einer gewissen Selbständigkeit im Handeln und Entscheiden Rechnung getragen.«
Zwar muss man stets vorsichtig sein, wenn in einer solch proklamatorischen Form die Selbstverwirklichungsbedürfnisse der Beschäftigten beschworen und mit einem Führungsinstrument in Verbindung gebracht werden; jedoch hat ein entsprechend gestaltetes Zielvereinbarungs-Verfahren durchaus Vorteile in diesem von Knebel beschriebenen Sinne.

Vorausgesetzt, es fand eine »echte« Zielvereinbarung mit der Folge von Zielakzeptanz durch die Betroffenen statt, können bislang verborgene Potenziale an *Motivation, Identifikation, Eigeninitiative und Verantwortungsbereitschaft* seitens der Mitarbeiter/innen erschlossen werden. Die Mitarbeiter/innen verinnerlichen »ihre« Ziele; damit kann das viel beschworene, aber selten wirklich erreichte unternehmerische Denken und Handeln der Beschäftigten (»Mitunternehmertum«) nachhaltig gestärkt werden.

Zudem ist eine authentische Zielvereinbarung ein stark *beteiligungsorientiertes* Instrument, ermöglicht es doch den Betroffenen, eigenständig die für sie maßgeblichen Leistungs- und Arbeitsbedingungen zu beeinflussen.[6] Sie erhalten gegenüber den Vorgesetzten eine gewisse – natürlich je nach Situationsbedingungen stark unterschiedlich ausgeprägte – Verhandlungsmacht.

In einer bestimmten Hinsicht kann die Zielvereinbarung auch zur Stärkung der Arbeitsplatzebene im Sinne umfassender Mitbestimmungs-Konzepte beitragen. Wie Tondorf (1998a, S. 389) zu Recht betont, ist es nicht möglich, spezifische, arbeitsplatzbezogene Ziele wie auch die Leistungsmaßstäbe durch den Betriebs- bzw. Personalrat »zentral« zu regeln.[7] Damit sind die Mitarbeiter/innen verstärkt gefordert, in dem zentral abgesteckten Rahmen ihre Sichtweisen und Positionen zu behaupten. Dies mag viele, besonders am Anfang, überfordern; es ist aber

---

6  Ob es sich bei den Zielvereinbarungskonzepten aber tatsächlich um »einen wichtigen Beitrag zur Mitbestimmung der Arbeitnehmer am Arbeitsplatz« handelt (Mungenast 1990, S. 263), wird wesentlich von den konkreten Gestaltungsmodalitäten abhängen (vgl. unten). Vgl. aber auch so ähnlich Tondorf (1998a, S. 388), die von einem möglichen »Zugewinn an Mitbestimmung« spricht.

7  »Zum Schutz der Beschäftigten vor zu hoher Leistungsintensivierung kann er allenfalls Grundsätze über zumutbare Leistungspensen aushandeln, eine Automatik für ständig steigende Ausgangsleistungen bei neuen Zielvereinbarungen ausschließen und weitreichende Reklamationsrechte verankern« (Tondorf 1998a, S. 389).

zugleich eine Entwicklungschance, in einem mittelfristigen Prozess zu lernen, sich selbst stärker im eigenen Arbeitsbereich einzubringen und zu artikulieren. Die Mitbestimmung auf Betriebsebene kann über solche Ansätze einen besseren Unterbau auf der Arbeitsplatz- bzw. Arbeitsbereichsebene bekommen, auf der die Betroffenen selbst als Akteur »in eigener Sache« in Erscheinung treten.

Die Beschäftigten können ferner die an sie gerichteten Erwartungen gut erkennen, erhalten konkretes Feedback und Orientierung. Sie wissen, wo sie bei ihrer Arbeit Schwerpunkte setzen müssen. Zudem können sie bei festgelegten Zielen Autonomiespielräume und Selbstbestimmungspotenziale bei den Wegen der Zielerreichung beanspruchen. Durch die Orientierung an Zielen als Steuerungsmechanismus und eine Konzentration der Beurteilung auf einen Soll/Ist-Vergleich am Ende einer feststehenden Periode tut sich das Management oft leichter damit, den Beschäftigten »zwischendurch« mehr Raum für selbständiges und selbstverantwortliches Agieren inklusive einer Selbstkontrolle zuzugestehen und direktive Eingriffe zurückzuschrauben (vgl. Knicker 1996, S. 462; Schau 1998, S. 72).

Zudem kommt es den Mitarbeiter/innen und Vorgesetzten vielfach durchaus gelegen, sich einmal im Rahmen eines Zielvereinbarungsgesprächs in Ruhe verständigen und Sichtweisen austauschen zu können. Dieser prinzipiell mit allen Zielvereinbarungs-Modellen verbundene *Kommunikationszweck* ist grundsätzlich als Chance zu begreifen, jedenfalls sofern der dialogische Charakter des Gesprächs von den Beteiligten, d. h. insbesondere von den Vorgesetzten, befolgt wird. Wissenschaftliche Untersuchungen belegen darüber hinaus, dass viele Arbeitnehmer/innen ein Bedürfnis nach Anerkennung ihrer Leistungen und nach dem Aufzeigen beruflicher Entwicklungsmöglichkeiten haben (Baethge/Denkinger/Kadritzke 1995). Das kann zu Klarheit und Transparenz beitragen und sollte als berechtigtes Interesse aufgegriffen werden.

Darüber hinaus ist es zu begrüßen, wenn mit Zielvereinbarungen *Personalentwicklungs- und Förderungsziele* angestrebt werden. Es gibt nur wenige Unternehmen, in denen eine systematische Entwicklungsbedarfsplanung betrieben wird. Dieses Defizit wirkt sich letzten Endes auch zulasten der Arbeitnehmer/innen aus, so dass auch in diesem Punkt mit einem entsprechend gestalteten Verfahren Verbesserungen zu erwarten sind (vgl. ausführlicher Breisig 1997, S. 109 f.).

Wenn man schon in einem offenen Dialog über Zielerreichung spricht, gegenseitige Sichtweisen austauscht und (konstruktiv) Stärken und Schwächen bei den Mitarbeiter/innen, aber auch in der Führungssituation und damit bei der/dem Vorgesetzten erörtert, ist es naheliegend, aus den von den Betroffenen selbst diagnostizierten und insoweit sehr aufgaben- und problemnahen Schwächen und Defiziten unmittelbar auf Personal-entwicklungs-Bedarfe zu schließen und diese an die zuständige Stelle (z.B. Personalabteilung) weiterzuvermitteln mit der Auflage, für entsprechen-de Maßnahmen zu sorgen und die Umsetzung zu gewährleisten.

Auch die Beurteilung der Mitarbeiter/innen an der Zielerreichung ist tendenziell ein Fortschritt gegenüber klassischen Konzepten der Perso-nalbeurteilung. Durch die Orientierung an – möglichst klaren und spe-zifischen – Zielen findet eine Abkehr von den mit vielen schweren Nachteilen verbundenen merkmalsorientierten Einstufungsverfahren statt (vgl. dazu ausführlich Breisig 1998). Im Mittelpunkt der Betrach-tung stehen konkrete Ziele und nicht leere, nahezu beliebig interpretier-bare Kriterien. Die Beurteilung rückt dadurch näher an reale arbeits-platzbezogene Problemlagen heran und orientiert sich – im Gegensatz zu den bekannten Merkmalslisten klassischer Beurteilungen – an eini-germaßen konkreten Maßstäben (Schau 1998, S. 74 f.). Damit bietet die Zielvereinbarung den Beteiligten bessere Möglichkeiten der Kooperati-on und Verständigung. Ferner werden die Arbeitsziele der Mitarbeiter/innen eng auf die Gesamtziele des Unternehmens ausgerichtet.

Durch die klare und für alle Beteiligten sichtbare Festlegung von Zie-len wird Spielraum für willkürliche Disziplinierung durch die Vorge-setzten reduziert. Die Vorgesetzten können kaum mehr plötzlich und im Nachhinein Nebensächlichkeiten, bei denen etwas schief gelaufen ist, zu Hauptaufgaben hochstilisieren und die Mitarbeiter/innen damit in die Enge treiben.

Ein weiterer Vorteil gegenüber den merkmalsorientierten Beurtei-lungskonzepten besteht darin, dass auch die Leistungsmaßstäbe (die Zielniveaus) verhandelbar werden. Dies ist bei der klassischen Perso-nalbeurteilung eine Domäne der Vorgesetzten, die sich einer Kontrolle durch Mitarbeiter/innen und Interessenvertretung weitgehend entzieht (Tondorf 1998a, S. 389).

## Risiken

Diese nicht zu bestreitenden Vorteile und Chancen der zielorientierten Beurteilung werden in der Fachliteratur entsprechend breit beschrieben und gefeiert. Dabei wird mitunter vernachlässigt, dass es natürlich auch »Pferdefüße« bei diesem Ansatz gibt.

Das erste Problem hängt eng mit dem bereits erläuterten Umstand zusammen, dass es bei vielen Arbeitsplätzen Schwierigkeiten bereitet, *operationale und klare Ziele* statt einer vagen Umschreibung von Tätigkeitsinhalten festzulegen. Der ursprüngliche MBO-Ansatz ist zwingend mit der Forderung verbunden, möglichst exakte, ja nur rein quantitative Ziele als »messbare« und in ihrer Erreichung kontrollierbare Steuerungsgrößen zuzulassen. Wird diese Voraussetzung zwanghaft zu befolgen versucht, ist der Anwendungsbereich in der Tat stark eingeschränkt. Jedwede Form von komplexeren und/oder unbestimmten Aufgabeninhalten fällt dann heraus oder wird auf gekünsteltem Wege über irgendwelche Hintertüren in eine zahlenmäßige Ausdrucksform zu pressen versucht. Beispiel: Es werden nach einem sehr groben und methodisch fragwürdigen Raster ein paar Kunden befragt, und die Ergebnisse dieser Befragung werden herangezogen, um das Ziel »Kundenzufriedenheit« zu »messen.«

Gerade die in der Dienstleistungsgesellschaft für Fragen wie Qualität und Kunden-Orientierung ausschlaggebenden Verhaltensweisen der Mitarbeiter wie fachkundige und findige Beratung, ein freundlicher Umgang mit einer unzufriedenen Kundin am Telefon, das Einbringen von Kenntnissen und Ideen zur Produktinnovation usw. entziehen sich weitgehend der Messbarkeit. Zwar kann man zwanghaft irgendwelche zahlenmäßigen Größen ins Spiel bringen wie z.B. Reklamationsquoten, Ergebnisse von Zufriedenheitsbefragungen, Anzahl von Verbesserungsvorschlägen oder dergleichen. Diese sind jedoch nicht ein objektives Abbild der dahinterstehenden Mitarbeiter-Leistungen. Entsprechend vorsichtig muss mit den Ergebnissen umgegangen werden.

Ein weiteres Problem besteht darin, dass es zu langfristig *folgenschweren Fehlsteuerungen* kommen kann. Je nachdem, welche Ziele genau vereinbart werden, lautet die Botschaft an die Mitarbeiter, überspitzt ausgedrückt: Umsatz – Umsatz – Umsatz ohne Rücksicht auf Verluste. Dies wirkt sich unter Umständen zulasten der mehr qualitativ-langfristigen Ziele aus wie Kundenberatung, Stabilisierung der Kundenbindung, Teamfähigkeit, Kooperationsbereitschaft oder Innovationsverhalten. Es besteht die begründete Gefahr, dass die nicht quantifizierbaren Bereiche des Leistungsverhaltens (Führungs- und Sozialverhalten, Innovation usw.) außen vor bleiben.

Eine der oft genannten Anforderungen an ein zielorientiertes Führungskonzept ist die so genannte »*Intensivierungspflicht*«, wonach die Leistungsziele anspruchsvoll, herausfordernd und von Jahr zu Jahr höher ausfallen sollen. Dies führt unweigerlich zu Leistungsverdichtungen. Das Erreichen eines Zieles geht einher mit einem »Höherlegen der Latte« in der darauf folgenden Periode.

Eine weitere Schwierigkeit stellt auf die Frage der *Beeinflussbarkeit der Ziele durch die Mitarbeiter* ab. Im Prinzip wird unterstellt, dass allein die Mitarbeiter mit ihrem Leistungsverhalten für das Erreichen oder Nicht-Erreichen der Ziele verantwortlich sind. In vielen realen Aufgabenzusammenhängen ist aber nichts falscher als das, denn in Wirklichkeit sind diverse Situationsbedingungen aus einem komplexen Geflecht marktlicher, konjunktureller, preislicher, produktbezogener, führungsmäßiger oder sonstiger Faktoren ebenso für eine gute oder schlechte Leistung verantwortlich. Insofern ist es problematisch, quantitative Ziele bzw. deren Erreichungsgrad als »objektiven« Indikator der Leistung der Mitarbeiter auszugeben. Wird dieser Zusammenhang aber systematisch durch das Verfahren unterstellt, fühlen sich die Mitarbeiter/innen im Falle von nicht von ihnen zu vertretenden Abweichungen zu »Straftätern« degradiert und werden das System als ungerecht empfinden.

Eines der häufig zentralen Defizite der Ziel»vereinbarung« besteht häufig in einer *unzureichenden Beteiligung der Mitarbeiter/innen* an der Zielfestlegung. Eine Zielhierarchie kann im Prinzip nur durch eine *Vorgabe* der Ziele von oben nach unten umgesetzt werden. Genau das wird aber von den meisten als »autoritäre Variante« abgelehnt. Stattdessen wird einer »kooperativen Zielvereinbarung« das Wort geredet, wobei aber in der Regel niemand sagt, worauf denn die Chance der Mitarbeiter beruht, von den *für sie* über die Zielhierarchie vorbestimmten Zielen abweichende durchzusetzen bzw. was im Konfliktfalle passiert. Gewollt ist oft von Arbeitgeber-Seite nichts anderes als eine Kommunikation über Ziele, nicht eine wirklich gleichberechtigte Teilhabe der Beschäftigten.

Unterstellen wir, dass keine manipulative sondern eine »echte« Zielvereinbarung stattfindet, so besteht ein weiteres Problem in den *unterschiedlichen Durchsetzungsmöglichkeiten der Mitarbeiter*, die von ihrem kommunikativ-argumentativen Geschick sowie von ihrer jeweiligen Machtposition gegenüber den Vorgesetzten geprägt werden. Daher ist die Gefahr nicht von der Hand zu weisen, dass Gewinner und Verlierer erzeugt werden. Aus diesem Grunde muss ein besonderes Augenmerk auf die potenziellen Verlierer gerichtet werden, für die ggf. in stärkerem Ausmaß Qualifizierungsmaßnahmen erforderlich sind und die z.B. – auf ihren Wunsch hin – mit Beistand eines Mitglieds des Betriebsrats in das Zielvereinbarungsgespräch hineingehen.

## 5.2.5    Rechtliche Aspekte

Bereits im Grundlagenteil (Abschnitt 3.5.1) wurde ausführlich dargelegt, dass das Festlegen von spezifischen Zielen zunächst als einseitiges Recht des Arbeitgebers aus dem Arbeitsvertrag interpretiert werden kann, solange es sich innerhalb des darin abgesteckten Rahmens vollzieht. Etwas anderes wird aber in der kollektivrechtlichen Dimension, also im Hinblick auf die Mitbestimmung des Betriebs- bzw. Personalrats festzustellen sein. Doch verbleiben wir zunächst noch ein wenig bei den individualrechtlichen Grundlagen, bei denen noch einige Ergänzungen in puncto Zielvereinbarungen bezüglich der betriebsverfassungsrechtlichen Individualrechte vorzunehmen sind.

Aus der *Hinweispflicht des Arbeitgebers auf Arbeitsanforderungen nach § 81 BetrVG* kann ein Anspruch der Arbeitnehmer/innen abgeleitet werden, rechtzeitig und umfassend über relevante Ziele, Änderungen in den Rahmenbedingungen der Zielerreichung usw., die für seinen/ihren Arbeitsplatz maßgeblich sind, informiert zu werden.

Das *Allgemeine Anhörungs- und Vorschlagsrecht für die Gestaltung des Arbeitsplatzes und des Arbeitsablaufes nach § 82 Abs. 1 BetrVG* gibt der/dem Beschäftigten grundsätzlich das Recht, bei sie/ihn betreffenden betrieblichen Angelegenheiten gehört zu werden. Sie sind berechtigt, zu sie betreffenden Maßnahmen des Arbeitgebers Stellung zu nehmen und Vorschläge für die Gestaltung von Arbeitsplatz und Arbeitsablauf zu machen. Aus dieser Vorschrift kann ein Recht der Mitarbeiter/innen abgeleitet werden, mit der/dem Vorgesetzten über für ihren/seinen Arbeitsbereich geltende Ziele sowie die damit oft zusammenhängenden Fragen der Arbeitsbedingungen und notwendige oder wünschenswerte Veränderungen des Arbeitsplatzes zu sprechen. Ein Recht auf Durchsetzung der Vorstellungen der Mitarbeiter/innen besteht indes aufgrund dieser Rechtsnorm nicht.

Gemäß *§ 82 Abs. 2 BetrVG* haben die Mitarbeiter/innen ein *Recht auf Erörterung der Leistung sowie beruflicher Entwicklungsmöglichkeiten* im Betrieb. Falls der Arbeitgeber mit Ziel(vereinbarungs)systemen arbeitet, kann die/der Beschäftigte während der Arbeitszeit die Durchführung von Gesprächen über ihre Leistung (Zielerreichung) verlangen. Die zuständige Stelle (in der Regel die/der Vorgesetzte) ist nach entsprechender Aufforderung durch die/den Mitarbeiter/in verpflichtet, den Stand bzw. die Einschätzung der Leistungen, die beruflichen Entwicklungsmöglichkeiten sowie die Berechnung und Zusammensetzung des Entgelts (z.B. nach Maßgabe der Zielerreichung) mit ihr/ihm zu erörtern. Auf Wunsch der Mitarbeiterin/des Mitarbeiters kann ein Mitglied des Betriebsrates an dieser Unterredung teilnehmen.

Bei Zielvereinbarungs-Konzepten werden in der Regel Bögen mit personenbezogenen Daten zu den Personalakten genommen. Nach § 83 *Abs. 1 BetrVG* hat jede/r Mitarbeiter/in das Recht, *Einsicht in die Personalakte* zu nehmen und dabei ein Mitglied des Betriebsrates hinzuzuziehen. Falls die Mitarbeiterin/der Mitarbeiter eine Gegendarstellung verfasst (z.B. zur Einschätzung des Zielerreichungsgrades durch die/den Vorgesetzte/n), muss der Arbeitgeber diese auf Verlangen der Personalakte beifügen.

Schließlich besteht prinzipiell die Möglichkeit, z.B. gegen eine als »zu hoch« empfundene Zielvereinbarung (-vorgabe) oder eine fragwürdige Einschätzung der Zielerreichung *Beschwerde einzulegen*. Dabei können sich die Mitarbeiter/innen wahlweise mit der Beschwerde an die *»zuständigen Stellen des Betriebs«* (§ 84 *BetrVG*) oder *den Betriebsrat (§ 85 BetrVG)* wenden (vgl. ausführlicher Abschn. 3.5).

Auch hinsichtlich der Einschätzung der Mitbestimmungsmöglichkeiten der Interessenvertretungen ist zunächst festzustellen, dass die Festlegung von Aufgaben und Zielen für das Unternehmen bzw. die Organisationseinheiten und die Beschäftigten eine sog. *wirtschaftliche Angelegenheit* im Sinne des BetrVG ist, die dem arbeitgeberseitigen Direktionsrecht unterliegt und damit der Mitbestimmung des Betriebsrats entzogen ist. Auf der anderen Seite steht jedoch außer Frage, dass durch Zielvereinbarungen zwangsläufig mitbestimmungspflichtige Bereiche (vgl. unten) tangiert werden, so dass es auch für den Arbeitgeber ein Gebot der Klugheit ist, von vorneherein ein einvernehmliches Konzept mit dem Betriebsrat zusammen zu entwickeln und in einer Betriebsvereinbarung zu regeln.

Je nach den konkreten Vorstellungen des Arbeitgebers werden nämlich die folgenden Mitbestimmungsrechte des Betriebsrates berührt:

Nach § 87 *Abs. 1 Nr. 1 BetrVG* hat der Betriebsrat mitzubestimmen über

**»Fragen der Ordnung des Betriebes und des Verhaltens der Arbeitnehmer im Betrieb«.**

Dies kann zumindest bei Zielvereinbarungen als reines Führungskonzept, das der Verbesserung der Zusammenarbeit dienen und einen starken Verhaltensbezug aufweisen soll, der Fall sein.

Gemäß *§ 87 Abs. 1 Nr. 10 und 11 BetrVG* hat der Betriebsrat dann mitzubestimmen, wenn Zielvereinbarungs-Konzepte auch eine *Entlohnungskomponente* enthalten. Dies gilt aber nur, sofern die entsprechenden Entlohnungsgrundsätze nicht (abschließend) in einem Tarifvertrag geregelt sind (vgl. weiter unten). Der Arbeitgeber kann z.B. die Vergabe einer Leistungszulage vom Erzielen bestimmter Zielerreichungsgrade, die im Soll/Ist-Vergleich festgestellt worden sind, abhängig machen. Dann greift zumindest die Norm nach Nr. 10, wonach der Betriebsrat ein Mitbestimmungsrecht bei der Festlegung von Grundsätzen und Struktur der Zulagenermittlung besitzt. Dieses Recht bezieht sich auf die Ausgestaltung der gesamten Verfahrenskomponenten inklusive der Kriterien, nach denen die Zulagenhöhe differenziert ist.

Unter bestimmten Umständen kommt sogar ein (weitergehendes) Mitbestimmungsrecht nach Nr. 11 in Betracht, das sich auf die Mitbestimmung bei der Ausgestaltung der Entlohnungsmethoden und -grundsätze bei »echten« leistungsbezogenen Entgelten bezieht. Die Erweiterung gegenüber der Nr. 10 besteht vor allem darin, dass die Interessenvertretung auch Einfluss auf Vergütungshöhe (die sog. »Geldfaktoren«) geltend machen kann. Nach BAG-Auffassung gelten folgende Voraussetzungen für das Greifen dieser Norm:

- eine Leistung muss gemessen werden;
- sie muss mit einer Bezugsleistung verglichen werden;
- die Höhe der Vergütung richtet sich nach dem Verhältnis der Arbeitnehmerleistung zur Bezugsleistung.

Die Erfüllung dieser Voraussetzungen ist bei Zielvereinbarungs-Konzepten durchaus denkbar.

Auch bei Zielvereinbarungs-Konzepten wird regelmäßig der *§ 94 Abs. 2 BetrVG* greifen, wonach die *»Aufstellung allgemeiner Beurteilungsgrundsätze«* der Zustimmung des Betriebsrats bedarf (vgl. ausführlich Abschnitt 3.5.2). Kommt darüber eine Einigung mit dem Arbeitgeber nicht zustande, entscheidet die Einigungsstelle. Beurteilungsgrundsätze sind nicht an die klassischen merkmalsorientierten Verfahren der Personalbeurteilung gebunden. Auch Zielvereinbarungs-Konzepte nach einem generalisierten System mit einem zumindest teilweise wertenden Soll/Ist-Vergleich sind allgemeine Beurteilungsgrundsätze im Sinne des § 94 Abs. 2 BetrVG.

Insgesamt kann die Interessenvertretung also gewichtige Einflussgrundlagen des BetrVG mobilisieren, um vom Arbeitgeber die Mitgestaltung eines Zielvereinbarungs-Konzeptes zu verlangen.

Zu prüfen ist in jedem Fall darüber hinaus, ob ein vom Arbeitgeber initiiertes Zielvereinbarungs-Verfahren *Bezüge zu einem geltenden Tarifvertrag* aufweist. Dies gilt besonders, wenn ein Entlohnungsbezug vorgesehen ist. So enthalten die Tarifverträge in einigen Branchen bzw. Regionen z. T. sogar abschließende Vorschriften zur Leistungsbeurteilung zum Zwecke der Absicherung übertariflicher Entgeltbestandteile. Sie regeln etwa den betroffenen Personenkreis, das Beurteilungsverfahren, die Beurteilungsmerkmale und -stufen, die Ermittlung und Ausweisung der Leistungszulage sowie ein Beanstandungsverfahren. Beinhaltet ein solcher Tarifvertrag eine Öffnungsklausel, dann kann der Betriebsrat in dem tariflich vorgegebenen Rahmen sein Mitbestimmungsrecht nach § 87 Abs. 1 Nr. 10 und 11 BetrVG nutzen. Stellen die tariflichen Normen eine abschließende Regelung dar, entfällt das Mitbestimmungsrecht aufgrund des Tarifvorranges nach dem Eingangssatz von § 87 Abs. 1 BetrVG. Der Arbeitgeber kann dann kein anderes Verfahren, etwa auf der Basis von Zielvereinbarungen mit Soll/Ist-Vergleich, für die tariflichen Mitarbeiter einführen. Weitere Bezüge zum Tarifvertrag können sich dadurch ergeben, dass dieser bei »echtem« Leistungslohn (vgl. die Voraussetzungen oben gemäß § 87 Abs. 1 Nr. 11 BetrVG) nur bestimmte Formen und Entlohnungsgrundsätze zulässt.

## 5.2.6 Tipps für Arbeitnehmer/innen

Nachdem in umfassender Form die Grundlagen und Hintergründe von Zielvereinbarungen aufgearbeitet worden sind, widmen wir uns nunmehr direkt den Arbeitnehmer/innen und ein Stück weit auch den Führungskräften, die in unterschiedlichen Rollen in dieses Führungs- und Steuerungsinstrument eingebunden sind.

Wir hoffen, dass mit unseren Erörterungen klar geworden ist, dass ein Zielvereinbarungsgespräch zumindest in vielen Fällen für Sie von eminenter Wichtigkeit ist. Nicht unbedingt, aber je nach Stellenwert des Instruments und nach der Ernsthaftigkeit, mit der das Management Zielvereinbarungs-Systeme betreibt, hängen von diesem Gespräch maßgebliche Anteile Ihrer Arbeits- und Leistungsbedingungen, Ihrer Verdienstchancen sowie ggf. sogar Ihrer weiteren Karrieremöglichkeiten im Unternehmen ab.

## Vorbereitung

Angesichts der hohen Bedeutung versteht es sich von selbst, dass Sie sich gut auf ein Zielvereinbarungsgespräch vorbereiten sollten. Nur so erscheint es auch aussichtsreich, Einfluss gegenüber der/dem Vorgesetzten geltend zu machen und auch eigene Vorstellungen und Ideen einbringen und umsetzen zu können.

Jede Vorbereitung sollte mit einem Rückblick auf die vergangene Zielperiode beginnen, wobei wir unterstellen, dass das Konzept bereits seit einiger Zeit »läuft«. Aber selbst wenn es sich um eine erstmalige Zielvereinbarungs-»Runde« handelt, bietet es sich an, zunächst den Blick auf das zurückliegende Jahr zu richten. Vermutlich stellt das Unternehmen bzw. Ihr/e Vorgesetzte/r Ihnen Vorbereitungsmaterialien zur Verfügung. Wenn nicht, nehmen Sie sich ein paar Blätter Papier und machen Sie sich Notizen, die Sie mit zu Ihrem Zielvereinbarungsgespräch nehmen.

Bei der gedanklichen Vorbereitung können Sie sich an den folgenden Fragen orientieren:

---

- Welche Ziele sind mit Ihnen (z.B. vor einem Jahr) vereinbart worden? Was waren Ihre Kernaufgaben?
- Wie schätzen Sie selbst Ihre Zielerreichung bzw. Aufgabenerfüllung in der vergangenen Periode ein?
- Falls Ziele noch nicht erreicht sind, was wäre aus Ihrer Sicht dafür noch zu tun?
- Welche zwischenzeitlichen Entwicklungen oder Situationen gab es, die Ihre Zielerreichung negativ oder positiv beeinflusst haben?
- Wo gab es Defizite und Schwierigkeiten, die für die kommende Periode angesprochen werden müssen?
- Welche unterstützenden und positiven Entwicklungen sind aufgetreten?
- Was folgt aus den Erfahrungen im Hinblick auf die künftigen Ziele, die Zusammenarbeit mit Kolleg/innen und Ihrer Führungskraft, Ihre eigene Förderung und Entwicklung?

---

Übersicht 5-16: Fragen zur zurückliegenden Zielperiode

Wenn Sie sich Klarheit über diese Fragen verschafft haben, sollten sich Ihre vorbereitenden Überlegungen der kommenden Zielperiode zuwenden. Auch dazu haben wir wiederum ein paar Fragen zusammengestellt, die Ihnen als Hilfestellung dienen mögen:

- Sind Ihnen die übergeordneten Ziele (Bereichs-, Abteilungsziele o.Ä.) bekannt, die als Rahmenbedingung für Ihre Zielvereinbarung gelten?
- Welche Ziele sollen im Gespräch thematisiert werden, welche Zielprioritäten sehen Sie dabei?
- Welche Voraussetzungen müssen dabei berücksichtigt werden?
- Welche Qualifizierungsmaßnahmen halten Sie für sich selbst im Hinblick auf die Zielerreichung für erforderlich?
- Welche sonstigen Unterstützungsmaßnahmen sind erforderlich?
- Was müsste aus Ihrer Sicht in Ihrem Tätigkeitsbereich verändert werden?
- Würden Sie sich gerne mit anderen Aufgaben auseinandersetzen, sich in andere Bereiche einarbeiten?
- Welche Entwicklung streben Sie mittel- bis langfristig für sich selbst an?
- Welche Rahmenbedingungen (z.B. Betriebsvereinbarungen, Tarifverträge, Gesetze) müssen beachtet werden?
- Ist an dem vorgesehenen Termin eine ungestörte Durchführung des Zielvereinbarungsgesprächs möglich?

Übersicht 5-17: Fragen zur kommenden Zielperiode

## Durchführung

Für die Durchführung des Zielvereinbarungsgesprächs gelten zunächst die allgemeinen Regeln, die bei jedem Mitarbeitergespräch zu beachten sind (z.B. geeignete Räumlichkeit, Zeit haben, keine Störungen usw.; vgl. Abschnitt 4.2). Und generell gilt: Die Ziel*vereinbarung* versteht sich als dialogische Unterredung unter Partnern. Direktive Stile und Attitüden haben hier keinerlei Berechtigung!

Ihr/e Vorgesetzte/r wird Sie empfangen und nach einer Einleitung und einem Überblick, worum es bei dem Gespräch im Einzelnen geht, inhaltlich zur Sache kommen. Natürlich bietet sich für Zielvereinbarungsgespräche zunächst ein *Rückblick*, manchmal auch aus dem Amerikanischen kommend »*Review*« genannt, auf die vergangene Periode an. Dies versteht sich bei den (zumeist schon seit einiger Zeit laufenden) Konzepten von selbst, bei denen der Soll/Ist-Vergleich für die vergangene Periode und die Zielvereinbarung für die kommende Periode in einem Gespräch miteinander verknüpft werden. Auf diesen Rückblick sind Sie ja gut vorbereitet.

Vermutlich wird Sie Ihre Führungskraft bitten, Ihre Einschätzungen im Hinblick auf die Erreichung der Ziele der vergangenen Periode abzugeben, um anschließend das Gleiche aus ihrer Sicht zu tun. Die Problematik dieser Soll/Ist-Einschätzung mit Blick auf die Ergebnisse der abgelaufenen Periode hängt natürlich stark davon ab, ob die Zielerreichung aufgrund von klar erfassten Daten sozusagen auf der Hand liegt oder ob es – wie es sich für qualitative Ziele nicht immer vermeiden lässt – größere Beurteilungs- und Interpretationsspielräume in der Zielerreichung gibt. Falls es bei der Bilanzierung von Soll und Ist unterschiedliche Auffassungen gibt, ist dies sicherlich zunächst noch kein Beinbruch. Vieles wird sich in einem konstruktiven Austausch mit guten Argumenten stützen lassen und, wenn die Parteien guten Willens sind und vor allem gut zuhören, aufklären lassen.

Ist dies jedoch nicht der Fall, gibt es im Prinzip zwei Möglichkeiten:

- Man lässt die unterschiedlichen Positionen nebeneinander stehen. Man protokolliert sozusagen den Dissens. Je nachdem, um welche konkrete Zielsetzung es geht, ist dies auch ohne weiteres möglich.
- In anderen Fällen wird es jedoch erforderlich sein, den Konflikt zu klären (z.B. wenn eine Leistungszulage vom festgestellten Zielerreichungsgrad abhängt). Wie dies dann geschehen kann, hängt davon ab, ob das Zielvereinbarungs-Konzept des Unternehmens einen Konfliktlösungsmechanismus enthält und wenn ja wie dieser aussieht. Dies kann dann z.B. in einem zweiten Gespräch unter Beteiligung der/des Vor-Vorgesetzten und eines Betriebsratsmitglieds erfolgen oder einer paritätischen Kommission zwischen Arbeitgeber und Interessenvertretung als Konfliktfall vorgelegt werden.

Es ist bekannt, dass viele Mitarbeiter/innen aus nachvollziehbaren Gründen vor einem offenen Konflikt mit der/dem Vorgesetzten zurückschrecken. Schließlich ist man ja in einer gewissen Abhängigkeitssituation von dieser höherrangigen Person, und es wird befürchtet, dass sie dieses »Aufmucken« sehr genau registriert, es als »Affront« gegen sich deutet und es später in ganz anderen Zusammenhängen »heimzahlen« wird. Sicherlich sind solche Gedanken nicht immer unbegründet. Gerade in Vorgesetzten-Mitarbeiter-Beziehungen stecken alle Varianten menschlicher Beziehungen, so wie auch in Ehen, Cliquen oder unter Parteimitgliedern. Es kommt eben auf den konkreten Fall an. Dennoch lässt sich allgemein sagen, dass das konstruktive Austragen von Konflikten nicht nur etwas ganz Normales, sondern auch etwas sehr Sachdienliches ist. Schwelende Konflikte sind in der Regel viel problematischer als offene. Die konstruktiv-offene Thematisierung von Differenzen und Konflikten wird auch von den modernen Führungsphilosophien der Unternehmen als positiv und wünschenswert gesehen und sollte daher in der Regel keine unüberwindliche Hürde mehr darstellen. Wenn

Sie dennoch Befürchtungen haben, signalisieren Sie Ihrer/Ihrem Vorgesetzten, dass Sie gerne eine Gesprächsvertragung hätten. Sie können dann auf jeden Fall, auch wenn dies kein Allheilmittel ist, zu einem neuen Gespräch ein Mitglied des Betriebsrats zu der Unterredung mitnehmen. Darauf haben Sie nach § 82 Abs. 2 BetrVG sogar einen Rechtsanspruch.[8]

Achten Sie bei der Bilanzierung darauf, dass nicht nur die Zielerreichungsgrade festgestellt werden, sondern dass auch bei Abweichungen (vor allem negativer Art) möglichst genau analysiert wird, woran dies gelegen hat. Haben sich zwischenzeitlich wichtige Rahmenbedingungen verändert gegenüber dem Zeitpunkt der Zielfestlegung? Hat es an notwendigen Unterstützungsmaßnahmen gefehlt? Haben Ihre Qualifikationen für die Bewältigung der Aufgaben Lücken aufgewiesen?

Die Beantwortung dieser Fragen ermöglicht nicht nur eine sachgerechtere Interpretation der Ergebnisse, sie liefert auch unverzichtbare Informationen für die Neufestlegung der Ziele für die kommende Periode und die Ableitung folgerichtiger Maßnahmen und Konsequenzen. Wenn z.B. bei der letztgenannten Frage Qualifikationsdefizite festgestellt wurden, sollten diese baldmöglichst durch geeignete Personalentwicklungs-Maßnahmen ausgeglichen werden.

Im Anschluss an den »Blick in den Rückspiegel« wird nach vorne gesehen. D. h., es werden die Aufgabenfelder für die *kommende Periode* abgesteckt und möglichst *konkrete Ziele* vereinbart. Ob es sich dabei um eine Fortschreibung der Zielfelder aus der vergangenen Laufzeit handelt oder neue Bereiche einbezogen werden, hängt wiederum vom konkreten Fall ab. Sie sollten jedenfalls von sich aus gut überlegen, welche Ziele für Sie ganz persönlich wichtig sind und ob und wie Sie diese mit Ihrer/Ihrem Vorgesetzten besprechen wollen.

Wenn es um die Festlegung der Ziele geht, ist das Zielvereinbarungsgespräch natürlich in einer für Sie sehr entscheidenden Phase, so dass Sie Ihr Augenmerk auf die Art der Diskussion mit Ihrer Führungskraft und selbstverständlich auch auf die Ergebnisse richten sollten. An dieser entscheidenden Stelle kommen die Aspekte zum Tragen, die wir weiter oben als Anforderungen an den Prozess bzw. das manifeste Ergebnis der Zielvereinbarung herausgearbeitet haben.

Um dies noch einmal verdichtet in Erinnerung zu rufen, werden diese

---

8 Vgl. hierzu auch die Ausführungen zu Konfliktgesprächen in Abschnitt 5.4.

Erkenntnisse im Folgenden in einige Fragen gepackt, von denen wir hoffen, dass sie Ihnen in einem »echten« Zielvereinbarungsgespräch hilfreich sind. Dabei bezieht sich der erste Kasten auf Anforderungen an die Ergebnisse, d. h. an die konkret ins Auge gefassten Ziele sowie deren Formulierung und Intensitäten, der zweite auf den Prozess sowie auf die Festlegung anderer, mit der Zielverfolgung im Zusammenhang stehender Größen.

---

*Wie viele Ziele werden festgelegt?*
Zwecks Überschaubarkeit sollte hier die Zahl 5 nicht überschritten werden!

*Handelt es sich um quantitative und/oder qualitative Ziele?*
Wie ausführlich dargelegt, wird es in vielen Bereichen aufgrund der Art der Tätigkeit nicht ohne qualitative Ziele gehen.

*Sind die Ziele möglichst klar und präzise formuliert?*

*Ist jeweils der Erreichungsgrad gut zu erfassen? Vor allem bei qualitativen Zielen: Welche Indikatoren können Aufschluss über die Zielerreichung geben?*

*Sind die Ziele und die geforderten Zielniveaus herausfordernd, aber dennoch realistisch, erreichbar und vor allem längerfristig zumutbar?*
Achten Sie vor allem auf die Festlegung der Leistungsniveaus, die für eine 100%ige Zielerreichung zugrunde gelegt werden. Es ist nichts dagegen einzuwenden und entspricht wohl auch Ihrer Rolle in dem »Spiel«, wenn die Führungskraft Sie auf eine hohe Leistungabgabe verpflichten will. Man will ja auch als anspruchsvolle/r und leistungsfähige/r Mitarbeiter/in gelten. Aber: wie gezeigt sind viele Zielvereinbarungskonzepte darauf ausgerichtet, die Ziele von Mal zu Mal in die Höhe zu schrauben – natürlich um die Gewinnerwartungen des Unternehmens zu steigern. Wenn ein solcher Prozess absehbar auf eine psychische und physische Überforderung hinausläuft, sollten Sie unbedingt in Ihrem eigenen Interesse gegensteuern und »normale«, zumutbare Zielniveaus einfordern. Schließlich sind die meisten darauf angewiesen, den beruflichen Anforderungen ein ganzes Berufsleben über gewachsen zu sein.

*Sind die Ziele schriftlich (in einem entsprechenden Formular) verankert?*
Die Schriftlichkeit ist Voraussetzung, damit sie als transparente Leitlinie für Sie andauernd greifbar und verfügbar sind.

*Weisen die Ziele einen konkreten zeitlichen Bezug auf (Terminierung)?*
Auch in diesem Punkt braucht man klare Orientierungen: Bis wann (konkreter Zeitpunkt) sind die Ziele zu erreichen?

*Sollten die festgelegten Ziele unterschiedlich gewichtet werden?*

*Sind die Ziele spezifisch auf Ihren Arbeitsplatz ausgerichtet?*

*Sind sie für Ihre Arbeitsaufgabe wirklich wichtig?*
Andernfalls droht es nämlich zu Fehlsteuerungen zu kommen, die weder Ihrer Zufriedenheit noch den Interessen des Unternehmens dienlich sein können.

*Sind die Ziele überhaupt durch Ihre Leistungen und Ihr Verhalten beeinflussbar?*
Auch das ist wie gezeigt eine sehr bedeutende Voraussetzung für funktionsfähige Zielvereinbarungen. Lehnen Sie es ab, wenn Ziele festgelegt werden sollen, die mehr von situativen Rahmenbedingungen (z.B. konjunkturelle Entwicklung, Produktpolitik des Unternehmens) als von Ihrer Leistung abhängen.

---

*Sind die Ziele im Einklang mit geltenden Betriebs- und Tarifvereinbarungen sowie mit gesetzlichen Erfordernissen?*
Wenn absehbar ist, dass bestimmte Zielarten und -intensitäten nur durch Unterlaufung geltender Bestimmungen erreichbar sind, sollten Sie dies vorbringen und entsprechende Anpassungen verlangen.

Übersicht 5-18: Fragen zu den zu vereinbarenden Zielen, zu ihren Formulierungen und Intensitäten

---

*Werden Sie angemessen an der Zielfestlegung beteiligt?*
Denken Sie stets daran: es handelt sich um eine Vereinbarung. Sie müssen keine Zieldiktate hinnehmen. Protestieren Sie, wenn Sie den Eindruck bekommen, dass Ihnen nur bereits im Detail feststehende Ziele verkauft oder gar »untergejubelt« werden sollen. Sicherlich sind die Vorgesetzten oft die »Agenten der Zielhierarchie«, und sie stehen unter Druck, die auch für sie geltenden Bereichsziele »nach unten« weiterzugeben. Gleichwohl müssen hier Spielräume bestehen, die Sie ausfüllen und nutzen können. Andernfalls handelt es sich um eine reine Zielvorgabe unter dem schöneren Etikett der Vereinbarung. Für diesen Fall sollten Sie überlegen, ob es Sinn macht, eine ggf. vorhandene Konfliktlösung in Anspruch zu nehmen oder den Betriebsrat einzuschalten. Machen Sie auf jeden Fall deutlich, dass Sie keine Veranlassung haben, sich mit quasi diktierten Zielen zu identifizieren.

*Um welche Art von Zielen handelt es sich?*
Auch dies ist oft ein Gradmesser dafür, ob es sich um ein partnerschaftliches Verfahren handelt oder nicht. Sicherlich kommt man um die Vereinbarung ökonomischer Zielgrößen nicht herum. Das macht auch Sinn, schafft Transparenz und entspricht durchaus der Motivation der allermeisten Arbeitnehmer/innen, die – nicht nur, aber auch – arbeiten, um ihre Aufgaben gut zu erfüllen.
Darüber hinaus muss es in einem fairen Konzept aber auch für Sie möglich sein, Ihre Zielvorstellungen einzubringen, etwa hinsichtlich Ihrer persönlichen Entwicklung, der perspektivischen Übernahme anderer Aufgabengebiete, der Verbesserung Sie störender Arbeitsbedingungen oder was auch immer. Sprechen Sie Ihre Führungskraft darauf an und treffen Sie mit ihr die entsprechenden Arrangements!

*Sind Zielkorrekturen möglich?*
Wenn die Ziele festgelegt sind, wird ihre Erreichbarkeit ja wie gesehen häufig von zwischenzeitlich veränderten Rahmenbedingungen beeinträchtigt. Fragen Sie Ihre/n Vorgesetzte/n, ob während der Laufzeit Zwischenchecks vorgesehen sind, bei denen Korrekturen umgesetzt werden können.

*Sind auch Verabredungen über zugehörige Ressourcen, Qualifikationen, technische, personelle oder sonstige Voraussetzungen getroffen?*
Dies ist wichtig für die Schaffung der Voraussetzungen für die Zielerreichung. Falls Ihr/e Vorgesetzte/r hierzu keine Klärungen anstrebt, verlangen Sie dies unbedingt und halten Sie die Absprachen – sozusagen als »Nebenabrede« – im Formular fest. Diese Voraussetzungen sollten als anerkannte »Geschäftsgrundlage« fungieren, unter deren Gewährleistung die Zielvereinbarung nur ihre Gültigkeit beanspruchen kann.

*Bekommen Sie die Informationen, die Sie zur Zielverfolgung und -erreichung benötigen?*
Sie müssen während der Laufzeit von Zielvereinbarungen stets wissen, wo Sie stehen. Nur so ist die notwendige Selbständigkeit in der Zielverfolgung gewährleistet. Sprechen Sie die Führungskraft darauf an, welche Informationen sie zu welchem Zeitpunkt beanspruchen können und halten Sie die Informationsansprüche als Rahmenbedingung der Zielerreichung schriftlich fest.

---

Übersicht 5-19: Fragen zum Prozess der Zielvereinbarung und den Rahmenbedingungen der Zielerreichung

## 5.3    Motivationsgespräche

Der vorangegangene Abschnitt zu Zielvereinbarungsgesprächen ist wegen seiner Aktualität und der hohen Betroffenheit der Mitarbeiter/innen sehr ausführlich geworden. Wenn wir uns nunmehr dem nächsten Typus von Mitarbeitergesprächen, den Motivationsgesprächen, zuwenden, fassen wir uns wieder wesentlich kürzer.

Bei den Motivationsgesprächen geht es, mit unterschiedlichen Schwerpunkten, um Kommunikationsaktivitäten, die die Wahrnehmung der Personalführungsrolle durch die Vorgesetzten betreffen. Im Einzelnen bereiten wir für Sie die folgenden Unterarten auf:

- Anerkennungsgespräch,
- Beurteilungsgespräch,
- Fördergespräch und
- Jahresgespräch.

Diese Ausprägungsformen sind dabei nicht immer gut auseinander zu halten. So fallen z.B. in vielen Konzepten Beurteilungs-, Förder- und Jahresgespräche in eins. Dennoch wollen wir diese Varianten aus analytischen Gründen separat behandeln.

### 5.3.1    Anerkennungsgespräch

**Hintergründe**

Die menschliche Arbeitsleistung ist auch von der Anerkennung der Arbeit im Unternehmen bzw. in der Gruppe abhängig. Ein glaubwürdiges Lob, die ausdrückliche Anerkennung guter Leistungen durch die/den Vorgesetzte/n kann erheblich zur Motivation und damit zur weiteren Steigerung der Arbeitsleistung und des Wohlbefindens der Mitarbeiterin/des Mitarbeiters beitragen. In einem Anerkennungsgespräch wird das (positive) Arbeitsverhalten von Mitarbeiter/innen zum Gegenstand der offiziellen Bewertung durch die Vorgesetzten. Das Verhalten der Mitarbeiterin/des Mitarbeiters wird akzeptiert, und durch die Anerkennung erhoffen sich die Vorgesetzten die Wiederholung dieses Verhaltens.

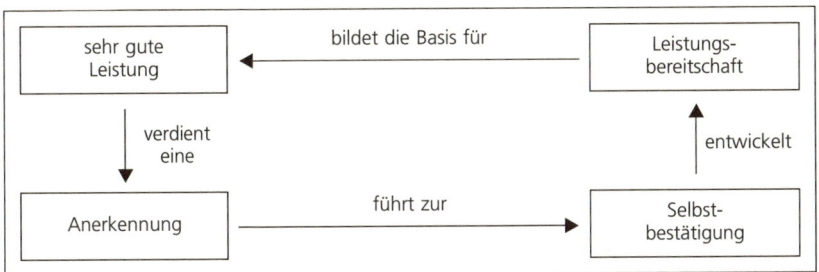

Übersicht 5-20: Anerkennung bestätigt das Engagement von Mitarbeiter/innen
(nach Kratz 1998, S. 86)
© 1998 by Walhalla und Praetoria Verlag, Regensburg

Für die Mitarbeiterin/den Mitarbeiter ist die Anerkennung eine Erfolgsbestätigung ihrer/seiner Arbeitsleistung. Anerkennung und Kritik beinhalten einen Informations-, Lern- und einen Motivationsaspekt sowie ein soziales Element (vgl. Neuberger 1998, S. 188). Der Informationsaspekt wird durch die Darstellung der Maßstäbe für bestimmte Arbeitsleistungen erfüllt. Der Lerneffekt wird bei der Anerkennung dadurch erzielt, dass erwünschtes bzw. positives Verhalten bestätigt wird und eine Wiederholung fördert. »Bestätigung und Anerkennung fördern das Wiederauftreten eines akzeptierten Verhaltens; sie sind insofern eine billiges Mittel, die Wahrscheinlichkeit des gewollten Verhaltens zu erhöhen« (Neuberger 1998, S. 192).

Eine Anerkennung steigert wohl auch die Freude an der Arbeit und kann sich positiv auf das Betriebsklima auswirken (vgl. Ruhleder 1995, S. 87). Motivation wird dadurch erzielt, dass die Mitarbeiter/innen durch das Lob eine Erfolgsbestätigung bekommen und so ihre weiteren Anstrengungen erhöhen. Die Anerkennung eines ranghöheren Beschäftigten zu erhalten, wirkt zusätzlich als soziales Element. Sowohl das Selbstbild der/des Gelobten, ihr/sein Kontaktverhalten, die hierarchische Distanz zwischen Lobender/Lobendem und Gelobter/Gelobtem als auch die unterschiedlichen Normen und Werte werden vom Anerkennungsprozess beeinflusst (vgl. Neuberger 1998, S. 194 f.).

## Anforderungen an ein Anerkennungsgespräch

Das Anerkennungsgespräch soll das Selbstwertgefühl und die Selbstsicherheit der Mitarbeiterin/des Mitarbeiters steigern, da das Lob als Erfolgserlebnis interpretiert wird. Folgende Voraussetzungen sollten erfüllt werden, damit dieses auch als Anerkennung empfunden wird:

Das Lob bzw. Loben sollte zum Normalverhalten der/des Vorgesetzten gehören und glaubwürdig vermittelt werden. Es sollte nie unbegründet erfolgen, damit es auch als Anerkennung mit Bezug zu einer konkreten Leistung wahrgenommen werden kann. Zudem sollte die/der Vorgesetzte die Angemessenheit für eine Anerkennung wahren. Das Anerkennungsgespräch kann kein standardisiertes Vorhaben von Vorgesetzen sein. Es ist zudem nicht funktional, detaillierte Anweisungen zur Verteilung von Anerkennung zu geben. Deshalb wird auch formuliert: »Die Persönlichkeiten der Beteiligten, ihre Erfahrungen miteinander, die konkrete soziale Situation (z.B. die Rolle der Kollegen), die speziellen Bedingungen, die für das Zustandekommen einer Leistung verantwortlich waren, das verfolgte Nah- und/oder Fernziel, die gegenseitigen Machtmittel usw. – all dies verhindert eine starre allgemeingültige Reglementierung« (Neuberger 1998, S. 199).

Wichtig ist ferner die Beachtung einer *zeitlichen* Komponente. Erfolgt das Lob nicht unmittelbar und in zeitlich engem Bezug zur Leistung, kann die Mitarbeiterin/der Mitarbeiter die Anerkennung nicht mehr zuordnen. Ein umfassender Lernprozess wird daher nicht entwickelt, und die »Verstärkung« des gewollten Verhaltens unterbleibt. Möglicherweise verstärkt sich eher das Gefühl der Nichtbeachtung ihrer/seiner Leistung durch die zu späte Anerkennung und führt zu Demotivation. Anerkennung kann nicht alltäglich sein, dann wirkt sie nicht mehr glaubwürdig. Sie muss aber ausdrücklich auch für kontinuierliche Leistungen möglich sein, die das Unternehmen voranbringen (vgl. Hofbauer/Winkler 1999, S. 27).

Falsch ist es in der Regel, wenn Anerkennung mit Kritik verbunden wird, da dann das Lob »verwässert« wird. Somit sollten kritische Anmerkungen in einem späteren Gespräch angesprochen werden (vgl. Ruhleder 1995, S. 89).

## Chancen/Risiken aus Sicht der Beschäftigten

Grundsätzlich ist die glaubwürdig vorgebrachte Anerkennung einer guten Leistung ein kommunikativer Akt, der wichtigen Bedürfnissen der Mitarbeiter/innen entspricht und damit positiv einzuschätzen ist. Die ausdrückliche Bestätigung verschafft den betreffenden Mitarbeiter/innen ein positives Feedback und Selbstbestätigung. Es entspricht dem Wunsch vieler Beschäftigter nach Achtung und Wertschätzung. Insoweit ist das Risiko mehr die *Unterlassung* eines Anerkennungsgespräches durch die Führungskraft, was erfahrungsgemäß (immer noch) häufig geschieht.

Allerdings ist zu bedenken, dass das tragende Motiv vieler Anerkennungsgespräche nicht die Befriedigung der Bedürfnisse der Beschäftigten, sondern das Kalkül einer weiteren Leistungssteigerung ist. Dass dies auch problematisch werden kann, geht beispielsweise aus dem folgenden Zitat aus der älteren Führungsliteratur hervor:

»Mehr anerkennen heißt schlummernde Kräfte wecken: Anerkennung auch kleiner Fortschritte nötigt geradezu zur Bemühung um das weitere. . . . Immer anspornen und ermutigen: Die Zauberkraft des Lobes einsetzen. Die Betonung des Glaubens an eine Fähigkeit zaubert diese fast herbei und mobilisiert die letzten Kräfte . . .« (Stangl 1979, S. 59).

Dass die Vorgesetzten – auch durch Anerkennung guter Leistungen – auf eine stetige Leistungsabgabe hinwirken, ist legitim und – wenn man so will – letztlich ihr Job.

Probleme sehen wir aber dann, wenn dies tatsächlich wie in dem Zitat ausgedrückt auf die Mobilisierung der letzten Reserven abzielt. Dann bekommt das an sich positive Anerkennungsgespräch einen manipulativen und für die Mitarbeiter/innen letztendlich schädlichen Beigeschmack.

Schwierig ist auch häufig die Wirkung der Anerkennung in/vor der Gruppe bzw. den Kolleg/innen (vgl. Neuberger 1998, S. 206). Durch das ausdrückliche Hervorheben Einzelner durch die/den Vorgesetzten entsteht bei den anderen leicht Neid und Missgunst. Als Folge können Rangordnungskämpfe in der Abteilung auftreten. Die anderen Gruppenmitglieder empfinden das Lob für die/den anderen als indirekte Kritik an ihrer Arbeitsleistung. Die »belobigten« Mitarbeiter/innen werden möglicherweise von ihren Kolleg/innen ausgegrenzt (vgl. von Saldern 1998, S. 110). Die Vorgesetzten sollten sich also genau überlegen, wie eine öffentliche Belobigung in der Arbeitsgruppe aufgenommen werden könnte. Ggf. ist es eher angezeigt, ein Anerkennungsgespräch trotz seines »positiven« Gegenstandsfeldes in einer vertraulichen Atmosphäre unter vier Augen zu führen.

### Tipps für Arbeitnehmer/innen und Vorgesetzte

Ein »planmäßig geführtes« Anerkennungsgespräch kann in sechs aufeinanderfolgenden Phasen ablaufen. Zuerst erfolgt die Kontaktaufnahme und positive Ansprache durch die/den Vorgesetzte/n. Der zu lobende Sachverhalt wird von der Führungskraft skizziert. Die Mitarbeiterin/der Mitarbeiter kann den Sachverhalt aus ihrer/seiner Sicht darstellen. Die eigentliche Anerkennung sollte von der/dem Vorgesetzten klar und deutlich ausgesprochen werden, damit auch eine direkte Zuordnung zum vergangenen Arbeitsverhalten erfolgen kann. Ist mit dem gelobten Arbeitsengagement eine mögliche positive Perspektive, etwa in Form von Versetzung, Förderung oder Karriere verbunden, so sollte dieses ebenfalls kurz angesprochen und möglicherweise schon ein Termin z.B. für ein Fördergespräch vorgeschlagen werden. Die Vorgesetzten sollten aber vorher prüfen, ob sie Zusagen dieser Art auch im Nachhinein einhalten können. Sollten sich die Aussagen zu den positiven Perspektiven der Mitarbeiterin/des Mitarbeiters nicht erfüllen, könnten erhebliche Störungen des Betriebsklimas entstehen. *Daher: Nicht zu weit aus dem Fenster hängen, auch wenn die Arbeitsleistung hervorragend war!* Beschlossen wird das Anerkennungsgespräch durch eine freundliche Verabschiedung.

Der nachfolgende Leitfaden mag Ihnen, als Vorgesetzte/r wie als Mitarbeiter/in, bei der Vorbereitung und bei der praktischen Durchführung eines Anerkennungsgesprächs Hilfestellungen geben.

| Handlungsanweisungen | Erläuterungen/Hinweise |
|---|---|
| **1. Vorbereitungsphase** | |
| 1.1 Voraussetzung:<br>Abklären, ob es Betriebsvereinbarungen oder/und standardisierte innerbetriebliche Vorgaben für Anerkennungsgespräche gibt. | Ansprechpartner:<br>Personalentwicklung, Organisationsentwicklung, Betriebsrat, BetrVG |
| 1.2 Rahmenbedingungen:<br>– Wo führe ich das Gespräch?<br>Ort (bei Führungskraft oder beim MA?)<br>Raum (im Büro, Besprechungszimmer?). | Bei falscher Wahl negative Auswirkungen auf der Sachebene, z.B.:<br>– die Verständlichkeit der Aussagen wird beeinträchtigt,<br>– die Gesprächsteilnehmer werden abgelenkt,<br>– die Konzentration der Gesprächsteilnehmer sinkt,<br>– es entstehen Missverständnisse.<br>Negative Auswirkungen auf der Beziehungsebene, z.B.:<br>– der Partner fühlt sich abgelenkt,<br>– Abwehrreaktion,<br>– negative Gesprächsatmosphäre. |

| Handlungsanweisungen | Erläuterungen/Hinweise |
|---|---|
| | **Das Gespräch muss in einer störungsfreien Atmosphäre stattfinden** |
| – Störfaktoren | Störquellen, die sich auf das Gespräch auswirken, sind:<br>■ akustische Störungen,<br>■ Temperatur,<br>■ Beleuchtung,<br>■ Belüftung,<br>■ Unterbrechungen (z.B. Telefonanrufe). |
| – Sitzordnung | Die Sitzordnung kann negative Auswirkungen auf das Gespräch haben, sie ist so zu wählen, dass kein Gesprächsteilnehmer abgewertet, abgelenkt oder verärgert wird. |
| – Wann führe ich das Gespräch? | Der Gesprächsverlauf wird durch den Zeitpunkt der Gesprächsführung beeinflusst. Dabei sind biologische und psychologische Aspekte zu beachten:<br>■ individuelle Leistungskurve,<br>■ wichtige Gespräche vormittags führen (!),<br>■ psychologische Verfassung.<br>Die Gesprächspartner dürfen nicht durch private oder geschäftliche Angelegenheiten vom Gesprächstermin abgelenkt sein. |
| – Welche Hilfsmittel werden benötigt? | Hilfsmittel werden eingesetzt:<br>■ zur besseren Verständlichkeit schwieriger Aussagen,<br>■ zur Veranschaulichung der Aussagen,<br>■ zur Bekräftigung und Verstärkung der Argumentationen. |
| – Gesprächsunterlagen | Notizen, Entwürfe, Pläne, Muster, Akten usw. |
| – Visuelle Hilfsmittel | Overhead-Projektor, Wandtafel, Pinnwand, Videos usw. |
| – Getränke | Kaffee, Kaltgetränke, evtl. je nach Anlass Sekt |
| – Aufmerksamkeit | Beim Anerkennungsgespräch ist die Festigung der Anerkennung durch eine materielle Aufmerksamkeit von großer motivierender Wirkung. |
| 1.3 Gesprächsvorbereitung:<br>– Definition und Festlegung des Gesprächszieles: Weshalb führe ich dieses Gespräch?<br>– Was sind meine Hauptziele?<br>– Was sind meine Neben(Teil)-ziele?<br>– Protokollformular entwickeln | Um strategisch vorgehen zu können, ist eine Strukturierung der zu erreichenden Ziele notwendig, dies kann am besten durch ein vorbereitetes Protokollformular sein. |
| – Wer nimmt an dem Gespräch teil? | Die Auswahl der Gesprächsteilnehmer bei einem Anerkennungsgespräch ergeben sich aus dem gegebenen Anlass, d. h. Auswirkungen der Anerkennung, Höhe der »Belohnung« usw. |

| Handlungsanweisungen | Erläuterungen/Hinweise |
|---|---|
| – Einladungen entwerfen und verschicken | Das Einladungsschreiben muss folgende Punkte beinhalten:<br>■ Termin,<br>■ Ort,<br>■ Thema (genau),<br>■ Teilnehmerkreis,<br>■ Verteiler. |
| – Freistellung beantragen | Eventuell müssen für die Teilnehmer am Anerkennungsgespräch für einige Mitarbeiter Freistellungen erwirkt werden. |
| – Allgemeine Informationen einholen | ■ Arbeitsplatzbeschreibungen,<br>■ Personalakte,<br>■ bisherige Beurteilungen,<br>■ Qualifikationsprofil,<br>■ Potenzialanalyse. |
| – Exakte Sachinformation einholen | Was ist der genaue Anlass für die Anerkennung? Wer hat den Grund für das Anerkennungsgespräch geliefert:<br>■ der Mitarbeiter selbst?<br>■ der unmittelbare Vorgesetzte des Mitarbeiters?<br>■ ein Verbesserungsvorschlag?<br>■ allgemein gute Leistungen?<br>■ besonders gute Leistungen in einem definierten Zeitraum? |
| – Informationen reflektieren<br>– Informationen strukturieren | Bedeutung von Anerkennung im Unternehmen klären und die Angemessenheit des Gesprächs festlegen.<br>■ Anerkennung als Information<br>■ Anerkennung als Lernhilfe<br>■ Anerkennung als Motivation<br>■ Anerkennung als Sozialisationshilfe |
| 1.4 Psychologische Vorbereitung:<br>– Erwartungen des Mitarbeiters abklären<br>– Welche Einstellung habe ich zum Mitarbeiter? | Sympathie – Antipathie |
| Kopf frei machen von anderen wichtigen Dingen<br>– individuellen Gesprächsverlauf überlegen<br>– Was ist hinsichtlich der Person des Arbeitnehmers zu beachten?<br>– Wie verliefen frühere Gespräche mit dem Mitarbeiter? | Mögliche Wirkungen und Wirkungsgrenzen von Anerkennung dabei reflektieren und gezielt mit in den Ablaufplan einbauen.<br>Bedürfnisse, Reaktionen, Sozialisation, Rolle im Unternehmen<br>Positive oder negative Atmosphäre, Anlässe |
| – situativen Einstieg wählen<br>– Was muss ich tun, damit das Gespräch erfolgreich verläuft? | Kein zu starres Konzept festlegen, damit individuelle Verläufe möglich sind. |

| Handlungsanweisungen | Erläuterungen/Hinweise |
|---|---|
| **2. Durchführung des Gesprächs** | |
| 2.1 Eröffnungsphase:<br>– Platz anbieten<br>– Gesprächseinleitung<br>– Warming-Up | Die Eröffnung des Gesprächs ist entscheidend für den gesamten Gesprächsverlauf. In dieser Phase geht es darum, einen persönlichen Kontakt zum Gesprächspartner herzustellen. Noch bevor sich die Gesprächsteilnehmer ansprechen, beginnt die persönliche Kontaktaufnahme durch nonverbale Verhaltensweisen. Nonverbale Verhaltensweisen sind mitverantwortlich für das Bild, das wir uns vom Gesprächspartner machen.<br>Der erste Eindruck, der vor allem durch das nonverbale Verhalten geprägt wird, ist mitentscheidend für den weiteren Gesprächsverlauf. Ein negativer erster Eindruck lässt sich nur schwer revidieren. Deshalb ist bei der ersten Kontaktaufnahme nicht nur auf den verbalen, sondern auch auf den nonverbalen Ausdruck zu achten. Neben nonverbalen Verhaltensweisen beginnt die Kontaktaufnahme mit dem Ansprechen des Partners. Ansatzpunkte sind beispielsweise:<br>– aktuelle Ereignisse,<br>– persönliche Fragen.<br>Bei der Eröffnung eines Gespräches ist es wichtig, eine positive, persönliche Beziehung zum Gesprächspartner aufzubauen. |
| 2.2 Orientierungsphase:<br>– Sachverhalt darstellen<br>– Stellungnahme des Gesprächs-<br>partners<br>– Sachverhalt strukturieren | Genaue Schilderung des Anlasses: ohne Über- und Untertreibung knapp darstellen.<br>Wodurch wurde die Anerkennung ausgelöst?<br>Welche Daten und Fakten sind aus dem letzten halben Jahr bekannt?<br>Subjektive Bewertung der Sachlagen<br>Fragen, wie der Mitarbeiter selbst den Anerkennungsanlass einschätzt. Auch ein Anerkennungsgespräch muss eine Struktur aufweisen, damit der Mitarbeiter den Stellenwert erkennt. |
| 2.3 Analytische Phase:<br>Motive für die »gute« Leistung, das »gute« Verhalten des Mitarbeiters finden. | Worauf ist die positive Motivation des Mitarbeiters zurückzuführen? |
| 2.4 Anerkennungsphase<br>– Anerkennung aussprechen<br>– Konsequenzen mit dem Mitarbeiter besprechen<br>– Perspektiven eröffnen | Evtl. »Incentives« in Form von Geschenken, Urkunden etc. übergeben. |
| 2.5 Zielfindungsphase:<br>– Ziele für die Zukunft erörtern<br>– Aktionsplan festlegen, um die Perspektiven zu erreichen | Z.B. kann an dieser Stelle mit dem Mitarbeiter zusammen ein Personalentwicklungsplan aufgestellt werden.<br>– Vorstellungen des Mitarbeiters erfragen<br>– künftig erwartete Leistungen präzisieren<br>– Qualität, Quantität und Kontrollorgane vereinbaren |

| Handlungsanweisungen | Erläuterungen/Hinweise |
|---|---|
| Abschlussphase<br>– Zusammenfassung<br>– Abschluss und Verabschiedung | Als Zusammenfassung werden am Schluss des Gespräches noch einmal alle wichtigen Punkte aufgezeigt und das Ergebnis dokumentiert. |
| **3. Nachbereitung** | |
| 3.1 Gesprächsauswertung:<br><br>– persönliche Analyse<br><br><br><br><br><br><br><br><br><br><br><br><br>– sachliche Analyse | Die Gesprächsauswertung dient dazu, den Verlauf des Gesprächs zu analysieren und zu dokumentieren.<br>Die persönliche Analyse beschäftigt sich mit den Verhaltensweisen der Gesprächsteilnehmer während des Gesprächs. Folgende Fragen sollen dabei beantwortet werden:<br>– Habe ich mein Gesprächsziel erreicht?<br>– Wie habe ich mich im Gespräch verhalten?<br>– Was habe ich falsch gemacht?<br>– Wie war das Gesprächsklima?<br>– Welchen Beitrag habe ich zur Entstehung eines positiven Gesprächsklimas geleistet?<br>– Welches Bild hat der Mitarbeiter von mir?<br>– Welchen Eindruck habe ich von ihm?<br>– Was muss ich bei weiteren Gesprächen mit diesem Partner beachten?<br>Die sachliche Analyse berücksichtigt alle organisatorischen Maßnahmen, die sich aufgrund des Gesprächs ergeben.<br>– Auswertung von Gesprächsnotizen<br>– Folgehandlungen (Telefonate) |
| 3.2 Ergebnisdokumentation:<br>– Verteilung an Beteiligte<br>– Verteilung an betroffene Bereiche | Z.B. Personalbereich bei Personalentwicklungsmaßnahmen |
| 3.3 Veranlassung von Maßnahmen:<br>– Durchführung der Maßnahmen einleiten<br>– Vereinbarte Kontrollen durchführen | |

Übersicht 5-21: Leitfaden Anerkennungsgespräch (nach von Saldern 1998, S. 111 ff.)
© 1998 by Schneider Verlag Hohengehren GmbH, Baltmannsweiler

## 5.3.2 Beurteilungsgespräch

### Hintergründe

Folgende Anlässe kommen für das Führen von Beurteilungsgesprächen in Betracht:

- die regelmäßige/turnusmäßige Beurteilung (zumeist einmal jährlich),
- das Ende der Probezeit (dieser Beurteilung kommt oft eine besondere

Bedeutung zu, da sie Entscheidungsgrundlage für ein festes Anstellungsverhältnis sein kann),
- Versetzung in eine andere Abteilung,
- Wechsel des Aufgabengebietes oder der Organisationseinheit,
- beantragte Gehaltserhöhungen, wenn das letzte reguläre Beurteilungsgespräch schon länger zurückliegt,
- das Ausscheiden aus dem Arbeitsverhältnis.

Die Personalbeurteilung und damit auch das Beurteilungsgespräch gelten als wichtige Instrumente der Personalführung in Unternehmen. Jede/r Vorgesetzte sollte die Arbeitsleistungen und -ergebnisse der Mitarbeiter/innen regelmäßig bewerten und besprechen. Insofern ist das Beurteilungsgespräch eingebettet in einen komplexen Führungsprozess und bildet darin einen wichtigen Aspekt. Durch das Beurteilungsgespräch erfährt die Mitarbeiterin/der Mitarbeiter, wie das Unternehmen ihre/seine Arbeit einschätzt, bewertet, einordnet und welche Konsequenzen daraus gezogen werden (vgl. Kempe/Kramer 1998, S. 80). Das Beurteilungsgespräch beinhaltet einerseits einen Soll-Ist-Vergleich einer Arbeitsleistung im Rahmen der vorgegebenen Aufgaben und Kompetenzen und andererseits das Feedback und die Aussprache über den Status quo der Arbeitssituation (vgl. Drzyzga 2000, S. 88).

## Anforderungen an ein Beurteilungsgespräch

Personalbeurteilungsverfahren enthalten häufig eine Reihe von standardisierten und formalisierten Elementen, so insbesondere ein in der Regel aus Beurteilungskriterien und einer Skalierung bestehendes Bewertungsschema (vgl. ausführlich und mit praktischen Beispielen Breisig 1998). Zusammen mit anderen Komponenten wird dieses Bewertungsschema zu einem Beurteilungsbogen zusammengefasst. Dieser spielt im Beurteilungsgespräch entsprechend eine maßgebliche Rolle. Beurteilungsgespräche können und sollten aber auch unabhängig von der Existenz solcher formalisierten Konzepte regelmäßig geführt werden.

Grundsätzlich kommen für ein Beurteilungsgespräch folgende Themen in Betracht: die Aufgaben und Ziele im zurückliegenden Betrachtungszeitraum, erzielte Ergebnisse, Gründe für gute und weniger zufriedenstellende Ergebnisse, Zusammenarbeit, gezeigte Verhaltensweisen, Hinweise für Verbesserungsmöglichkeiten der künftigen Arbeit

und Zusammenarbeit, notwendige Qualifizierungen, Unterstützungs-
möglichkeiten durch die/den Vorgesetzten und die Frage nach den zukünftigen Aufgaben und Zielen (vgl. Jetter 2000, S. 252).

Werden Aufzeichnungen gemacht oder ein standardisierter Bogen
ausgefüllt, dann kommen diese Dokumentationen in der Regel in die
Personalakte der Mitarbeiterin/des Mitarbeiters. Ein »gutes« Beurteilungsgespräch gibt der Mitarbeiterin/dem Mitarbeiter Aufschluss über
ihre/seine Arbeitsleistung und vermittelt richtungsweisende Hinweise
für das zukünftige Verhalten (vgl. Kiesow 1996, S. 232).

Grundlage von Beurteilungsgesprächen sind immer häufiger die von
Vorgesetzten und Mitarbeiter/innen vereinbarten Aufgaben und Leistungen. Auf dieser Grundlage lassen sich die zurückliegenden Arbeitsergebnisse und die Arbeitsweise konkreter beurteilen (vgl. Hofbauer/
Winkler 1999, S. 33). Beurteilungsgespräche sind dann kaum noch von
Zielerreichungs- bzw. Zielvereinbarungsgesprächen zu trennen (vgl.
ausführlich Abschnitt 5.2).

Das Beurteilungsgespräch gestaltet sich idealtypisch in der Form,
dass Vorgesetzte und Mitarbeiter/innen ihre Sicht über die bisher er-
brachte Leistung austauschen. Die guten Leistungen werden anerkannt,
weniger gute werden kritisch erörtert und mögliche Verbesserungen
entwickelt. Zudem sollen auch Konsequenzen gezogen und weitere
Handlungsmöglichkeiten besprochen werden. Quantitativ und qualitativ werden die Arbeitsleistungen eingeschätzt, um die Stärken und
Schwächen der Mitarbeiterin/des Mitarbeiters hervorzuheben und über
zukünftige Verbesserungen und Entwicklungen nachzudenken. Ziel des
Mitarbeitergesprächs ist nicht die Disziplinierung der Mitarbeiter/in-
nen, sondern ihre Entwicklungsfähigkeit zu unterstützen, indem die
positiven Leistungseigenschaften verstärkt und effektiv eingesetzt werden (vgl. Hofbauer/Winkler 1999, S. 33). Daher ist die wichtigste Voraussetzung für ein Beurteilungsgespräch die Gewährleistung von
*Angstfreiheit* (vgl. auch Wolff/Göschel 1984; Foullong/Jurkat 1992,
S. 461). Wenn die Mitarbeiter/innen aufgrund ungünstiger Beurteilung
und Selbstkritik nicht mit Sanktionen oder anderen Nachteilen rechnen
müssen, können die o.g. Ziele des Beurteilungsgesprächs besser erreicht
werden. Andernfalls sind effektivitätsbeeinträchtigende Einschränkun-
gen in der Offenheit, Vorbehaltlosigkeit und der Entstehung von Vertrauen unausweichlich. Es ist daher vom Gestalterischen her alles nur
Erdenkliche dafür zu tun, um den entfaltungshemmenden Faktor Angst
aus dem Gespräch zu eliminieren. Nur dann werden sich die zu Beur-

teilenden einigermaßen gleichrangig einbringen und auch eigene Gedanken, Sichtweisen und Gefühle vortragen können.

## Chancen/Risiken für Beschäftigte

Beurteilungsgespräche werden von den Mitarbeiter/innen oft als heikel und problematisch erlebt. Die Gründe dafür sind vielschichtig.

Zunächst ergibt sich die hohe Brisanz schlicht aus dem Umstand, dass die Person, der arbeitende Mensch, das Objekt der Beurteilung ist. Offizielle Beurteilungen gehören zu den emotional aufgeladensten und belastendsten Aktivitäten im Arbeitsleben. Die Tatsache des Beurteilt-Werdens führt unweigerlich zu einer konfliktträchtigen Konfrontation von Selbst- und Fremdbild und wird vielfach als Identitätsbedrohung erlebt. Dies gilt zumal angesichts des Umstandes, dass aus dem Ergebnis möglicherweise mittelbar oder unmittelbar Konsequenzen abgeleitet werden (können), die sich auf das Image bei den Kolleg/innen, das Gehalt, die Karriere oder gar den weiteren Verbleib im Unternehmen auswirken. Es gehört zu den grundlegenden menschlichen Bedürfnissen, bei den anderen Menschen, mit denen man in Kontakt tritt oder zusammenarbeitet, gut gelitten zu sein und einen positiven Eindruck zu erwecken. Eine Fremdbeurteilung, die ggf. zu der Feststellung führt, dass dieses Bedürfnis nicht erfüllt ist, ruft Unbehagen, Irritationen und Ängste hervor. In der Beurteilung verpackte Kritik wird entsprechend oft als Angriff auf die eigene Person und das Selbstbild erlebt, der zu Abwehr- und Verteidigungsmechanismen verleitet, die mitunter auch vor irrationalen Entgleisungen nicht Halt machen.

Auch bei den *Vorgesetzten*, die ihre Mitarbeiter/innen beurteilen müssen, ist das Instrument nicht nur beliebt. Zwar weist es ihnen formal die Position der/des Stärkeren zu, in deren/dessen Ermessen Bewertungen über Untergebene abgegeben werden. Es wäre aber falsch, die Vorgesetzten im Zusammenhang mit Beurteilungsfragen nur als »Machtmenschen« zu begreifen, die in diesem Instrument eine willkommene Chance zur Verhaltenssteuerung und Disziplinierung der Mitarbeiter/innen sehen. Viele sind auch »Getriebene«, die von der Organisation qua ihrer Position dazu »verdonnert« sind, offizielle Urteile aussprechen und gegenüber den Betroffenen eröffnen und rechtfertigen zu müssen. Sie sehen sich selbst ungern in der Richterrolle, die die kooperativen Beziehungen zu den Mitarbeiter/innen gefährden und zudem mit einem beträchtlichen Aufwand verbunden sind.

Ängste und Vorbehalte der betroffenen Mitarbeiter/innen hängen oft auch damit zusammen, dass Beurteilungen von ihrer Natur her ein »herrschaftlicher« Akt sind, der durch die Führungskräfte »exekutiert« wird. Real existierende Verballhornungen wie die Bezeichnung vom »Verurteilungswesen« zeugen von dieser Problematik. Der Herrschaftscharakter wird umso größer, je mehr existenzielle Entscheidungen von der Beurteilung abhängen. Ungünstige Beurteilungen werden dokumentiert und bedrohen die betroffenen Beschäftigten unter Umständen in ihrer betrieblichen Existenz bzw. hindern sie am beruflichen Fortkommen (Neuberger 1980; Schwörer 1989, S. 99). Daher ist die Beurteilung bzw. das Beurteilungsgespräch ein geeignetes Instrument in der Hand der/des dazu neigenden Vorgesetzten, die unterstellten Mitarbeiter/innen zu disziplinieren. Die »Unzufriedenheit« mit unbequemen und/ oder nicht leistungsfähigen Arbeitnehmer/innen kann in einem betriebsoffiziellen Akt zum Ausdruck gebracht werden. Die/der Beurteilende erhält öffentlich Macht über die/den zu Beurteilende/n, und sie/ er kann diese Macht weitgehend unkontrolliert nutzen, um der höheren Position in der Betriebshierarchie Nachdruck zu verleihen, ein höheres Leistungsniveau einzuklagen, sich für erlebte Niederlagen zu rächen, eine/n aufsässige/n Mitarbeiter/in wieder in die Schranken zu verweisen, sich eine bequeme Rechtfertigungsgrundlage für (im Kopf) bereits getroffene Entscheidungen zu schaffen – oder was immer es im Einzelfall für Motive geben mag. Diese Macht der Vorgesetzten ist schwer einzudämmen und zu kontrollieren.

Wie schon oben bei der Entwicklung der Forderung nach Angstfreiheit hergeleitet, ist es für die Praxis von Beurteilungsgesprächen ungemein wichtig, den klassischen Kontroll- und Disziplinierungscharakter zurückzuschrauben.

Schließlich muss, wenn man über Risiken der Personalbeurteilung spricht, daran erinnert werden, dass sich hinter den proklamierten Zielen wie Motivation, Personalführung und -förderung usw. letztlich das unternehmerische Interesse an *mehr Leistung der Beschäftigten* verbirgt. Es ist durchaus denkbar, dass durch die Anwendung der Personalbeurteilung das »gesunde Wettbewerbsdenken« der/des Einzelnen gefördert und damit der *Konkurrenzdruck* zwischen den Arbeitnehmer/innen erhöht wird. Das kann, konsequent weiter gedacht, zulasten der Solidarität am Arbeitsplatz gehen. Man rackert sich ab, um unter den Besten zu sein, bemüht sich (»buhlt«) um die Gunst der/des Vorgesetzten – vor allem im unmittelbaren Vorfeld der Beurteilung. Auf der anderen Seite lässt sich nicht bestreiten, dass ein »gutes« Beurteilungsgespräch mit hoher Feedbackwirksamkeit erhebliche Chancen für die Mitarbeiter/innen enthält. Wenn ein faires Gespräch tatsächlich zu mehr Leistungsgerechtigkeit, Weiterbildung, Anerkennung guter Leistungen, Motivation, Verbesserung des Vorgesetzten-Untergebenen-Verhältnisses und individueller Beratung und Förderung führt, lässt sich dagegen aus Sicht der Arbeitnehmer/innen und ihrer Interessenvertretung wohl nichts einwenden. Tatsache ist auch, dass viele Arbeitnehmer/innen konkrete Erwartungen an die Personalbeurteilung richten. Diese Erwartungen stehen in Zusammenhang mit den Anforderungen des § 82 Abs. 2 BetrVG, wonach »der Arbeitnehmer ... verlangen (kann), ... daß mit ihm die Beurteilung seiner Leistungen sowie die Möglichkeiten seiner beruflichen Entwicklung im Betrieb erörtert werden« (vgl. Abschnitt 3.5.1). Beurteilungsgespräche sind daher keineswegs pauschal zu verteufeln. Sie enthalten durchaus positive Elemente, die aus Sicht der Beschäftigten *Chancen zur Verbesserung ihrer individuellen Arbeitssituation* enthalten (so auch Foullong/Jurkat 1992, S. 464 f.).

Aber wann, unter welchen Bedingungen, verlaufen Beurteilungsgespräche offen, dialogorientiert und fair? Oft lässt schon die Art und Weise, wie ein Beurteilungsgespräch initiiert, vorbereitet und durchgeführt wird, Schlussfolgerungen darauf zu.

Insofern ist es hilfreich, darauf zu achten, wie sich das Beurteilungsgespräch im Unternehmen konkret gestaltet und entwickelt. Dabei lassen sich sehr grob und idealtypisch die folgenden Zustände unterscheiden:

1. Das Beurteilungsgespräch findet im Unternehmen praktisch nicht statt oder wird lediglich als Plattform für die Mitteilung der Beurteilungsergebnisse genutzt. Untersuchungen belegen immer wieder, dass das Beurteilungsgespräch oft überhaupt nicht geführt oder auf eine fünf- oder zehnminütige Alibiveranstaltung reduziert wird. Unter diesen Bedingungen können die aufgezeigten positiven Effekte eines Beurteilungsgesprächs nicht erzielt werden. Die Mitarbeiterin/der Mitarbeiter empfindet dann zu Recht, dass ihre/seine Arbeitsleistung nicht entsprechend anerkannt wird. Die/der Vorgesetzte beraubt sich ihrer/seiner Chancen, sowohl Probleme im Mitarbeiterverhalten anzusprechen und zu verbessern als auch die positiven Verhaltensweisen zu verstärken und weiterzuentwickeln, damit noch effektivere Arbeitsleistungen erzielt werden können. Lerneffekte können durch diese Gesprächsform kaum erzielt werden.

2. Die Mitarbeiterin/der Mitarbeiter wird von der/dem Vorgesetzten zu einem Gespräch eingeladen, wobei ihr/ihm die Beurteilung sehr direkt mitgeteilt wird. Das Beurteilungsgespräch beinhaltet die Darstellung der Einschätzung durch die Vorgesetzte/den Vorgesetzten und die Erläuterung der Interpretation der Beurteilungskriterien. Bei dieser Gesprächsart wird die Mitarbeiterin/der Mitarbeiter vor vollendete Tatsachen gestellt und oft genug von den Ergebnissen überrascht. Eine kritische Stellungnahme durch die Beschäftigte/den Beschäftigten wird praktisch unterbunden, da es keine Möglichkeit der Vorbereitung gegeben hat (vgl. Bohlen 1998, S. 47). Auch unter solchen Bedingungen kann sich bei der Mitarbeiterin/beim Mitarbeiter nur der Eindruck festsetzen, dass die Führung kein wirkliches Interesse an Feedback und Kooperation besitzt. Das Beurteilungsgespräch wird zur reinen Urteilsverkündigung (vgl. Drzyzga 2000, S. 89). Jede sinnvolle Feedbackwirkung unterbleibt.

3. Die Mitarbeiterin/der Mitarbeiter wird ca. zwei Wochen im Voraus von der/dem Vorgesetzten über das Stattfinden des Beurteilungsgesprächs informiert. Die beiden Parteien verabreden einen definitiven Termin und werden sich auch auf das Gespräch intensiv vorbereiten. Die Mitarbeiter/innen sollen sich im Vorfeld Gedanken machen über ihre eigene Beurteilung. Das Beurteilungsgespräch wird mit dem vorläufigen Beurteilungsergebnis des/der Vorgesetzen eröffnet. Es wird über die unterschiedlichen Einschätzungen diskutiert. Angestrebt wird eine dialogische Verständigung über die Beurteilung. Während des Gesprächs entsteht erst die offizielle Beurteilung, wobei unterschiedliche Einschätzungen auch in das Gesprächsprotokoll aufgenommen werden sollten. Die im Beurteilungsgespräch benannten Probleme und Quellen von Unzufriedenheit müssen auch angegangen werden, selbst oder gerade wenn es sich um die Gestaltung der Arbeitsbedingungen handelt. Das heißt, es müssen möglichst konkrete Maßnahmen aus den Ergebnissen abgeleitet und in der anstehenden Periode umgesetzt werden. Das dürfen für die Mitarbeiter/innen natürlich keine Sanktionen, sondern müssen vorzugsweise Förderungs- und Entwicklungsmaßnahmen sein. Aber auch andere Konsequenzen wie z.B. die Vereinbarung einer intensiveren Information der Mitarbeiterin/des Mitarbeiters durch die/den Vorgesetzte/n oder ein »job enrichment« können sinnvolle Ergebnisse eines Mitarbeitergesprächs sein.

## Rechtliche Aspekte

Vom Rechtlichen her ist hier noch einmal auf einige zentrale Individualrechte der Beschäftigten hinzuweisen (vgl. schon Abschnitt 3.5.1). Nach dem Betriebsverfassungsgesetz hat eine Mitarbeiterin/ein Mitarbeiter das Recht auf ein Gespräch über ihre/seine Beurteilung. Nach § 82 Abs. 2 BetrVG kann jede Arbeitnehmerin/jeder Arbeitnehmer verlangen, dass mit ihr/ihm die Beurteilung ihrer/seiner Leistungen sowie die Möglichkeiten der beruflichen Entwicklung im Betrieb besprochen werden. Zudem hat jede Mitarbeiterin/jeder Mitarbeiter § 83 Abs. 1 BetrVG das Recht, in die über sie/ihn geführten Personalakten Einsicht zu nehmen. Erklärungen der Mitarbeiter/innen zum Inhalt der Personalakte sind dieser auf Verlangen beizufügen (§ 83 Abs. 2 BetrVG).

In der kollektivrechtlichen Dimension ist hier nochmals auf das schon ausführlich behandelte Mitbestimmungsrecht des Betriebsrats bei allgemeinen Beurteilungsgrundsätzen zu verweisen (vgl. Abschnitt 3.5.2). Während einzelne Beurteilungsgespräche, die ohne Vorgaben erfolgen und denen kein standardisiertes Konzept zugrunde liegt, vermutlich mitbestimmungsfrei sein werden, ist dies bei einer Einbettung des Gesprächs in einen festen instrumentellen Rahmen grundlegend anders. In diesem Falle liegen allgemeine Beurteilungsgrundsätze im Sinne des § 94 Abs. 2 BetrVG vor, so dass die Gestaltung des Gesprächs mitbestimmungspflichtig ist.

## Tipps für Arbeitnehmer/innen und Vorgesetzte

Für das Gelingen eines Beurteilungsgespräches ist eine solide Vorbereitung außerordentlich wichtig. Dabei sollte die Mitarbeiterin/der Mitarbeiter für sich selbst klären, ob es für den Beurteilungszeitraum vereinbarte Kriterien, Ziele, Aufgaben oder sonstige relevante Größen gegeben hat, um überhaupt die Leistung einzuschätzen. Sind solche Kriterien vorhanden bzw. bekannt, sollten sich die Mitarbeiter/innen auf dieser Grundlage selbst einschätzen. Falls vorhanden, geschieht dies in der Regel anhand eines Beurteilungsbogens. Zusätzlich sollte sich die Mitarbeiterin/der Mitarbeiter Beispiele als Beleg für ihre/seine Beurteilung aufschreiben/festhalten, damit im Gespräch auch anhand der beobachteten Arbeitssituation Begründungen für die Beurteilung, ggf. auch für eine abweichende Selbsteinschätzung abgegeben werden können (vgl. Hofbauer/Winkler 1999, S. 63).

Es bietet sich ferner in einem Beurteilungsgespräch an, auch Fragen der Zusammenarbeit mit der/dem Vorgesetzten anzusprechen. Insofern sollten Sie sich als Mitarbeiterin/Mitarbeiter Gedanken darüber machen, ob die/der Vorgesetzte die Arbeitsaufgaben und -ziele genügend transparent formuliert, Arbeitszusammenhänge aufzeigt, ausreichend informiert, Kompetenzen angemessen delegiert und Ihre Handlungsspielräume akzeptiert.

Gerade dann kann das Beurteilungsgespräch auch inhaltlich im Dialog geführt werden, da die/der Vorgesetzte stets als ein wichtiger Situationsbestandteil Leistung und Verhalten der Mitarbeiterin/des Mitarbeiters mit beeinflusst.

Die folgende Checkliste kann bei der Ansetzung und Gestaltung eines Beurteilungsgesprächs hilfreich sein:

- Einladung der Mitarbeiterin/des Mitarbeiters erfolgt so frühzeitig, z.B. mindestens 14 Tage vorher, damit sie/er sich darauf vorbereiten und das Gespräch ungestört verlaufen kann.
- Hilfreich ist die Übersendung der Beurteilungskriterien und -gegenstände in Form eines Beurteilungsbogens, damit auch die Grundlagen des Beurteilungsgesprächs feststehen.
- Das Beurteilungsgespräch kann durch die Aushändigung des blanko Beurteilungsbogens an die Mitarbeiter/innen fundiert vorbereitet werden.
- Die Einladung sollte über den konkreten Termin und den Ort informieren und die Vorbereitungsmaterialien beinhalten.
- Die Mitarbeiter/innen bereiten sich unabhängig voneinander mit Hilfe der Vorbereitungsmaterialien vor.
- Das Beurteilungsgespräch muss ungestört und ohne Zeitdruck (Gesamtzeitrahmen von mindestens zwei Stunden) ablaufen können.
- Alle Beteiligten sollten ihre nötigen Unterlagen zur Hand haben (Beurteilungsbogen, schriftliche Notizen, die gesammelt wurden).
- Zu Beginn eines Beurteilungsgesprächs sollten die von beiden Gesprächspartnern anzusprechenden Themen gesammelt und in einer Art Tagesordnung zusammengefasst werden.
- Der vorgesehene Beurteilungsbogen dient als Leitfaden für das Gespräch. Dieser sorgt für Klarheit im Beurteilungsgespräch. Die Ergebnisse werden im Beurteilungsbogen dokumentiert.
- Die offizielle Beurteilung entsteht daher erst während des Gesprächs nach einem Austausch von Fremd- und Selbsteinschätzung und wird im Beurteilungsbogen oder Gesprächsprotokoll festgehalten.
- Im Beurteilungsgespräch sollten die Vorgesetzten sowohl Lob verteilen als auch nach ihrer Sichtweise Fehlverhalten angemessen und nachvollziehbar begründen.
- Das Gespräch sollte unter vier Augen stattfinden und von beiden Parteien die Bemühung vorhanden sein, dass es in einer angenehmen und lockeren Atmosphäre stattfindet. Vielleicht kann im Gegensatz zum Arbeitszimmer der/des Vorgesetzten auch ein »neutraler Ort« gefunden werden.

- Das Gespräch ist grundsätzlich zweiseitig und kein hierarchischer Akt. Ansichten und Belange des/der Untergebenen sind gleichberechtigt. Gerade auch »kritische« Beurteilungsgespräche müssen auf der Basis grundsätzlicher Wertschätzung der Mitarbeiterin/des Mitarbeiters geführt werden.

- Das Beurteilungsgespräch sollte deshalb schon in freier Argumentation gehalten werden (vgl. Kratz 1998, S. 63). Entsprechend darf es keine einseitige Bestimmung des Gesprächs (z.B. Themenvorgabe, Beendigung des Gesprächs) durch die/den Vorgesetzte/n geben. Auch die/der Mitarbeiter/in muss die Gesprächsthemen beeinflussen können. Es müssen ihr/ihm ausreichend Zeit und Gelegenheit zur Verfügung stehen, um ihre/seine Probleme, Sichtweisen, Wünsche, Ziele usw. offen ansprechen zu können. Die Unterredung wird erst beendet, wenn beide Gesprächspartner/innen glauben, dass alles Wichtige erörtert ist.

- In einer Zusammenfassung am Ende des Gesprächs werden die wesentlichen Ergebnisse und Vereinbarungen nochmals hervorgehoben.

- Beenden Sie das Gespräch freundlich und wertschätzend.

Übersicht 5-22: Checkliste für das Beurteilungsgespräch

---

*Einladung zum Mitarbeitergespräch*

---

Name der Mitarbeiterin/     Datum     Uhrzeit     Ort
des Mitarbeiters

Unser Gespräch soll zum oben angegebenen Termin stattfinden. In diesem Gespräch wollen wir

– uns offen über alles unterhalten, was für Ihre Arbeitsergebnisse bzw. den Erfolg Ihrer Tätigkeit und für unsere Zusammenarbeit wichtig ist,

– auf der Basis der Ergebnisse und deren Bewertung gemeinsam die künftigen Aufgaben und Ziele festlegen und planen,

– gemeinsam Möglichkeiten für Ihre Förderung und Weiterentwicklung besprechen.

Das Ergebnis unseres Gesprächs hängt wesentlich von Ihrem Beitrag und Ihrer aktiven Mitwirkung ab. Bereiten Sie sich daher bitte sorgfältig anhand der beiliegenden Materialien auf das Mitarbeitergespräch während Ihrer Arbeitszeit vor.

Mit freundlichem Gruß

Anlagen

P.S.: Eine Kopie dieses Schreibens wurde an die Personalabteilung weitergeleitet.

Übersicht 5-23: Muster eines standardisierten Einladungsschreibens zum
               Mitarbeitergespräch

- Kurze Einleitung durch die/den Vorgesetzte/n und Festlegung der Tagesordnung
- Prüfung der Realisierung der im vorherigen Gespräch vereinbarten Maßnahmen
- Diskussion und Beurteilung der Mitarbeiter/innen-Leistung
  → Aufgabe A
  → Aufgabe B
  → Aufgabe C
  → Ziel A
  → Ziel B
  → Ziel C
  → Mitarbeit im Projektteam XY
- Entwicklung von konkreten Maßnahmen aus den Beurteilungsergebnissen (Förderung und Entwicklung)
- Fragen der Führung und Zusammenarbeit
- Vereinbarung von Aufgaben/Zielen für die anstehende Periode
- Weitere Themenwünsche
  → der Mitarbeiterin/des Mitarbeiters . . . . . . . .
  → der/des Vorgesetzen . . . . . . . .
- Zusammenfassung und Abschluss

Übersicht 5-24: Mögliche Tagesordnung für ein Mitarbeitergespräch

Gerade auf ein Beurteilungsgespräch sollten Sie sich als Mitarbeiter/in gut vorbereiten. Es geht letzten Endes um Ihre berechtigten Interessen! Sichten Sie nochmals wichtige Unterlagen und Dokumente, um Ihre Argumentation zu unterstützen.

Die Notwendigkeit einer guten Vorbereitung gilt selbstredend auch für die/den Vorgesetzte/n. Speziell auf ihre/seine Rolle ist der nachfolgende Vorbereitungsbogen zugeschnitten.

---

**Vorbereitungsbogen**

für das Beurteilungsgespräch am . . . . . . . . . . . . . . . . . um . . . . . . . . . . . . . . . .Uhr
Mitarbeiter: . . . . . . . . . . . . . . . . . . . . . . . . . . . . . . . . . . . . . . . . . . . . . . . . . . . . .

| **Stellenbeschreibung** | **Notizen:** |
|---|---|
| Gab es seit der letzten Beurteilung Änderungen in den Aufgaben des Mitarbeiters? | . . . . . . . . . . . . . . . . . . . . . . . . . . . . . . . . . . . . . .<br>. . . . . . . . . . . . . . . . . . . . . . . . . . . . . . . . . . . . . . |
| Welche Änderungen sind evtl. in Sicht? | . . . . . . . . . . . . . . . . . . . . . . . . . . . . . . . . . . . . . . |
| Um welche Punkte muss die Stellenbeschreibung geändert / ergänzt werden? | . . . . . . . . . . . . . . . . . . . . . . . . . . . . . . . . . . . . . .<br>. . . . . . . . . . . . . . . . . . . . . . . . . . . . . . . . . . . . . . |
| **Zielerfüllung / Zielvereinbarung** | |
| Welche vereinbarten Ziele / Aufgaben hat der Mitarbeiter erreicht / erledigt? | . . . . . . . . . . . . . . . . . . . . . . . . . . . . . . . . . . . . . .<br>. . . . . . . . . . . . . . . . . . . . . . . . . . . . . . . . . . . . . . |

Welche positiven Ergebnisse sollte ich ihm gegenüber besonders herausstellen?

Welche neuen Ziele sollten vereinbart werden?

### Zusammenarbeit

Wie ist mein persönliches Verhalten dem Mitarbeiter
gegenüber?

Wie läuft die Zusammenarbeit mit den
Kollegen?

Wie erlebte ich das menschliche Miteinander?

Wie zufrieden ist der Mitarbeiter wohl mit mir?

Habe ich dem Mitarbeiter genügend
Handlungsspielraum eingeräumt?

Gibt es Punkte, über die ich mich als Vorgesetzter
gefreut habe?

Womit war ich unzufrieden?

Gibt es Punkte, über die ich mich als Vorgesetzter
geärgert habe?

Wo gab es Probleme? Welcher Art waren sie?

Was ist dagegen unternommen worden?

Welche anderen Lösungen bieten sich jetzt an?

Welchen Beitrag leistet der Mitarbeiter, dieses
Problem zu beseitigen?

Habe ich als Vorgesetzter etwa versäumt, das
Problem zu beseitigen?

Habe ich als Vorgesetzter Fehler gemacht?

Wenn ja, gebe ich diese zu?

### Entwicklungspotenzial

Wo liegen die Stärken des Mitarbeiters?

Wo liegen seine Schwächen?

In welchen Bereichen kann sich der Mitarbeiter
noch entwickeln?

### Fördermaßnahmen

Ist der Mitarbeiter förderungswillig?

Wie kann man ihn am besten fördern?

| | |
|---|---|
| Braucht der Mitarbeiter in seiner jetzigen Funktion Schulung, um den Standard seiner bisherigen Arbeit zu erhalten oder zu erhöhen? | ..................................... ..................................... ..................................... |
| Falls Schulung erforderlich: In welchem Zeitraum wäre dies am günstigsten? | ..................................... ..................................... |

Übersicht 5-25: Vorbereitungsbogen für Vorgesetzte (nach Kratz 1998, S. 64 ff.)
© 1998 by Walhalla und Praetoria Verlag, Regensburg

## 5.3.3 Fördergespräch

### Hintergrund

Die Förderung der Mitarbeiter/innen ist häufig wesentlicher Bestandteil eines Beurteilungsgespräches. Nur wenn man über Stärken und Schwächen der Beschäftigten spricht, lassen sich auch folgerichtige Förderungsmaßnahmen ableiten. Es ist aber nicht ausgeschlossen, dass auch Fördergespräche losgelöst von einem – jedenfalls formalen – Beurteilungskontext stattfinden. Dies gilt zumal vor dem Hintergrund, dass die Personalentwicklung bzw. die Förderung der Mitarbeiter/innen im Unternehmen heute zu den wohl wichtigsten Vorgesetztenaufgaben überhaupt gehört. Es geht darum, Entwicklungspotenziale der Mitarbeiter/innen zu erkennen, drohende Leistungsminderungen aufzuzeigen, Lernprozesse anzuregen und Rahmenbedingungen zu schaffen, um das Gelernte anzuwenden. Personalentwicklung als Vorgesetztenaufgabe kann unter anderem durch regelmäßige Fördergespräche verwirklicht werden (vgl. KGSt 1992, S. 20).

Inhalt des Fördergesprächs sind die Entwicklungspotenziale der Mitarbeiter/innen, ihre Förderung und ihr zukünftiger Beitrag für das Unternehmensgeschehen. Dabei empfiehlt es sich auch, mit den Mitarbeiter/innen eine individuelle Karriereplanung vorzunehmen und dies schriftlich festzuhalten. Für das Unternehmen können diese Informationen wichtige Beiträge zur Personalplanung liefern. Der Personalbedarf kann dann leichter aus dem eigenen Arbeitskräftepool bedient werden, gerade was die Besetzung von frei werdenden Führungspositionen angeht. Die Mitarbeiterin/der Mitarbeiter wird aktiv in ihrer/seiner Lernbereitschaft unterstützt. Dies wird sich außerdem positiv auf die Motivation und Loyalität der Mitarbeiter/innen auswirken (vgl. Schmitz/Billen 2000, S. 58).

Das Fördergespräch ist eine zentrale Führungsaufgabe und muss von der/dem direkten Vorgesetzten geführt werden. Dennoch sollten Sie als Mitarbeiter/in auch selbst die Initiative ergreifen und Ihre eigenen Vorstellungen und Intentionen für die beruflichen Zukunft einbringen.

Insgesamt soll das Fördergespräch gewährleisten, dass die Verantwortlichkeit der Vorgesetzten für die Potenzialentwicklung sichergestellt, die Bereitschaft der Mitarbeiter/innen, sich auf Förderung einzulassen, erhöht wird und die Rahmenbedingungen für die generelle Ermittlung des Personalentwicklungsbedarfs verbessert werden (vgl. KGSt 1992, S. 23).

### Rechtliche Aspekte

Wir haben schon im allgemeinen Rechtsteil dieses Buches darauf hingewiesen, dass die Mitarbeiter/innen einen individualrechtlichen Anspruch darauf haben, sich vom Unternehmen (d. h. von der/dem Vorgesetzten) ihre Chancen und Möglichkeiten zur beruflichen Weiterentwicklung erläutern zu lassen (§ 82 Abs. 2 BetrVG). Nach dieser Norm bedarf es dazu aber einer entsprechenden Aufforderung durch die Mitarbeiterin/den Mitarbeiter.

Aus § 81 Abs. 3 BetrVG ergibt sich eine Aufforderung an den Arbeitgeber, von sich aus mit den betroffenen Mitarbeiter/innen über Umschulung, Weiterbildung oder andere geeignete Maßnahmen zu sprechen, sofern sich durch technisch-organisatorischen Wandel eine Gefährdung der Qualifikationen ergibt und soweit die Maßnahmen einem konkreten Betrieb zumutbar sind. Die Erörterungspflicht besteht unaufgefordert; d. h. einer entsprechenden Initiative der/des Beschäftigten bedarf es nicht.

### Tipps für Arbeitnehmer/innen und Vorgesetzte

Nach Hofbauer/Winkler (1999, S. 64) können Sie sich als Mitarbeiter/in auf das Förderungsgespräch vorbereiten, wenn Sie sich die folgenden Fragen stellen:

- Gab es in der Vergangenheit Personalentwicklungsmaßnahmen, in welchem Umfang und mit welchem Erfolg?
- Vom wurden die Weiterbildungsmaßnahmen initiiert? Sind Absprachen eingehalten worden?
- Wie verhält sich der Status quo der Qualifikation und ist zz. Unterstützung notwendig?
- Entspricht die Arbeit Ihren Fähigkeiten und Anforderungen? Fühlen Sie sich über- oder unterfordert?

> ▪ Bestehen Entwicklungsmöglichkeiten im eigenen Verantwortungsbereich, in der Abteilung oder im Unternehmen?
> ▪ Was könnten zukünftige Herausforderungen sein? Wie kann das Unternehmen diese Vorstellungen unterstützen?

Übersicht 5-26: Fragen zur Vorbereitung eines Fördergespräches

## Die Führungskraft sollte sich für die Umsetzung der festgelegten Maßnahmen konsequent einsetzen und der Mitarbeiterin/dem Mitarbeiter kontinuierlich Feedback geben.

| *Fördergespräch* | |
|---|---|

| Name: | GB/Div./Abtlg.: |
|---|---|
| Alter: | Position: |
| Eintrittsdatum: | Vorgesetzte/r: |

Bisherige Aufgabenfelder:
▪ Derzeitige Hauptaufgaben/Anforderungen/Tätigkeiten:
▪ Spezialkenntnisse/-fähigkeiten und besondere Stärken:
▪ Noch fehlende Kenntnisse bzw. Schwächen:

Beruflichen Ziele und Karrierewünsche:
▪ Kurzfristig:
▪ Mittelfristig:
▪ Langfristig:

Ziele und Aufgaben für den kommenden Zeitraum von _____ bis _____

Unterstützungs- und Fördermaßnahmen zur optimalen Bewältigung der kommenden Arbeitsaufgaben (Weiterbildung, Training und Optimierung der Rahmenbedingungen)

Vorschläge des Vorgesetzten:

Wünsche der Mitarbeiterin/des Mitarbeiters:

Empfehlungen der Personalentwicklung:

Vereinbarungen zwischen Vorgesetzter/Vorgesetztem und Mitarbeiter/in:

Datum: _____ Mitarbeiter/in: _____ Vorgesetzte/r: _____
Datum: _____ Mitarbeiter/in: _____ Pers.entwicklung: _____

Übersicht 5-27: Dokumentationsbogen für Fördergespräche
(nach von Saldern 1998, S. 120 f.)
© 1998 by Schneider Verlag Hohengehren GmbH, Baltmannsweiler

## 5.4 Konfliktgespräche

Als letzte Art des Mitarbeitergespräches wollen wir uns in diesem Buch mit Konfliktgesprächen beschäftigen. Da sich die Konfliktgespräche von den Spielarten der Motivationsgespräche erheblich unterscheiden, sind wieder umfassendere Ausführungen erforderlich.

### 5.4.1 Hintergründe

Wo Menschen miteinander arbeiten, sind Konflikte nahezu unausweichlich: Verschiedenartige Vorstellungen und Bedürfnisse treffen aufeinander, die Beteiligten verfügen über unterschiedliches Wissen und Qualifikationen, nur einige sind für Entscheidungsfindung und -durchführung verantwortlich, während andere eher »passive Empfänger/innen« dieser Entscheidungen sind. Früher vertraten viele einseitig die Ansicht, Konflikte seien für eine Organisation schädlich, sie würden den Arbeitsprozess »stören« und »bremsen«. Das »neue« Konfliktdenken anerkennt aber auch einen positiven Kern von Konflikten: Sie decken Schwächen in Organisation und Prozess auf und tragen damit zum notwendigen Wandel von Organisationen bei. Diese gegensätzlichen Ansichten sind in der folgenden Übersicht gegenübergestellt:

| Altes Konfliktdenken | Neues Konfliktdenken |
|---|---|
| Konflikte sind überflüssig. Sie bremsen uns in unserer Entwicklung und stören auf diese Weise unser Zusammenleben. | Konflikte sind unvermeidbar. Sie sind notwendig, um Phasen der Anpassung einzuleiten und sind somit ein unabdingbarer Bestandteil unseres Zusammenlebens. |
| Um einen Konflikt zu lösen, müssen seine Ursachen erkannt und ausgeschaltet werden. | Konfliktursachen sind in der Regel in einem komplexen System miteinander vernetzt. Die zum Teil irrationalen Verknüpfungen müssen von allen Beteiligten gemeinsam analysiert werden. Es reicht nicht, den vermeintlichen Schuldigen zu identifizieren und auszuschließen. |
| Die Konfliktlösung basiert auf logischen Analysen und Maßnahmen. | Um Konflikte zu lösen, stehen dialektische Methoden im Vordergrund. Das bedeutet, dass eine Lösung häufig nur durch Reden und Verhandlungen gefunden werden kann. Rationalität und Irrationalität müssen zugelassen werden. |
| Konflikte führen zu Gewinnern und Verlierern. | Ein Konflikt kann nicht einseitig gewonnen werden. Der Konflikt schwelt dann nämlich weiter. Ein für beide Seiten befriedigendes Ergebnis ist jedoch erreichbar, wenn beide Parteien eine Übereinkunft auf der Sach- und der Beziehungsebene finden können. |

Übersicht 5-28: Altes und neues Konfliktdenken (nach Gommlich/Tieftrunk 1999, S. 41 f.)
© 1999 by Falken Verlag, Niedernhausen

Folgt man dem »neuen« Denken, hat dies mindestens zwei wichtige Konsequenzen:
1. Wenn es also im Arbeitsprozess immer wieder zu Konflikten kommt, müssen alle Beteiligten notwendigerweise mit ihnen umgehen lernen; Konfliktbehandlung ist damit nicht allein eine Vorgesetztenaufgabe.
2. Wenn Konflikte nicht einfache Ursache-Wirkungszusammenhänge sind, sondern vielmehr komplexe (z. T. auch irrationale) Wechselbeziehungen darstellen, die nur durch Reden und Verhandlungen wieder aufgelöst werden können, dann kommt dialogorientierten Mitarbeitergesprächen bei der Konfliktbehandlung eine entscheidende Rolle zu.

Demnach werden Beschäftigte mit Konfliktsituationen am Arbeitsplatz oder in Mitarbeitergesprächen zwangsläufig immer wieder konfrontiert. Hilfreich ist es dabei, einige Grundkenntnisse über Begriff, Arten und Funktionen von Konflikten in Organisationen sowie denkbare Eskalationsstufen zu haben.

### Was ist ein Konflikt?

Für manche Autor/innen (z.B. in der Psychotherapie) liegt ein Augenmerk des Konfliktbegriffes auf »seelischen« oder »*inneren*« *Konflikten*: Dabei ist eine Person mit sich und ihrer Rolle uneins und/oder kann sich zwischen verschiedenen Alternativen nicht entscheiden. Denken Sie an folgende Situation: Eine Mitarbeiterin bzw. ein Mitarbeiter kann eine höhere Position einnehmen, muss dafür aber weitere Anfahrtswege zum Arbeitsplatz, Wochenendarbeiten und einige Schulungen auf sich nehmen – dieser zusätzliche Aufwand ginge zulasten der eigenen Freizeit und des Familienlebens. Die/der Beschäftigte liegt mit sich selbst (und nur mit sich selbst) im Widerstreit, hat einen »inneren Konflikt«.[9] Derartige Konflikte treten auch in Unternehmen auf. Gleichwohl werden sie in diesem Ratgeber nur am Rande behandelt.

Für unser Thema stehen vor allem Konflikte im Mittelpunkt der Betrachtung, an denen *mindestens zwei Parteien* (Individuen, Gruppen, Organisationen) beteiligt sind. Zusätzlich ergeben sich aus der Definition von Glasl (1999, S. 14 ff.) weitere Merkmale von »*sozialen*« *Konflikten*:

---

9 Vgl. zu diesem Beispiel eines so genannten Annäherungs-Vermeidungs-Konfliktes und zu einem kurzen Überblick über seelische Konflikte Berkel (1999), S. 13 f.

- es handelt sich nicht um eine *einfache* Kommunikation oder Nachricht, sondern um eine so genannte Interaktion, d. h. ein *wechselseitiges* Kommunizieren oder Handeln zwischen den Beteiligten;[10]
- es reicht aus, wenn *eine/r* der Beteiligten sich *subjektiv* »gestört« fühlt, d. h. zwischen der eigenen Position und der anderen Partei Unvereinbarkeiten wahrnimmt;
- diese Unvereinbarkeiten können resultieren aus unterschiedlichem Denken, abweichenden Vorstellungen oder Wahrnehmungen bzw. unterschiedlichem Fühlen und Wollen;
- die Unvereinbarkeiten spielen sich nicht nur in den Köpfen der Beteiligten ab, sondern haben Auswirkungen bei der Realisierung von Projekten und Handlungen;
- die Partei, die sich beeinträchtigt fühlt, sieht die Ursache bei der Gegenseite (unabhängig davon, ob es dieser bewusst ist oder nicht).

Konflikte schwelen dabei oft im »Untergrund« und sind möglicherweise den Beteiligten lange Zeit gar nicht bewusst, bevor sie an die Oberfläche treten.

### Funktionen von Konflikten

Dass Konflikte keinesfalls nur »schlecht« sind, sondern auch einen »positiven Kern« haben, wurde bereits deutlich. Konflikte haben in Organisationen vielfältige Funktionen (vgl. hierzu Schwarz 1997, S. 15 ff.). Zunächst decken sie *Unterschiede in Positionen und Ansichten* auf, die in arbeitsteiligen Unternehmen an der Tagesordnung sind. Unterschiedliche Meinungen dienen dazu, ein Problem von mehreren Seiten zu betrachten – erst dadurch wird die Komplexität von Sachverhalten deutlich und bearbeitbar. Konflikte weisen aber nicht nur auf reale Unterschiede hin, sondern sie stellen auch *Gemeinsamkeiten in einer Gruppe* her, was nur auf den ersten Blick widersprüchlich erscheint. Wo Konflikte beharrlich geleugnet werden, brodelt es manchmal bei näherem Hinsehen unter der Oberfläche, unter dieser Oberfläche ist diese Gruppe uneins. Erst wenn der Konflikt zutage tritt, kann darüber gesprochen und über Lösungswege diskutiert werden. Das lässt die Gruppe wieder näher zusammenrücken. Durch den Konflikt wird die Vielfalt der Ansichten offengelegt, im Zuge der Konfliktaustragung einigt man sich (theoretisch) wieder auf eine *gemeinsame* Linie.

---

10 Vgl. zum Begriff der Interaktion Watzlawick/Beavin (1980) und Watzlawick u.a. (1996), S. 50 ff.

Konflikte in Organisationen entstehen auch dann, wenn ein (mehr oder weniger großer) Teil der Organisationsmitglieder der Meinung ist, es seien Veränderungsprozesse notwendig. Setzen sie sich im Konflikt durch, findet die *Veränderung* statt, die Organisation »lernt«. Kann sich die »neue« Ansicht nicht durchsetzen, führt die Auseinandersetzung zum Erhalt des Bestehenden.

### Arten von Konflikten in Organisationen

Berkel (1999, S. 18 ff.) unterscheidet vier Arten von organisatorischen Konflikten:[11]

1. *Sachkonflikte:* Abweichende Meinungen der Parteien beziehen sich in Sachkonflikten z. B. auf die Frage, mit welchen Mitteln ein bestimmtes Ziel zu verfolgen ist, welche Ressourcen dafür benötigt werden usw.
2. *Beziehungskonflikte:* Hierbei geht es um Störungen oder Verstimmungen zwischen den Beteiligten, die von mindestens einer Seite »persönlich« genommen werden. Dies kann sehr leicht passieren: Das Modell der »vier Seiten einer Nachricht« bzw. das »Vier-Ohren-Modell« nach Schulz von Thun verdeutlichen, dass mit *jeder* Botschaft u.a. auch die Beziehung zwischen Sender und Empfänger berührt wird (vgl. Abschnitt 2.2).
3. *Wertkonflikte:* Diese beruhen z.B. auf unterschiedlichen ethischen Vorstellungen oder sonstigen Prinzipien des Denkens und Handelns.
4. *Verteilungskonflikte:* Wo die Ressourcen knapp sind, kommt es im Wirtschaftsleben fast zwangsläufig zu Auseinandersetzungen über die Verteilung der Mittel, Kompetenzen, Zuständigkeiten usw. Meist können einer Seite nur mehr Ressourcen zugestanden werden, wenn dies zulasten einer anderen Partei geht.

Je nach Art des Konfliktes sind unterschiedliche Vorgehensweisen zur Beilegung notwendig.

### Grundsätzliches zur Konfliktbewältigung

Es gibt verschiedene Möglichkeiten, mit einem Konflikt umzugehen. Im betrieblichen Alltag, wo Menschen über einen langen Zeitraum miteinander umgehen müssen und aufeinander angewiesen sind, sind

---

11 Darüber hinaus spricht Berkel auch von »inneren Konflikten« der Organisationsmitglieder: Diese werden hier aber nur am Rande behandelt.

vier Arten der Konfliktbewältigung gebräuchlich (vgl. Gehm 1997, S. 199 ff.):

1. das *Verschweigen oder Unterdrücken des Konfliktes*: Hier »flüchten« die Beteiligten vor dem Konflikt, indem sie z.b. eine Entscheidung hinausschieben und den Konflikt ignorieren, vertuschen oder verdrängen. Eine Lösung für das Problem ist dies nicht: »Ein Konflikt, der immer wieder unter den Teppich gekehrt wird, muss irgendwie doch einmal angepackt werden« (Schwarz 1997, S. 223).

2. die *Zufallsentscheidung* bzw. *Entscheidung der/des Vorgesetzten*: Diese theoretisch sehr schnelle Möglichkeit der Entscheidung hat für die Konfliktparteien eine Entlastungsfunktion. Sie setzt ein Minimum an Kooperation voraus. Beide müssen sich auf dieses Verfahren einigen und die Entscheidung akzeptieren. Im Gegenzug dafür werden die Beteiligten davon »entlastet«, selbst eine Lösung finden zu müssen. Allerdings kann diese Strategie langfristig den Keim für einen neuen Konflikt in sich tragen, nämlich wenn die Entscheidung eine Partei zur Verliererin, die andere zur Gewinnerin erklärt wird.

3. der *Kompromiss*: Beim Kompromiss bewegen sich beide Lager aufeinander zu und machen Zugeständnisse. Das bedeutet, dass keine Gruppe vollständig »verliert«, aber meist auch keine ihre Forderungen gänzlich erfüllt sehen wird. Empfindet eine Seite subjektiv ihre Zugeständnisse im Vergleich zur anderen als größer, kann hieraus Unzufriedenheit entstehen. »Faule« Kompromisse klammern wichtige kontroverse Themen aus der Lösung aus; zu erwarten ist dann ein erneutes Aufbrechen des Konfliktes (vgl. Schwarz 1997, S. 241).

4. die *kooperative Konfliktbewältigung* durch die *gemeinsame* Suche nach neuen *Lösungen*: Unter langfristigen Gesichtspunkten verspricht die kooperative Konfliktbewältigung durch die Konfliktparteien den meisten Erfolg. Voraussetzung hierfür ist, dass die Beteiligten ein Mindestmaß an Vertrauen zueinander haben. Dann können sie so lange verhandeln, »...bis eine Lösung gefunden ist, die beide Seiten voll befriedigen kann« (Gehm 1997, S. 201). Diese Form ist gewöhnungsbedürftig und erfordert einen hohen Zeitaufwand; darüber hinaus ist nicht garantiert, dass es tatsächlich eine faire Lösung für den Konflikt gibt. Gleichwohl ist eine kooperative Konfliktbewältigung im Arbeitsleben von Vorteil, da die Beteiligten auch nach dem Konflikt langfristig zusammenarbeiten müssen.

Welches Muster angemessen für den jeweiligen Konflikt ist, hängt von mehreren Faktoren ab. Hierbei ist zunächst zu analysieren, um welche

Konfliktart es sich handelt. Berkel hält *Sachkonflikte* grundsätzlich durch Methoden der Problemlösekonferenz für lösbar. Hier erfolgt die Lösung in einem 5-Phasen-Konzept:
1. Problem identifizieren und beschreiben,
2. Ziel definieren und vereinbaren,
3. Ursachen herausfinden und analysieren,
4. Lösungsideen entwickeln und gewichten,
5. Entscheidungen treffen und durchführen (Berkel 1999, S. 19).

Auch Konflikte und Aushandlungsprozesse um die *Verteilung knapper Ressourcen* hält er grundsätzlich für lösbar, sofern sich die Beteiligten an verabredete Spielregeln halten und den Willen zu einem Kompromiss mitbringen. Selten aber verbleiben Sach- oder Verteilungskonflikte auf einer sachlichen Ebene. Im Konfliktverlauf besteht immer wieder die Gefahr, dass mindestens eine Seite die Kontroversen »persönlich« nimmt, sich verletzt oder gedemütigt fühlt. Schließlich sind Konflikte oft von einer starken Emotionalität begleitet. In Beziehungskonflikten besteht besonders die Gefahr, dass sich die Konfliktparteien in einem »zwischenmenschlichen Teufelskreis« aus gegenseitigen Vorurteilen verfangen sehen, aus dem sie sich allein kaum noch lösen können (vgl. Abschnitt 2.2). Verfehlt wären dann Anstrengungen, diesen Typus allein durch eine Analyse der sachlich ausgetauschten Argumente lösen zu wollen, bei einer Klärung muss hier die Beziehungsebene selbst angesprochen werden (vgl. Berkel 1999, S. 20).

Liegen dem Konflikt unvereinbare Wertvorstellungen der Beteiligten zugrunde, lassen sich diese Wertkonflikte i. d. R. kaum lösen. Beim Konfliktaustrag sind Spielregeln hilfreich, an die sich die Beteiligten zu halten verpflichten. Entweder finden die Lager zu einem Konsens oder aber der Wertkonflikt muss von einer neutralen Instanz bzw. einer dazu legitimierten Stelle (evtl. auch Führungskraft) entschieden werden (vgl. Berkel 1999, S. 20).[12]

Die Wahl der Konfliktbewältigungsmethode ist außerdem davon abhängig, wie weit der Konflikt fortgeschritten ist (so genannte *Eskalationsstufen*).[13] Solange die Auseinandersetzung im Anfangsstadium ist, kann eine Lösung noch relativ leicht erreicht werden, denn die Beteiligten sind noch an einer kooperativen Konfliktlösung interessiert. In »höheren Eskalationsstufen« ist abzuwägen, ob eine kooperative Lösung noch

---

12 Auf die Rolle einer »dritten Partei« wird weiter unten eingegangen.
13 Siehe zum Modell der Eskalationsstufen ausführlich Glasl (1999, S. 216 ff.).

durch die Beteiligten erreicht werden kann. Falls nicht, ist zu überlegen, ob eine dritte Partei als Entscheidungs-, Moderations- oder Schlichtungsinstanz hinzugezogen werden sollte. Hierbei kann es sich um vorgesetzte Führungskräfte oder um externe Beraterinnen und Berater handeln. Hierauf wird weiter unten eingegangen.

Diese Ausführungen zeigen, dass eine sorgfältige Analyse der Situation notwendig ist, um einen Konflikt zu einem für beide Seiten konstruktiven Ende zu führen. Dies gilt, wenn Sie einen Konflikt in Ihrer Arbeitsumgebung beobachten, aber auch, wenn Sie selbst betroffen sind. Aus diesem Grund haben wir im Abschnitt »Tipps für Beschäftigte« einen Analysebogen entwickelt, mit dem Sie die bisherigen Überlegungen auf konkrete Konfliktsituationen im Arbeitsalltag anwenden können.

Bei der Behandlung von Konflikten kommt den Konfliktgesprächen als spezieller Form der Mitarbeitergespräche eine besondere Bedeutung zu. Der folgende Abschnitt zeigt zwei fiktive Beispiele für Konflikte, wie sie im betrieblichen Alltag häufig auftreten. Dabei zeigt »Alternative A«, wie der alltägliche Vorfall jeweils im ungünstigen, »Alternative B« wie dieser in einem günstigeren Fall verlaufen könnte.

## 5.4.2    Arten von Konfliktgesprächen: zwei Beispiele

**Beispiel 1: Konflikt mit einer Kollegin oder einem Kollegen am Arbeitsplatz**
Ausgangssituation:
Stellen Sie sich vor, Sie sind Sachbearbeiterin bzw. Sachbearbeiter in der Buchhaltung und zuständig für Rechnungserstellung und -versand, die tägliche Überwachung der Zahlungseingänge sowie das Mahnwesen. Da Sie sehr viele Fristen zu überwachen haben, ist es notwendig, dass EDV-Eingaben und das ausgefeilte Ablagesystem immer auf dem Laufenden sind. Weil diese Tätigkeiten nicht mehr von einer Person zu bewältigen sind, hat die Abteilungsleitung Ihnen seit kurzem einen neuen Kollegen zur Seite gestellt. Seither teilen Sie sich das Büro zu zweit. Nach einiger Zeit nervt es Sie zunehmend, dass die Ablage an Ihnen hängen bleibt. Als der Abteilungsleiter Sie im Fahrstuhl auf »den Neuen« anspricht, nehmen Sie deshalb die Gelegenheit wahr um anzubringen, dass dieser es »mit der Ordnung ja nicht so habe.« In den kommenden Tagen bemerken Sie, wie sich der Kollege zurückzieht. Das Arbeitsklima im Büro wird frostig. Als Ihr Kollege eines Tages erneut die Ablage übersieht, beschließen Sie, ihn direkt darauf anzusprechen.
Alternative A:
Zunächst teilen Sie dem Kollegen mit, dass er zu »ungeliebten« Aufgaben, wie z.B. der Ablage, wohl wenig Lust verspüre. Das ginge aber ja nicht. Schließlich sei es in dieser Abteilung besonders wichtig, dass das Ablagesystem immer auf dem Laufenden sei. Wie er sich denn die künftige Aufgabenteilung vorstelle? Daraufhin »blafft« Ihr Kollege ärgerlich

zurück: »Das habe ich doch neulich erst gemacht!« In der Folgezeit verfestigt sich die Situation zu einem handfesten Konflikt.

Alternative B:
Sie fragen Ihren Kollegen, ob Sie in der Mittagspause gemeinsam etwas trinken gehen wollen. Bis dahin beruhigen Sie sich und bereiten sich gedanklich auf das Gespräch vor. Nachdem Sie ein ruhiges Lokal aufgesucht und eine Weile über Unverfängliches aus dem Arbeitsalltag geplaudert haben, kommen Sie auf den eigentlichen Anlass Ihrer Unterredung zu sprechen: »Ich habe beobachtet, dass unser Ablagesystem nicht immer auf dem Laufenden ist. Ich habe das Gefühl, dass ich diese Aufgabe häufiger erledige als Sie. Wie sehen Sie das?«

Vielleicht gibt es Gründe, dass er die Ablage bisher nicht erledigen konnte (z.B. eilige Aufträge Ihrer gemeinsamen Vorgesetzten)? Ist ihm die Wichtigkeit der Fristenüberwachungen nicht ganz klar? Wurde er in die Ordnung des Ablagesystems noch nicht vollständig eingeweiht?

Durch die kooperative Gesprächseröffnung in Form einer Ich-Botschaft haben Sie die Grundlage für eine vertrauensvolle Auseinandersetzung über die Hintergründe des Konfliktes geschaffen. Durch die Fragestellung geben Sie Ihrem Kollegen Zeit, die Situation aus eigener Sicht zu schildern: »Ich bin mit der Ablage noch nicht besonders vertraut.« Er sieht ein, dass er zukünftig diese Aufgabe häufiger übernehmen muss. Allerdings möchte er darum bitten, dass Sie sich künftig zuerst mit ihm unterhalten, bevor Sie sich beim Vorgesetzten beschweren. Erst dadurch erfahren Sie, dass der Vorgesetzte Ihre im Fahrstuhl gemachte Bemerkung zum Anlass genommen hat, Ihren Kollegen zu einem Gespräch zu bitten. Nun wird Ihnen das kühle Verhalten der letzten Zeit klar. Sie entschuldigen sich und versprechen Ihrerseits ebenfalls »Besserung«. Im weiteren Verlauf treffen Sie verschiedene Vereinbarungen für die künftige Zusammenarbeit. Sie werden Ihrem Kollegen das Ablagesystem noch einmal gründlich erläutern, Sie beide werden sich täglich mit der »ungeliebten« Aufgabe abwechseln. Sie vereinbaren ein Folgegespräch in drei Wochen (ebenfalls außerhalb der normalen Büroroutine), um zu sehen, wie Sie beide mit den Vereinbarungen zurechtkommen.

**Beispiel 2: Beschwerde einer bzw. eines Beschäftigten bei der vorgesetzten Führungskraft**
Ausgangssituation:
Sie fühlen sich von Ihrem Vorgesetzten ungerecht behandelt. Noch vor drei Monaten hatte er Ihnen angekündigt, dass Sie bei der nächsten Beförderung »dran« wären, da sich Ihre Verkaufszahlen in den letzten Jahren so gut entwickelt hätten. Zwar haben Sie das nicht schriftlich, doch bisher konnte man sich auf sein Wort immer verlassen. Nun hören Sie, dass ein Kollege aus der Nachbarabteilung vor Ihnen befördert worden ist – dabei sind Ihre Zahlen sogar noch besser geworden. Nachdem Sie Ihren Zorn bereits ein paar Tage mit sich herumgeschleppt haben, suchen Sie nun das Gespräch mit Ihrem Vorgesetzten.

Alternative A:
Sie klopfen beim Büro Ihres Vorgesetzten und fragen ihn, ob er einen Moment Zeit hat. Nachdem er Sie hereingebeten hat, eröffnen Sie das Gespräch mit den Worten: »Sie hatten mir doch fest versprochen, dass ich bei der nächsten Beförderung zum Zuge käme. Das war ja wohl nichts!« Darauf der Vorgesetzte: »Versprochen habe ich Ihnen gar nichts!« Da Sie diese Bemerkung maßlos ärgert, entgegnen Sie, dass – wenn er mit Ihrer Leistung nicht einverstanden sei – er Ihnen doch gar keine Hoffnung hätte machen dürfen. Immerhin würden Sie sich doch schon seit Jahren für den Betrieb abrackern. Ob das nun gar nicht mehr zähle? »So kommen wir nicht weiter«, entgegnet der Vorgesetzte. Da er momentan keine Zeit hat, bittet er Sie, das Gespräch auf einen späteren Zeitpunkt zu verschieben.

Alternative B:
Sie lassen sich von der Sekretärin einen Termin für die Unterredung geben. Nach einigen höflichen, einleitenden Sätzen kommen Sie auf Ihr Anliegen zu sprechen: »Wir hatten uns vor kurzem darüber unterhalten, dass die Entwicklung der Verkaufszahlen in meinem Bereich erfreulich ist und ich mir daher möglicherweise Hoffnung auf die Beförderung machen kann. Nun habe ich gehört, dass der Kollege aus der Nachbarabteilung einen höheren Posten bekommen hat. Können Sie mir etwas über die Hintergründe Ihrer Entscheidung sagen?« Der Vorgesetzte erklärt Ihnen daraufhin, dass zur Ausübung dieser Position umfangreichere Kenntnisse in Kosten- und Leistungsrechnung notwendig seien. Diese habe der Kollege in Abendkursen erworben. Er sei mit Ihrer Leistung nach wie vor zufrieden, jedoch kämen Sie für diesen konkreten Posten derzeit nicht in Frage. Er müsse jedoch zugeben, dass es geschickter gewesen wäre, Sie im Vorfeld über die Sachlage zu informieren. Sie vereinbaren, dass er Sie von der nächsten frei werdenden Stelle in Kenntnis setzt und Sie gemeinsam überlegen, ob diese Position für Sie in Frage kommt. Sie selbst verpflichten sich, die wichtiger werdenden Controllingkenntnisse in einem Seminar aufzufrischen. In drei Monaten wollen Sie die Situation erneut beraten.

Ganz offensichtlich sind in beiden Beispielen die Alternativen B besser verlaufen. Die Beteiligten haben es geschafft, während des Gespräches einen kooperativen Umgang und eine sachliche Form der Auseinandersetzung zu finden. Die jeweiligen Besprechungen enden mit Vereinbarungen, die von den Beteiligten nach einer gewissen Zeit überprüft werden sollen. Insgesamt folgen die Gespräche in etwa einem Ablaufschema, wie es im folgenden Abschnitt zu so genannten kooperativen Konfliktgesprächen erläutert wird.

## 5.4.3 Anforderungen an Konfliktgespräche

### Das kooperative Konfliktgespräch

Grundgedanke der kooperativen Konfliktbewältigung ist die Einigung durch die Konfliktbeteiligten. Dieser Gesprächstyp ist deshalb so wichtig, weil im Arbeitsleben die Betroffenen in der Regel auch nach der Konfliktbewältigung weiterhin zusammenarbeiten müssen. Aufgrund der vielfältigen in konfliktären Situationen aufgestauten Emotionen stellen derartige Gespräche hohe Anforderungen an die Beteiligten. Berkel unterscheidet sechs Phasen eines kooperativen Konfliktgespräches (vgl. Berkel 1999, S. 77 ff.):

Phase A: Erregung kontrollieren
Phase B: Vertrauen herstellen
Phase C: Offen kommunizieren
Phase D: Problem lösen
Phase E: Vereinbarung treffen
Phase F: Persönlich verarbeiten

### Phase A: Erregung kontrollieren

Wie wir weiter oben herausgearbeitet haben, liegt ein Konflikt bereits dann vor, wenn *eine* Seite Unvereinbarkeiten (welcher Art auch immer) wahrnimmt. Damit sind in der Regel mehr oder weniger starke Gefühle verbunden. Während der ersten Phase sollte deshalb zunächst die berechtigte Erregung kontrolliert werden. Das heißt nicht, dass die Emotionen einseitig »heruntergeschluckt« werden. Da der anderen Seite der Konflikt aber nicht notwendigerweise bewusst ist, würde sich ein zu großer Ärger erschwerend auf das weitere Gespräch auswirken.

Deutlich wird dies besonders am oben beschriebenen ersten Beispiel: Man kann sich gut vorstellen, wie in der Alternative A der Kollegin bzw. dem Kollegen »der Kragen platzt«, weil die zweite Person die Ablage nicht wie erwartet erledigt. Die Gesprächseröffnung wirkt »erzieherisch«, woraufhin dann der Kollege mit einer Trotzreaktion antwortet. In Alternative B beruhigt sich die Person vor dem Gespräch und bereitet sich mental darauf vor.

### Phase B: Vertrauen herstellen

Da Konfliktgespräche immer eine angespannte Situation für beide Seiten bedeuten, ist Misstrauen eine schlechte Ausgangsbasis. Erinnern Sie sich an den Beginn dieses Ratgebers. Die erste Phase der Gesprächsdurchführung wird oft als »Warming up« bezeichnet, weil hier die Grundlage für eine freundliche Atmosphäre und einen positiven Gesprächsverlauf gelegt wird (vgl. Abschnitt 4.2). Da in Konflikten die Gefahr besteht, dass die Beziehungsebene der Beteiligen negativ belastet wird, sind »vertrauensbildende Maßnahmen« zu Beginn eines Gespräches wichtig (z.B. ein freundlicher Händedruck und eine offene Begrüßung). Hier wird signalisiert: Obwohl ich einen Konflikt empfinde, liegt mir trotzdem an Dir bzw. an Ihnen! Im obigen Beispiel des kollegialen Konfliktes gelingt dies in der Alternative B recht gut: Das Gespräch findet auf neutralem Boden (in einem ruhigen Lokal) in gelöster Atmosphäre statt, man wechselt zunächst einige unverfängliche Sätze.

### Phase C: Offen kommunizieren

Die Vertrauensbildung ist die Grundlage für das offene Kommunizieren in der Phase C. Hier sollen alle Aspekte, die mit dem Konflikt zusammenhängen, »auf den Tisch gebracht« werden. Erst dann kann man sich an die eigentliche Klärung des Konfliktes machen. Da Sie im Konfliktfall besonders sensibel vorgehen müssen, sollten Sie hier ganz bewusst auf die Anwendung spezieller Gesprächsführungstechniken achten, die wir in Abschnitt 4.4 ausführlich besprochen haben.[14] Wie ein »offenes Kommunikationsmuster« im Vergleich zu einem »verschlossenen« aussieht, zeigt die folgende Tabelle:

## Kommunikationsmuster

| Verschlossen | Offen |
|---|---|
| *bewerten:* loben, kritisieren, vergleichen | *beschreiben:* über beobachtetes Verhalten informieren, den anderen ersuchen, seine Beobachtungen mitzuteilen |
| *kontrollieren:* Verhalten und Einstellungen des anderen zu ändern suchen, dazu Drohung und Zwang einsetzen | *problemorientiert:* eine gemeinsame kooperative Lösung wünschen und zur Suche danach einladen |
| *strategisch:* den anderen manipulieren, die eigenen Ziele nicht preisgeben, taktieren | *spontan:* offen und täuschungsfrei die eigenen Motive und Absichten mitteilen |
| *neutral:* den anderen als Objekt betrachten, ihn als Mittel für die eigenen Ziele einspannen | *einfühlend:* die Persönlichkeit des anderen verstehen und respektieren, seine Förderung als Ziel in sich begreifen |
| *überlegen:* Macht, Position, Wissen ausspielen, dadurch seine Vorstellungen durchsetzen | *partnerschaftlich:* auf gleichberechtigter Basis zu gemeinsamem Planen und Handeln bereit sein |
| *sicher:* weiß schon die Antwort, Neuem gegenüber wenig aufgeschlossen | *vorläufig:* bereit zu experimentieren, sich vorschneller Urteile enthalten |

Übersicht 5-29: Verschlossene und offene Kommunikationsmuster (nach Berkel 1999, S. 89)
© 1999 by J. H. Sauer-Verlag GmbH, Heidelberg

In den oben skizzierten geglückten Gesprächsverläufen finden sich viele Merkmale des offenen Kommunizierens wieder. Im Konflikt zwischen den Kolleg/innen (Beispiel 1) beschreibt die erste Person wertneutral ihre Beobachtungen. Durch eine offene Fragestellung ermöglicht sie es ihrem Gegenüber, seine Sichtweise der Dinge darzulegen. Dadurch erfährt sie zum einen, dass ihr Kollege noch nicht mit der Ablage vertraut ist. Zum anderen traut sich dieser durch die offene Kommunikation aber auch, den Konflikt auf der Beziehungsebene offen anzusprechen. Berechtigterweise fand er es nicht in Ordnung, dass die Klagen über die liegengebliebene Ablage bereits an den Vorgesetzten gemeldet wurden. Da es sich um ein Fehlverhalten auf der Beziehungsebene handelt, ist an dieser Stelle eine Entschuldigung angebracht und wird vermutlich auch erwartet. Nachdem nun beide Seiten ihre Position offen geschildert haben, ist die Grundlage für eine Problemlösung geschaffen. Ebenso wie

---

14 Vgl. hierzu auch überblicksartig die »Tipps für Beschäftigte« am Ende dieses Kapitels (Abschnitt 5.4.6).

die Phase B hat die Phase des offenen Kommunizierens wichtige Auswirkungen auf die Beziehungsebene der beteiligten Personen.

Ähnlich verläuft das kooperative Gespräch zwischen der/dem Beschäftigten und dem Vorgesetztem (Beispiel 2). Die Mitarbeiterin bzw. der Mitarbeiter versucht über eine offene Fragestellung, mehr über die Hintergründe der Beförderungsentscheidung zu erfahren. Daraufhin erläutert der Vorgesetzte seine Gründe ausführlich.

**Phase D: Problem lösen**

Nachdem in Phase C die Konfliktebenen offen und möglichst vollständig diskutiert wurden, können beide Seiten sich gemeinsam auf die Suche nach Problemlösungen begeben. Dieser Prozess kann sehr langwierig und in schwierigeren Fällen sogar auf mehrere Gespräche verteilt sein. An eine Lösung, die längerfristig Bestand haben soll und nicht gleich den Keim einer neuen Auseinandersetzung in sich trägt, sind folgende Anforderungen zu stellen (vgl. auch Berkel 1999, S. 98 ff.):

- beide Seiten sollten sich entgegenkommen und zu gewissen Zugeständnissen bereit sein;
- jede Seite sollte zumindest einen Teil der eigenen Vorstellungen verwirklichen können und dabei nicht das Gefühl haben müssen, dass die andere Seite »gewonnen« hat;
- werden von einer Seite Zugeständnisse verlangt, so ist dies für sie leichter, wenn sie dafür Kompensationen erhält;
- bei der Problemlösung sollten beide Seiten ihr Gesicht wahren können.

In den oben beschriebenen Fällen (jeweils Alternative B) scheinen diese Bedingungen erfüllt. In beiden Beispielen sind jeweils beide beteiligten Konfliktparteien zu Konzessionen bereit.

**Phase E: Vereinbarung treffen**

Die gefundenen Problemlösungen sollten für die Beteiligten eine Verbindlichkeit herstellen; sie müssen darauf vertrauen können, dass die Vereinbarungen eingehalten werden. Deshalb sollen die Verabredungen so klar formuliert sein, dass alle Beteiligten wissen, was zu tun ist. Die Übereinkunft hat den Charakter einer «Spielregel». Hierauf können sich die Beteiligten berufen, wenn es zu erneutem Fehlverhalten kommt. Mit den Phasen D und E ist die *sachliche* Dimension der Konfliktlösung abgeschlossen. In den o. a. Fallbeispielen vereinbaren die Gesprächspartner/innen jeweils einen neuen Termin, um die Wirksamkeit der Vereinbarungen nach einiger Zeit zu überprüfen.

**Phase F: Persönlich verarbeiten**

Mit einer getroffenen Übereinkunft ist der Konflikt jedoch noch nicht endgültig bereinigt. Da Individuen der Ausgangspunkt sind (vgl. Phase A), muss er auch dort seinen Abschluss finden. Die Beteiligten müssen das Geschehene verarbeiten, sich mit der gefundenen Übereinkunft einverstanden erklären, Enttäuschungen und andere Emotionen bewältigen. Die Grundlage eines kooperativen Konfliktgespräches bietet gute Voraussetzungen dafür, dass der Konflikt endgültig ad acta gelegt werden kann.

## Die Einbeziehung einer dritten Partei

In den Alternativen B der oben beschriebenen Beispiele haben die beteiligten Personen den Konflikt unter sich lösen können. Dies wird nicht immer der Fall sein. In der ersten Konstellation deutet sich an, dass durch ein falsch begonnenes Gespräch (Alternative A) der Konflikt weiter eskalieren kann. Es besteht dann die Gefahr, dass sich die Parteien in einem Teufelskreis aus gegenseitigen Beschuldigungen verfangen, aus dem sie sich kaum noch selbst befreien können.[15] In solchen Fällen wird oft eine dritte Partei hinzugezogen. Diese hat dann die Aufgabe eines Moderators oder eines Vermittlers (Mediators). Sie soll den Konflikt nicht wie eine »Richterin« entscheiden, sondern den Streitenden helfen, ein konstruktives und kooperatives Konfliktgespräch miteinander zu führen, die Bedürfnisse der Gegenseite besser zu verstehen und den Streit letztlich selbst beizulegen (vgl. Humle 1998, S. 107). Für diese Vermittlerrolle sollte Folgendes sichergestellt sein:

1. Dass die Mediatorin/Mediator nicht selbst Konfliktbeteiligte/r ist,
2. dass die Lösungen noch nicht im Voraus feststehen, sondern die Konfliktparteien gemeinsam Lösungswege entwickeln können,
3. dass auf der Seite der Mediatorin bzw. des Mediators keine besonderen Sympathien bzw. Antipathien zu den Beteiligten vorliegen (vgl. Humle 1998, S. 111).

Zu den Aufgaben einer Mediatorin bzw. eines Mediators gehört es z. B.:

- die Rahmenbedingungen, die weitere Vorgehensweise und die Spielregeln des Konfliktgespräches festzulegen,
- auf die Einhaltung der Spielregeln zu achten,
- den Beteiligten gleichermaßen Raum zu geben, ihre Ansicht zum Konflikt darzulegen,
- dabei auch auf die Emotionen der Beteiligten einzugehen,
- zu verhindern, dass sich die Aussprache in gegenseitigem Beschuldigen erschöpft,
- unsachliche Bemerkungen zu unterbinden,
- Zwischen- und Endergebnisse im Gespräch festzuhalten,
- die Zustimmung der Betroffenen zu den Ergebnissen einzuholen,
- auf die Verbindlichkeit der Vereinbarung zu drängen und
- die Einhaltung der vereinbarten Maßnahmen zu überprüfen.[16]

---

15 Zum zwischenmenschlichen Teufelskreis vgl. Abschnitt 2.2.
16 Vgl. ausführlicher Gehm (1997, S. 188 ff.) und Berkel (1999, S. 106 ff.).

Das Konfliktbewältigungsgespräch kann auch bei Anwesenheit einer Mediatorin bzw. eines Mediators etwa nach dem oben beschriebenen Phasenschema ablaufen. Allerdings dienen die ersten beiden Phasen hier unter anderem auch dazu, die Parteien über die Methode der Mediation zu informieren und sich auf eine gemeinsame Problemformulierung sowie Tagesordnung zu verständigen. Hier können beispielsweise auch Spielregeln des gemeinsamen Umganges vereinbart werden.[17]

Eine dritte Partei kann auch aus weiteren Gründen hinzugezogen werden, so beispielsweise, wenn eine Lösung nicht im Rahmen der Entscheidungskompetenzen der Streitenden liegt. Weitere häufige Rollen der dritten Partei sind u. a. Schiedsrichterin, Praxisbegleiterin (»Coach«) oder therapeutische Begleitung (Supervision).[18] Je mehr methodische und soziale Kompetenzen für die Konfliktbewältigung benötigt werden, desto wahrscheinlicher wird es, dass zur Konfliktbewältigung möglicherweise externe Expert/innen hinzugezogen werden müssen.

### Hierarchiespielregeln[19]

Auf eine kooperative Weise können Konflikte im Arbeitsalltag nur gelöst werden, sofern im Konfliktverlauf ungeschriebene »hierarchische Spielregeln« beachtet werden. In der untenstehenden Abbildung wird schematisch dargestellt, wie in einem Unternehmen eine Abteilung aufgebaut sein könnte. Die Beschäftigten (runde Symbole) unterstehen direkt ihren Gruppenleiter/innen. Diese wiederum sind verschiedenen Abteilungsleiter/innen (A und B) zugeordnet. Die Gesamtverantwortung liegt bei der Hauptabteilungsleiterin bzw. dem Hauptabteilungsleiter. In diesem Geflecht »Hierarchiespielregeln« zu verletzen, kann zu Unstimmigkeiten führen. Welche »hierarchischen Wege« im Konfliktfalle einzuhalten sind, soll an einigen Beispielen gezeigt werden. Dabei wird unterschieden zwischen:
1. Konflikten im Kolleg/innenkreis,
2. Konflikten mit Führungskräften (so genannter hierarchischer Konflikt).

---

17 Vgl. zur Mediation in Mitarbeitergesprächen genauer Humle (1998, S. 110 ff.) und Thomann (1998).
18 Vgl. zu diesen und weiteren Rollen ausführlich Glasl (1999, S. 362 ff.).
19 Die »Hierarchiespielregeln« beruhen im Wesentlichen auf den Ausführungen von Thomann (1998, S. 180ff.).

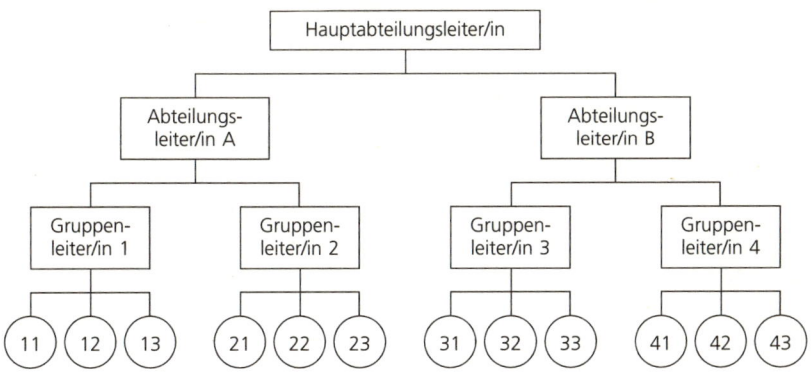

Übersicht 5-30: Fiktiver Aufbau einer Abteilung (Thomann 1998, S. 182 ff.)
© 1998 by Rowohlt Taschenbuch Verlag GmbH, Reinbek

## zu 1: Konflikte im Kolleg/innenkreis

Haben Beschäftigte innerhalb einer Gruppe miteinander einen Konflikt (z.B. die Kolleg/innen mit der Nr. 11 und 13), zu dessen Lösung sie eine Führungskraft hinzuziehen wollen oder müssen, ist die/der Gruppenleiter/in Nr. 1 zuständig. Handelt es sich um die Beschäftigten Nr. 12 und 22, werden in den Konflikt bereits zwei Führungskräfte einbezogen. Die betroffenen Beschäftigten unterstehen unterschiedlichen Personen. Die Konfliktlösung obliegt den Gruppenleiter/innen Nr. 1 und 2; die Abteilungsleiterin bzw. der Abteilungsleiter sollte erst hinzugezogen werden, wenn die Gruppenleitungen auf ihrer Ebene die Auseinandersetzung nicht regeln können. Da diese übergeordnete Führungskraft in der Regel keinen direkten Kontakt mit den »streitenden« Beschäftigten hat, kann sie ein Klärungsgespräch mit den Gruppenleitungen sowie den Mitarbeiter/innen 12 und 22 führen oder den Konflikt auf die Gruppenleiterebene zurück delegieren. Das bedeutet aber keinesfalls, den Konflikt »abzuschieben« – vielmehr bleibt die übergeordnete Führungskraft auch weiterhin in der Verantwortung, sich über den Konfliktverlauf sowie Lösungsversuche zu informieren und ggf. erneut unterstützend einzugreifen. »Böses Blut« wird oft dann verursacht, wenn entweder die Beschäftigten in Umgehung ihrer Gruppenvorgesetzten direkt an die Abteilungsleitung wenden oder diese sich (ebenfalls ohne die Gruppenleitung zu informieren) mit den betroffenen Mitarbeiter/innen zusammensetzt. Hierdurch würden die Gruppenverantwortlichen in ihrer Position geschwächt, was erneute Konflikte nach sich ziehen könnte.

## zu 2: Konflikte mit Führungskräften (hierarchische Konflikte)

Grundsätzlich ist es nach diesen »Spielregeln« also unüblich, Hierarchieebenen zu überspringen; können Beschäftigte den Konflikt nicht unter sich lösen, werden die direkten Vorgesetzten hinzugezogen. Was aber soll geschehen, wenn die Beschäftigten gerade mit dieser Führungskraft einen Konflikt haben? Die Risiken, in diesem Fall den Kürzeren zu ziehen, sind aus Beschäftigtenperspektive ungleich größer.[20]

Dennoch sind »festgefahrene« Situationen denkbar, wo der Konflikt zwischen einer/einem Beschäftigten und ihrer bzw. ihrem direkten Vorgesetzten im Rahmen eines kooperativen Konfliktgespräches kaum noch lösbar erscheint. Verliefe die Auseinandersetzung z.b. zwischen Mitarbeiter/in 42 und der Leitung der Gruppe 4, wäre die Arbeitnehmerin bzw. der Arbeitnehmer berechtigt, sich an die Abteilungsleitung B zu wenden. Aufgabe dieser Führungskraft wäre es dann, ein Gespräch zwischen den Beteiligten nach den Grundsätzen der kooperativen Konfliktgesprächsführung zu moderieren. Da dann die betroffene Mitarbeiterin bzw. der betroffene Mitarbeiter in der Unterredung zwei Führungskräften gegenüber sitzt, ist zu überlegen, ob zur Unterstützung die Hinzuziehung eines Betriebsratsmitgliedes geboten scheint (zu rechtlichen Aspekten s. Abschnitt 5.4.5). Zwischen den Beschäftigten und den Abteilungsleiter/innen besteht in der o. a. Übersicht über die Abteilung keine direkte Verbindung. Sollte dennoch aus irgendwelchen Gründen ein Konflikt zwischen z.B. Mitarbeiter/in 33 und der Abteilungsleitung B auftreten, ist erste Ansprechperson für die/den Beschäftigten die Gruppenleitung. In allen bisher genannten Fällen ist also der Regelfall, dass die Konfliktlösung bis zur Ebene der Abteilungsleitung gelöst sein müsste. In die Zuständigkeit der Hauptabteilungsleitung fielen die Konflikte erst, wenn sie auf den unteren Ebenen nicht lösbar wären.

Würden aus den Beschäftigten und Gruppenleiter/innen der Arbeitsgruppen 1 bis 4 Projektgruppen gebildet, die während ihrer Arbeitszeit für einen befristeten Zeitraum hierarchie- und abteilungsübergreifend zu bestimmten Themenstellungen arbeiten sollen, würde vermutlich nach fachlicher Kompetenz eine Projektleitung bestimmt. Da Projekte »neben der üblichen Hierarchie« arbeiten, gelten in diesem Fall auch die Hierarchiespielregeln nicht. Zuständig für Konflikte innerhalb einer Projektarbeitsgruppe ist in erster Linie die Projektleitung.

---

20 Auf die Chancen und Risiken für Beschäftigte wird im folgenden Abschnitt eingegangen.

## 5.4.4 Chancen und Risiken für Beschäftigte

Konfliktgespräche sind immer mit einer besonderen Problematik verbunden: Nur selten geht es um das Austauschen rein sachlicher Argumente, sehr schnell schwingen in der Kontroverse Nachrichten aus der Beziehungsebene der Beteiligten (nach dem Motto »was hältst du von mir« oder »was halte ich von dir«) mit. Meist sind Konflikte hochgradig mit Emotionen belastet. Diese sind nur schwierig zu kontrollieren und haben sich oft über einen längeren Zeitraum angestaut. Stress, Ärger und Konflikte haben nicht nur Auswirkungen auf die Psyche, sondern senden auch körperliche Warnsignale (Stechen in der Brust, Darm- und Magenprobleme, Appetitlosigkeit usw.) aus; langfristig können sich diese Anzeichen zu einem erheblichen Gesundheitsproblem verfestigen (vgl. Gröschel/Hartmann 1997, S. 87 ff.).

Darüber hinaus neigen Menschen im Konflikt leicht dazu, in Verhaltensmuster zurückzufallen, die eigentlich aus der Kindheit stammen, aber in solchen Situationen immer wieder auftauchen. Denken Sie z.B. an eine Rüge, die eine Kollegin oder ein Kollege Ihnen mit dem Ton des »Eltern-Ichs« übermittelt. Hierdurch bringt sie bzw. er ein Überlegenheitsgefühl Ihnen gegenüber zum Ausdruck, auf das Sie meistens automatisch mit einem trotzigen »Kindheits-Ich« antworten.[21] Das eigene Selbstgefühl bewahren und das des Gegenüber achten zu müssen, dies ist eine schwierige Gratwanderung in Konfliktgesprächen. Denn gerade in diesem Gesprächstyp findet ein Austausch über die Abweichungen von »Selbstbild« und »Fremdbild«[22] statt, der zu schmerzlichen Erkenntnissen führen kann. So ist es kein Wunder, dass Konflikte nur ungern angegangen werden und oft anschließend eine lange Zeitspanne zur Verarbeitung des Vorgefallenen benötigt wird.

### Chancen

Menschen neigen dazu, Konflikten aus dem Weg zu gehen und darauf zu hoffen, dass diese sich irgendwann von allein lösen werden. Diese Strategie mag in einigen Fällen durchaus von Erfolg gekrönt sein. Grundsätzlich dürfte es aber (nicht zuletzt wegen der langfristigen körperlichen und psychischen Belastungen) nicht gut sein, Konflikte ein-

---

21 Vgl. hierzu Abschnitt 4.4.6.
22 Zum »Blinden Fleck« vgl. Abschnitt 4.4.6.

fach »herunterzuschlucken«. Eine Arbeitnehmerin oder ein Arbeitnehmer geht nach Hause und lässt aufgestaute Aggressionen an der Familie aus, ist ein typisches Beispiel für die Umleitung des eigentlichen Konfliktes auf einen anderen (möglichst ungefährlicheren) Austragungsort. Umleitungs- und/oder Verdrängungsstrategien haben aber den Nachteil, dass damit ja die eigentlichen Ursachen keinesfalls aus der Welt geschafft sind. Zu Recht kann vermutet werden, dass der Konflikt an anderer Stelle (eventuell sogar in verschärfter Form) wieder auftritt.

Konflikte dort auszutragen, wo sie hingehören, birgt damit offenbar die Chance, die strittigen Punkte an der Wurzel zu packen und die Auseinandersetzung langfristig zu lösen. In jedem Konflikt steckt die Aussicht auf einen möglichen Konsens zwischen den Beteiligten, der gemeinsame Lernfortschritte enthält und auch das Unternehmen insgesamt weiterbringt. Ausgetragene Konflikte ebnen den Weg für eine Ursachenforschung, die Beseitigung von Schwächen im Arbeitsprozess, die gemeinsame Suche nach Lösungsmöglichkeiten und eine Verbesserung der Beziehungen zwischen den Beteiligten.

### Risiken

Diesen Chancen stehen aber auch erhebliche Risiken gegenüber. Wenn Beschäftigte in abhängiger Position Konflikte (womöglich Konflikte mit ihren Vorgesetzten) offen ansprechen, haben sie viel zu verlieren. Möglicherweise gelten sie künftig als »Querulanten«, die die Konfrontation suchen. Ein solcher Ruf kann Spätfolgen haben. Die Zuweisung allgemein ungeliebter Arbeitsaufgaben, schlechtere Beurteilungen sowie die Nichtberücksichtigung bei Aufstiegsentscheidungen sind nur einige Beispiele hierfür. Die bzw. der Benachteiligte wird dabei immer in Probleme geraten, solche subjektiv wahrgenommen »Ungerechtigkeiten« nachzuweisen. Darüber hinaus beinhalten Konflikte die Gefahr des ungewissen Ausgangs. Nicht immer kann eine für alle Beteiligten zufrieden stellende Lösung im Sinne eines echten Konsenses gefunden werden. Oft werden Kompromisse die Folge sein. Jeder Kompromiss birgt aber die Gefahr, dass ein Teil der eigentlichen Forderungen der Beschäftigten nicht berücksichtigt wird. Hier kann ein späterer Konflikt seinen Ausgang nehmen. Andererseits ist die uneingeschränkte Durchsetzung eigener Interessen in vielen Fällen unrealistisch. Ohne die Bereitschaft und die Fähigkeit der Betroffenen zum Kompromiss werden die Beziehungen und die Arbeitsprozesse weiterhin in Mitleidenschaft gezogen.

Angesichts der hier nur kurz andiskutierten Chancen und Risiken stehen Beschäftigte vor dem Dilemma, entweder den Konflikt mit sich allein austragen zu müssen oder aber ihn anzusprechen und mit den Konsequenzen dieser Öffnung leben zu müssen; bei der letzten Alternative haben sie jedoch im Vorfeld keinerlei Garantie auf eine faire Lösung des Problems. Die Chancen und Risiken müssen sorgfältig gegeneinander abgewogen werden. Dabei spielt die Frage der so genannten Rückmelde- und Kommunikationskultur des Unternehmens eine wichtige Rolle. Inwieweit ist Beteiligung und Kritik der Beschäftigten erwünscht und praktiziert? Lassen die Erfahrungen aus der bisherigen Praxis von Mitarbeitergesprächen auf eine offene und dialogorientierte Kommunikation hoffen, in der die Beschäftigten ihre Sichtweisen zu Konflikten unbedenklich präsentieren können? Haben sie danach die Aussicht auf eine faire Klärung des Konflikts, die die Interessen der betroffenen Parteien bestmöglich berücksichtigt? Ob im Konfliktfall die Chancen oder die Risiken für die Beschäftigten überwiegen, kann nur im Einzelfall geklärt werden; einen »Königsweg« gibt es dabei nicht. Grundsätzlich sollte aber versucht werden Konflikte anzusprechen, da die Verdrängung keine langfristig tragbare Lösung ist.

### 5.4.5 Rechtliche Aspekte

Auch wenn im Arbeitsalltag eine Vielzahl von Konflikten im Rahmen von kooperativen Konfliktgesprächen gelöst werden kann, so ist doch die Kenntnis von rechtlichen Handlungsmöglichkeiten für den Bedarfsfall notwendig. Eine zentrale Stellung auf der *Ebene der Individualrechte* nehmen hierbei die Beschwerderechte der §§ 84 bis 86 BetrVG ein, die mit der Novellierung 1972 in das Betriebsverfassungsgesetz eingeflossen sind. Aufgrund der besonderen Problematik von Konfliktgesprächen soll auf diese Regelungen an dieser Stelle noch einmal ausführlicher eingegangen werden.[23]

Nach § 84 BetrVG haben die Arbeitnehmer/innen das Recht, sich bei den zuständigen Stellen des Betriebs zu beschweren, wenn sie sich benachteiligt, ungerecht behandelt oder in sonstiger Weise beeinträchtigt

---

23 Zu einem allgemeinen Überblick über rechtliche Handlungsmöglichkeiten von Beschäftigten und Betriebsräten zu Mitarbeitergesprächen vgl. Abschnitt 3.5.

fühlen. Durch die Formulierung stellt das Gesetz auf die subjektiven Empfindungen der Beschäftigten ab. Grundlage der Beschwerde ist die persönliche Betroffenheit der Mitarbeiterin bzw. des Mitarbeiters (Fitting u. a. 2000, § 84 Rn. 4 BetrVG). Häufige Beschwerdegegenstände sind empfundene Verstöße gegen das Diskriminierungsverbot des § 75 BetrVG, Verstöße gegen arbeitsschutzrechtliche Vorschriften, Mobbing durch Kolleg/innen (bzw. das Gegenstück »Bossing« durch Führungskräfte), Beeinträchtigungen durch Rauchen am Arbeitsplatz usw.[24]

Ziel einer Beschwerde ist i. d. R. die Bitte um Abhilfe oder Korrektur des als Missstand empfundenen Sachverhaltes (vgl. Breisig 1996b, S. 576). Da § 84 BetrVG auf die subjektiven Empfindungen abzielt, kann der Arbeitgeber Beschwerden der Beschäftigten nicht einfach übergehen. Absatz 2 impliziert, dass er sich mit der Beschwerde befassen muss und – falls er sie für gerechtfertigt hält – für Abhilfe zu sorgen hat. Nachteile dürfen den Beschwerdeführer/innen nicht entstehen (Abs. 3). Zur Unterstützung oder Vermittlung kann die bzw. der beschwerdeführende Beschäftigte ein Betriebsratsmitglied hinzuziehen (Abs. 1).

»Zuständige Stellen im Betrieb«, an die die Beschwerde zu richten ist, sind zunächst die direkten Vorgesetzten. Sind diese selbst Gegenstand der Beschwerde, sollten sich die betroffenen Arbeitnehmer/innen entsprechend der o. a. »hierarchischen Spielregeln« an die nächsthöhere Führungskraft wenden. In einigen Unternehmen gibt es spezielle Beschwerdestellen, Beschwerdebeauftragte oder Mitglieder der Personalabteilung, die für die Entgegennahme von Beschwerden zuständig sind (vgl. Breisig 1996a, S. 197).

Die Beschwerde selbst kann formlos eingereicht werden. Die Betroffenen können erwarten, dass sie vonseiten des Arbeitgebers eine mündliche oder schriftliche Nachricht darüber erhalten, ob in Erledigung der Beschwerde Maßnahmen eingeleitet worden sind bzw. aus welchen Gründen eine Ablehnung erfolgt (vgl. Fitting u. a. 2000, § 84 Rn. 16 BetrVG). Grundsätzlich ändert eine Beschwerde nichts am Direktionsrecht des Arbeitgebers. Eine Beschwerdeführerin bzw. ein Beschwerdeführer darf nicht z.B. während der Bearbeitungszeit durch den Arbeitgeber die Arbeit niederlegen. Ausnahmen gibt es in besonders schwer wiegenden Fällen. Leistungsverweigerungsrechte können unter ver-

---

24 Vgl. hierzu Fitting u. a. (2000, § 84 Rn. 6 BetrVG) und Breisig (1996a, S. 195).

gleichsweise restriktiven Bedingungen z.B. in Frage kommen, wenn sich die Beschwerde auf einen Verstoß gegen die Gefahrstoffverordnung bezieht (vgl. Fitting u. a. 2000, § 84 Rn. 15 BetrVG).

Leitet ein/e Mitarbeiter/in eine Beschwerde gem. § 84 BetrVG ein, muss diese Person sich darüber im Klaren sein, dass sie den Konflikt im Wesentlichen allein austragen und mit den Konsequenzen leben muss (vgl. Breisig 1996a, S. 200). Der Betriebsrat kann lediglich als Unterstützung fungieren, die Einschaltung der Einigungsstelle ist bei dieser Beschwerdeart nicht vorgesehen. Dieser Nachteil scheint auf den ersten Blick durch die Erweiterungen des Beschwerdeverfahrens im § 85 BetrVG aufgehoben. Die Beschäftigten können bei dieser Alternative ihre Beschwerde auch an ihre Interessenvertretung weiterleiten. Der Betriebsrat übernimmt dann (sofern er die Beschwerde als berechtigt ansieht) die Verhandlungen mit den Vorgesetzten bzw. dem Management. Für Meinungsverschiedenheiten sieht der Absatz 2 vor, dass der Betriebsrat zur Klärung die Einigungsstelle anrufen kann. Die möglichen Beschwerdegegenstände sind ähnlich weit gefasst wie im § 84 BetrVG.

Trotz dieses offensichtlichen Vorteils ist § 85 BetrVG aus Beschäftigtensicht auch mit einigen »Pferdefüßen« versehen:

- Die betroffenen Arbeitnehmer/innen können beim Verfahren des § 85 BetrVG das weitere Handeln der Interessenvertretung nicht direkt kontrollieren, auch können sie den Betriebsrat nicht zum Tätigwerden in ihrem Sinne zwingen (vgl. Breisig 1996a, S. 202).
- Übernimmt der Betriebsrat die Beschwerde, dann resultiert hieraus mehr als nur eine reine Unterstützung der/des Beschäftigten. Dies wird z.B. daran deutlich, dass der Betriebsrat zur Anrufung der Einigungsstelle nicht mehr die Zustimmung der beschwerdeführenden Person benötigt. Diese kann die Weiterleitung der Meinungsverschiedenheiten an die Einigungsstelle nur verhindern, indem sie die Beschwerde zurücknimmt und das Verfahren damit hinfällig macht (vgl. Fitting u. a. 2000, § 85 Rn. 3 BetrVG).
- Die Anrufung der Einigungsstelle soll dann nicht möglich sein, wenn der Gegenstand der Beschwerde ein Rechtsanspruch (z.B. Urlaubs- oder Lohnfragen) der Arbeitnehmerin/des Arbeitnehmers ist (vgl. Fitting u. a. 2000, § 85 Rn. 3 BetrVG).
- Aus Beschäftigtensicht wäre es möglicherweise wünschenswert, wenn die Einleitung eines Beschwerdeverfahrens über den Weg des Betriebsrates zur Folge hätte, dass die ursächliche beschwerdeführende

Person anonym bleiben könnte. Gegner/innen dieser Forderung behaupten, dass Beschwerden immer *Individual*beschwerden sein müssten, deshalb immer eine Namensnennung notwendig sei. Da sich die Rechtsliteratur hier uneins ist, werden die Betroffenen damit rechnen müssen, dass der Betriebsrat ihnen keine Anonymität zusichern kann.[25]

Die Regelungen des Betriebsverfassungsgesetzes zu den Beschwerderechten der Beschäftigten werden abgerundet durch den § 86 BetrVG. Hiernach können in Tarifverträgen oder (freiwilligen) Betriebsvereinbarungen Einzelheiten von betrieblichen Beschwerdewegen geregelt werden. Grundsätzlich gehen dabei tarifvertragliche möglichen betrieblichen Vereinbarungen vor. § 86 BetrVG ermöglicht es z.b., die Einigungsstelle durch eine betriebliche Beschwerdestelle zu ersetzen. Diese Norm ist insbesondere für Großbetriebe gedacht. Fitting u. a. fordern dabei einen gleichgewichtigen Einfluss der Interessenvertretung gegenüber dem Arbeitgeber; praktisch würde dies auf eine paritätisch besetzte Beschwerdekommission hinauslaufen (vgl. Fitting u. a. 2000, § 86 Rn. 3 BetrVG).

Zusammenfassend ist festzustellen, dass mit den §§ 84 bis 86 BetrVG zwar ein formalrechtliches Instrumentarium für Beschwerden aus der Belegschaft vorhanden ist, dieses in der Praxis jedoch (z.B. im Vergleich zum US-amerikanischen System der industriellen Beziehungen) eher ein »Schattendasein« führt (vgl. Breisig 1996b, S. 581). Betriebsspezifische Vereinbarungen zum Beschwerdewesen sind eher selten, auch die Einigungsstelle wird kaum angerufen. Offenbar suchen die betrieblichen Akteure nach kooperativen Konfliktlösungen im Vorfeld von Entscheidungen.

Für unser Thema bedeutet dies, dass die Betriebsräte bereits bei der *Entwicklung* von institutionalisierten Verfahren und Formularen zur Durchführung von Mitarbeitergesprächen *im Vorfeld* versuchen sollten, mögliche Konfliktpotenziale mit zu bedenken. Dies sei beispielhaft noch einmal kurz an den zurzeit stark diskutierten Beurteilungs- und Zielvereinbarungsgesprächen erläutert. Zwar hat der Betriebsrat kein Mitbestimmungsrecht bei der Beurteilung bzw. Zielvereinbarung im *Einzelfall*, wohl aber kann er über den § 94 BetrVG erheblichen Einfluss auf die Gestaltung der Grundsätze ausüben – hierzu gehören die Regelungs-

---

25 Vgl. zur Frage der Anonymität Breisig (1996a, S. 201) und die dort angegebene Literatur.

möglichkeiten im Konfliktfall (die Mitprotokollierung unterschiedlicher Ansichten zu Beurteilungen oder Zielerreichungsgraden, die Einspruchs- und Beschwerdemöglichkeiten für die Beschäftigten usw.).[26]

Der Vollständigkeit halber sei erwähnt, dass im öffentlichen Dienst viele Vorschriften zur Information und Unterrichtung der Beschäftigten entfallen. Beschwerden sind hier grundsätzlich über den Personalrat weiterzuleiten. Die Möglichkeit eines Einigungsstellenverfahrens entfällt hier.[27] Insofern sind die Beschwerderechte im öffentlichen Dienst bedeutend schwächer ausgeprägt als im Rahmen der Geltung des Betriebsverfassungsgesetzes.

## 5.4.6 Tipps für Arbeitnehmer/innen

In den vorangegangenen Abschnitten sind bereits viele Empfehlungen zur Gestaltung von Konfliktgesprächen enthalten. Es folgen zusammenfassende Tipps für Beschäftigte zu den Phasen Konfliktdiagnose im Vorfeld eines Klärungsgespräches, Gesprächsdurchführung und -nachbereitung.

### Konfliktdiagnose

Aus dem so genannten neuen Konfliktdenken hatten wir weiter oben als eine Konsequenz abgeleitet, dass Konfliktbehandlung nicht allein als Vorgesetztenaufgabe betrachtet werden darf; vielmehr müssten *alle* Beteiligten mit ihnen umgehen lernen. Da Konflikte im Alltag oft hochgradig emotionsgeladen sind, fällt eine sorgsame Analyse der Lage nicht leicht. Dennoch kann es hilfreich sein, wie aus einer »Adlerperspektive« (d. h. wie »von oben«) auf die Konfliktsituation zu sehen und eine strukturierte Diagnose vorzunehmen. Dies soll den Blick schärfen für offensichtliche und verborgene Ursachen eines Konfliktes sowie die Prozessentwicklung im Zeitlauf. Das folgende Blatt zur Konfliktdiagnose können Sie zur Analyse unabhängig davon verwenden, ob Sie direkt beteiligte Konfliktpartei sind oder ob Sie als unbeteiligte/r »Dritte/r« einen Konflikt in Ihrem Arbeitsumfeld wahrnehmen.

---

26 Vgl. zu Beurteilungs- bzw. Zielvereinbarungsgesprächen die Abschnitte 5.2 und 5.3.2.
27 Vgl. hierzu noch einmal den Überblick über die rechtliche Einordnung des Mitarbeitergesprächs in Abschnitt 3.5.

Um was streiten die Parteien derzeit?

Welches ist der konkrete Anlass für den *aktuellen* Konflikt?

Gibt es zurückliegende (verborgene) Konfliktpunkte zwischen den Parteien?

Um welche Konfliktart handelt es sich bzw. welche Arten werden berührt?
(Mehrfachnennungen möglich)
☐ Sachkonflikt, weil _____
☐ Verteilungskonflikt, weil _____
☐ Beziehungskonflikt, weil _____
☐ Wertkonflikt, weil _____

Wie weit ist der Konflikt bereits fortgeschritten (eskaliert)? (nur ein Kreuz ist möglich)
☐ Die Beteiligten sind vermutlich noch für eine gemeinsame kooperative Konfliktlösung zu gewinnen.
☐ Der Konflikt ist bereits erheblich eskaliert; die Parteien suchen vermutlich den eigenen Vorteil zu Lasten der anderen Partei(en) auszubauen.
☐ Der Konflikt befindet sich auf einer sehr hohen Konfliktstufe; beide Parteien werden ohne fremde Hilfe aus dem Konflikt kaum unbeschadet herauskommen. Es könnte ein »zwischenmenschlicher Teufelskreis« vorliegen.

Welche Strategien verfolgen die Beteiligten im aktuellen Stadium?
☐ Sie haben sich voneinander zurückgezogen.
☐ Sie tragen den Konflikt offen aus.

*Falls Sie direkt am Konflikt beteiligt sind, beantworten Sie jetzt bitte zunächst die Fragen am Ende dieser Übersicht.*

Welche Argumente tragen die Parteien offen vor?
Argumente der Partei 1: _____

Argumente der Partei 2: _____

Gibt es verdeckte Argumente, die die Parteien gar nicht offen äußern, die aber trotzdem im Konflikt mitschwingen?
Argumente der Partei 1: _____

Argumente der Partei 2: _____

Welche Gemeinsamkeiten haben die Argumentationen?

Welche Lösungsmöglichkeiten bieten sich aus Ihrer Sicht an?

---

*Bitte zusätzlich ausfüllen, wenn Sie direkt am Konflikt beteiligt sind:*

Wie sind Ihre Emotionen im derzeitigen Konfliktstadium?

_____

Wie erleben Sie selbst Ihr Verhalten im Konflikt (Selbstbild)?

_____

_____

Eine Einschätzung: Wie erleben vermutlich andere Personen Ihr Verhalten im Konflikt (Fremdbild)?

_____

_____

---

Übersicht 5-31: Analyseblatt zur Konfliktdiagnose[28]

Das Analyseblatt kann als wichtige Grundlage für die Vorbereitung eines kooperativen Konfliktgespräches dienen – aufgrund der spezifischen Problematik von Konfliktgesprächen ist es besonders wichtig, diese sorgfältig zu planen.[29]

## Tipps zur Durchführung eines dialogorientierten Konfliktbewältigungsgespräches

Konfliktbewältigungsgespräche behandeln oft hochsensible Themen, die für die Beteiligten mit vielen Emotionen verbunden sind. Deshalb sollte es sich von selbst verstehen, dass die Aussprache nur an einem *geeigneten Ort* und zu einem *geeigneten Zeitpunkt* stattfinden sollte, sodass die Beteiligten den Dialog in aller Ruhe führen können. Keinesfalls sollte der Konflikt vor den Augen anderer, unbeteiligter Personen ausgetragen werden. Kritik zu geben oder zu empfangen hat genauso unter dem Siegel der *Verschwiegenheit* zu geschehen, wie auch Details aus dem Konfliktverlauf oder der getroffenen Vereinbarungen der absoluten Vertraulichkeit unterliegen müssen.

Bevor Sie um eine Aussprache zu einem (aus ihrer subjektiven Sicht vorhandenen) Konflikt bitten, zügeln Sie Ihre *Emotionen*. Erinnern Sie sich an die obigen Beispiele von Konflikten zwischen Kolleg/innen bzw. mit der Führungskraft. In beiden Fällen führte unter anderem der aufgestaute Ärger dazu, dass die Gespräche einen ungünstigen Verlauf

---

28 In Anlehnung an eine Idee von Gommlich/Tieftrunk (1999, S. 109). Vgl. zur Konfliktanalyse auch Berkel (1999, S. 39 ff.).

29 Vgl. allgemein zur Vorbereitungsphase von Mitarbeitergesprächen Abschnitt 4.1.

nehmen konnten (s. jeweils die Alternativen A). Wird ein Konflikt an Sie herangetragen, den Sie bisher noch gar nicht wahrgenommen haben, dann rechnen Sie mit solch aufgestauten Emotionen der »Gegenseite« und versuchen Sie, die *Situation zu beruhigen*. Sollten Sie von einem auftauchenden Konflikt völlig überrascht werden, überlegen Sie, ob er wirklich an Ort und Stelle gelöst werden muss. Bitten Sie gegebenenfalls um eine *Verschiebung des Gesprächs* auf einen späteren Termin. Das darf allerdings keinesfalls so wirken, als würden Sie dem Konflikt aus dem Weg gehen wollen. Ihr Gegenüber würde dann vermutlich mit Verärgerung reagieren, was die Lage zusätzlich verschlimmert. Nennen Sie deshalb Ihre *Gründe* für die gewünschte Verschiebung, am besten mit einer Ich-Botschaft (z.B. »Ich verstehe, dass Sie ärgerlich sind. Ich denke, diese Sache sollten wir ausführlich besprechen. Leider habe ich momentan nicht die erforderliche Zeit, um mich so umfassend mit Ihrem Problem zu befassen, wie ich es gern würde. Was halten Sie von...«).

Gehen Sie außerdem von Anfang an davon aus, dass Konflikte selten in einer »großen Generalaussprache« (Gehm 1997, S. 191) abschließend gelöst werden könnten. Richten Sie sich auf *mehrere Gesprächstermine* ein. Setzen Sie sich (insbesondere bei schon verhärteten Konfliktfronten) eher kleine Ziele. Diese sollten dann aber von allen Beteiligten getragen werden können, sodass eine erfolgreiche Einhaltung der Vereinbarung ein kleines, aber erstes *positives Erfolgserlebnis* für die Konfliktparteien darstellt – hierauf können in der Folgezeit leichter weitere Vereinbarungen »aufgesattelt« werden. Mehrere kleinere Termine haben außerdem den Vorteil, dass sich in der Zwischenzeit die Emotionen »abkühlen« und die Beteiligten beruhigen können. In dialogorientierten Konfliktbewältigungsgesprächen soll die Grundlage für ein gegenseitiges Verstehen und eine zukünftig weitere Zusammenarbeit gelegt werden. »Verbalattacken« sind deshalb zu vermeiden, da sie in Konfliktsituationen die Stimmung zusätzlich »anheizen« können. Gerade in solchen Gesprächen ist eine *Beherrschung der Gesprächsführungstechniken* entscheidend, wie wir sie in Abschnitt 4.4 ausführlich beschrieben haben. Wegen ihrer großen Bedeutung für Konfliktgespräche haben wir die wichtigsten hier noch einmal kurz aufgeführt. Um die Konfliktlage möglichst wertneutral zu beschreiben und die Situation zu beruhigen, können sie vor allem folgende Stilmittel einsetzen:

- die *Ich-Botschaft* (statt der Du-Botschaft mit »Vorwurfcharakter«),
- die *Meta-Kommunikation* (das Reden über die Kommunikation selbst, Verabredung von Spielregeln, Verfahrensvorschläge usw.),

- das gute *Zuhören* (umfassend verstehen zu wollen, was die bzw. der andere sagt und meint),
- das *Paraphrasieren* und *Verbalisieren* (Rückmeldungen über den Sachinhalt einer Botschaft bzw. den verborgenen emotionalen Gehalt),
- das gezielte *Nachfragen* (um die Gedanken und Ideen der bzw. des anderen kennen zu lernen),
- die *Vermeidung von* Kommunikation im »*Eltern- bzw. Kindheits-Ich*« (um nicht in »erzieherische« oder »abwehrend-trotzige« Verhaltensmuster zu verfallen),
- sowie die *Einhaltung der Feedback-Regeln* (eher beschreiben als bewerten, am konkreten Beispiel kritisieren, auch positive Aspekte erwähnen usw.).

Droht Ihnen trotzdem die Situation aus der Hand zu gleiten, so vereinbaren Sie *Diskussionsregeln* (z.B. gegenseitiges Ausredenlassen, Begrenzung der Redebeiträge o. ä.). Zu überlegen ist ohnehin, ob nicht Regeln für den Gesprächsverlauf am besten bereits nach der Begrüßung und der vertrauensschaffenden »Warming-up-Phase« vereinbart werden.

Erinnern Sie sich noch an das Beispiel Nr. 1 (kollegialer Konflikt)? Zwischen den beiden Kolleg/innen lag ein verdeckter Beziehungskonflikt vor, der ohne Aussprache der Beteiligten vermutlich eskaliert wäre. Während die eine Seite sich über die liegengebliebene Ablage beschwerte, empfand die Gegenseite es als Zumutung, dass hinter ihrem Rücken beim Vorgesetzten über sie geredet wurde. Die kooperative Lösung dieses Falles deutet auf eine Besonderheit in Konfliktsituationen hin. Liegt ein Beziehungskonflikt vor und hat eine Seite sich ein Fehlverhalten vorzuwerfen, so ist eine *förmliche Entschuldigung* angebracht. Die andere Seite hat dann die Pflicht, die Entschuldigung zu akzeptieren (vgl. Berkel 1999, S. 20).

Achten Sie bei der Formulierung der abschließenden *Vereinbarungen* darauf, dass nun jede Seite einwandfrei weiß, was zu tun ist. Drängen Sie darauf, dass alle Beteiligten sich aufeinander zu bewegen müssen – Konzessionen lediglich von einer Seite lassen befürchten, dass die Lösung nur von begrenzter Dauer sein wird. Die Vereinbarung eines Folgetermins ist oft hilfreich, da dort die Einhaltung der Maßnahmen in strukturierter Form diskutiert werden können.

## Tipps zur Nachbereitung eines dialogorientierten Konfliktbewältigungsgespräches

Jeder Mensch kennt vermutlich das Gefühl, aus einem Gespräch herausgegangen zu sein und wichtige Punkte vergessen zu haben. Die Argumente waren nicht präsent, es ergab sich nicht der richtige Zeitpunkt sie anzubringen, wichtige Einwände gegen die Position anderer Gesprächsteilnehmer/innen fallen Ihnen erst nach Ablauf des Gespräches ein und so fort. Nach einem bzw. mehreren Konfliktbewältigungsgesprächen sollten sich die Beteiligten fragen, ob sie mit dem erzielten Ergebnis oder der getroffenen Vereinbarung auch langfristig »leben können«. Fragen, die Sie sich diesbezüglich stellen können, sind:

- Wie bewerten Sie rückblickend den Konfliktbeginn, den Gesprächsverlauf und die gefundene »Lösung«? Sind wichtige Punkte undiskutiert geblieben?
- Sofern am Ende eines Konfliktbewältigungsgespräches eine Vereinbarung getroffen wurde: Ist diese in einem kooperativen Aushandlungsprozess zustande gekommen? Waren die Konfliktbeteiligten gleichermaßen zu Zugeständnissen bereit? Ist eine Partei möglicherweise übervorteilt worden?
- Haben Sie (als Konfliktpartei) alle notwendigen Ressourcen, Hilfsmittel, Kompetenzen usw., um Ihren Teil der getroffenen Vereinbarung einhalten zu können?
- Wie sieht es jetzt in Ihnen aus, was sind Ihre Emotionen zum Konfliktthema?
- Sofern Sie nicht alle Fragen zu Ihrer Zufriedenheit beantworten konnten: Halten Sie es für notwendig, einen weiteren Gesprächstermin zu vereinbaren?

Nach einem Konflikt ist es schwer, ohne weiteres zur Tagesordnung überzugehen. Auch wenn ein dialogorientiertes Konfliktgespräch einen positiven Verlauf nimmt, ist die Nachbereitung der Auseinandersetzung für jede beteiligte Person wichtig. Da ein Konflikt bei den subjektiven Empfindungen von Einzelpersonen beginnt, sollten am Ende die Individuen ihre subjektiven Empfindungen zum Verlauf bzw. der Bewältigung der Kontroverse erneut überprüfen.

# Anhang 1

Muster einer Betriebsvereinbarung

**Zwischen Geschäftsleitung und Betriebsrat der ...**, »Ort« wird folgende Betriebsvereinbarung (nachfolgend BV genannt) geschlossen.

**BV 01/2000**
**über die Personal-Entwicklungs-Maßnahme**
**Mitarbeitergespräch**

## 1. Geltungsbereich

Die BV gilt für alle Mitarbeiterinnen und Mitarbeiter am Standort »Ort«, ausgenommen hiervon sind:

Auszubildende, Praktikanten, Diplomanden, geringfügig Beschäftigte und Mitarbeiter mit befristeten Arbeitsverträgen.

## 2. Datenschutz

Die Durchführung und Auswertung des Mitarbeitergespräches ist streng vertraulich zu behandeln. Inhalte und Ergebnisse von Mitarbeitergesprächen werden weder DV-unterstützt gespeichert, noch ausgewertet (*Ausnahme:* Ermittlung Aus- und Weiterbildungsbedarf).

Das Formblatt »**Mitarbeitergespräch**« wird spätestens nach 3 Jahren durch die Personalabteilung vernichtet.

Der Vorgesetzte kann das letzte Formblatt des Mitarbeitergespräches bei der Personalabteilung zur Vorbereitung eines neuen Gespräches anfordern.

Nach Beendigung des Mitarbeitergespräches müssen die Formblätter bei der Personalabteilung zur Aufbewahrung abgegeben werden. Eine Kopie erhält die Mitarbeiterin/der Mitarbeiter, weitere Kopien dürfen nicht gefertigt werden.

## 3. Konfliktlösung

3.1 Ist das Ergebnis des vorangegangenen Gespräches für die Mitarbeiterinnen/Mitarbeiter nicht zufrieden stellend, haben sie das Recht auf ein Gespräch mit dem nächsthöheren Vorgesetzten einerseits sowie Betriebsratsmitgliedern andererseits.

3.2 Mitarbeiterinnen und Mitarbeiter haben das Recht, die Kommission nach 4. anzurufen, sofern sie Formalien oder objektive Kriterien des Verfahrens verletzt sehen.

3.3 Die Feststellungen der Kommission werden schriftlich niedergelegt und den Betroffenen zur Verfügung gestellt. Stellt die Kommission fest, dass Formalien oder objektive Kriterien des Verfahrens verletzt wurden, fordert sie die Betroffenen auf, Abhilfe zu schaffen.

3.4 Sollten Mitarbeiterinnen und Mitarbeiter die Konfliktregelung in Anspruch nehmen, so dürfen ihnen keinerlei Benachteiligungen entstehen.

## 4. Gemeinsame Kommission

4.1 Es wird eine gemeinsame Kommission eingerichtet. Diese ist paritätisch besetzt. Sie besteht aus je zwei Vertreterinnen bzw. Vertretern der Geschäftsleitung und des Betriebsrates. Letztere werden vom Betriebsrat benannt.

Bei der Behandlung von Eingaben gemäß 3.2 kann die Mitarbeiterin/der Mitarbeiter ein Betriebsratsmitglied seines Vertrauens informieren, dieser beruft dann die paritätische Kommission ein.

4.2 Die Kommission hat folgende Aufgaben:
  - Begleitung der Einführung und Umsetzung des Mitarbeitergespräches,
  - Laufende Überprüfung der Grundsätze und Inhalte des Verfahrens,
  - Prüfung der Einhaltung der in der Betriebsvereinbarung geregelten Formalien und objektiven Kriterien des Verfahrens aufgrund Eingaben gemäß 3.2.

4.3 Die Kommission gibt sich vor Aufnahme ihrer Tätigkeit eine Geschäftsordnung.

## 5. Freiwilligkeit

5.1 Es ist grundsätzlich vorgesehen, dass der Vorgesetzte mindestens einmal jährlich zum Mitarbeitergespräch einlädt. Für die Mitarbeiterin/den Mitarbeiter ist die Teilnahme am Mitarbeitergespräch *freiwillig*. Verzichtet eine Mitarbeiterin/ein Mitarbeiter auf die Teilnahme, dürfen ihr/ihm daraus keine Nachteile entstehen.

5.2 Auf Wunsch der Mitarbeiterin/des Mitarbeiters kann ein Betriebsratsmitglied ihres/seines Vertrauens hinzugezogen werden.

5.3 Außerhalb des jährlichen Mitarbeitergespräches kann auf Wunsch der Mitarbeiterin/des Mitarbeiters oder des Vorgesetzten ein zusätzliches Gespräch durchgeführt werden (z.b. bei Versetzung, Wechsel des Vorgesetzten usw.).

5.4 Eine Benachteiligung von Mitarbeiterinnen und Mitarbeitern im Sinne von § 75 BetrVG ist auszuschließen.

Die im Mitarbeitergespräch vereinbarten Übereinkünfte dürfen nicht zu einer Überforderung der Mitarbeiterinnen/Mitarbeiter führen.

Aus den Ergebnissen des Mitarbeitergespräches dürfen keine arbeitsrechtlichen Konsequenzen abgeleitet werden.

## 6. Schulung

6.1 Vor Beginn der Durchführung von Mitarbeitergesprächen müssen alle Beteiligten umfassend über das Thema Personal-Entwicklung und Mitarbeitergespräch informiert werden.

6.2 Vorgesetzte, die das Mitarbeitergespräch durchführen, der Betriebsrat und die paritätische Kommission müssen vor Einführung umfassend über das Thema »Personal-Entwicklung und Mitarbeitergespräch« bei ... geschult werden.

## 7. Schlussbestimmung

Die Betriebsvereinbarung tritt mit Unterzeichnung in Kraft und wird vorerst auf ein Probejahr bis [...] begrenzt. Eine Nachwirkung wird ausgeschlossen.

Spätestens 3 Monate vor Beendigung der Probezeit erfolgt ein Erfahrungsaustausch über die durchgeführten Mitarbeitergespräche. Eventuelle Ergänzungen dieser Betriebsvereinbarung werden zwischen Geschäftsführung und Betriebsrat besprochen und gehen in eine neue oder modifizierte Betriebsvereinbarung ein.

Die anhängenden Formblätter:
- Einladung zum Mitarbeitergespräch
- Mitarbeitergespräch
- Ziele und Aktivitäten

sind Bestandteil dieser Betriebsvereinbarung.

Ort, Datum

· · ·

| Unterschrift   Unterschrift | Unterschrift |
|---|---|
| Geschäftsführung | Betriebsrat |

# Anhang 1a

### Einladung zum Mitarbeitergespräch

Sehr geehrte/r Frau/Herr
wie bereits zwischen uns vereinbart, treffen wir uns

    **am**      : ...................................................
    **Beginn**  : ...................................................
    **Ende ca.** : ...................................................
    **Ort**       : ...................................................

zu unserem **Mitarbeitergespräch**.
Wir wollen gemeinsam und losgelöst vom »Tagesgeschäft«

- ungestört und offen über alles sprechen, was Ihnen und dem Unternehmen wichtig ist,
- Ihnen alle bekannten Informationen über den derzeitigen Stand des Unternehmens geben,
- gemeinsam nach Möglichkeiten für die Aktualisierung Ihrer Kenntnisse und Ihrer Weiterbildung suchen und zielorientierte Maßnahmen zur Verwirklichung dieser Punkte besprechen,
- ausgehend von Ihren Zielen und Leistungen im vergangenen Zeitraum gemeinsam neue Ziele und Aktivitäten planen und festlegen, die wir in den nächsten Monaten erreichen wollen,
- Ihre Erwartungen und unsere Vorstellungen hinsichtlich Ihrer zukünftigen Aufgaben diskutieren.

Bitte bereiten Sie sich in aller Ruhe auf dieses Gespräch vor.
Dieses Gespräch beruht auf Freiwilligkeit.
Bei Nichtteilnahme, mindestens zwei Tage vor dem Termin den Vorgesetzten informieren.

Ort .....................................
                  Unterschrift

**Anlage:**
Formular »Mitarbeitergespräch«
Formular »Ziele und Aktivitäten«

224

**Mitarbeitergespräch**

| Herr/Frau | Abteilung: |
|---|---|
| Tätigkeit: | Betriebszugehörigkeit seit    Jahren |
| Tag des Gesprächs: | Letztes Gespräch am: |
| Letzte Stellungbeschreibung vom: | |

Ziel und Zweck des Gesprächs:  ☐ turnusmäßiges Jahresgespräch
☐ anderer Anlass:

_____  _____
_____  _____

## I. Rückblick

Welche Ziele bzw. Aufgaben waren vereinbart? (max. 5)

1. _____

2. _____

3. _____

4. _____

5. _____

Konnten diese erreicht werden?
☐ übertroffen  ☐ erreicht  ☐ teilweise  ☐ nicht erreicht

Begründung (bei nicht erreicht/teilweise): _____
_____
_____
_____
_____
_____

225

Was ist seit dem letzten Gespräch gut gelaufen, was ist positiv zu vermerken?

Vorgesetzter: _____

_____

_____

_____

_____

Mitarbeiter: _____

_____

_____

_____

_____


Was ist weniger gut gelaufen, wo besteht Verbesserungspotenzial?

Vorgesetzter: _____

_____

_____

_____

_____

_____

Mitarbeiter: _____

_____

_____

_____

_____

_____

## II. Gegenwart

Sind Sie mit Ihrer jetzigen Aufgabe zufrieden?
☐ ja    ☐ nein    ☐ teilweise

Begründung (bei nein oder teilweise): _____
_____
_____
_____
_____
_____

Gibt es Differenzen (+/−, die zu besprechen sind)?    ☐ ja    ☐ nein

Welche? _____
_____
_____
_____
_____
_____

## III. Zukunft

Welche beruflichen Ziele haben Sie? _____
_____
_____
_____
_____

Wären Sie bereit, im Unternehmen/Konzern andere oder neue Aufgaben zu übernehmen?

☐ ja    ☐ nein

Wenn ja − welche Aufgabe oder neue Position würde Sie interessieren?
_____
_____
_____
_____
_____
_____

## Ziele und Aktivitäten für das GJ ⸻

Gemeinsam ausfüllen

Name (Mitarbeiter): ⸻

| Lfd. Nr. | Aktion | Termin | ZV lfd. Nr. |
|----------|--------|--------|-------------|
|          |        |        |             |

Ort ⸻

| ⸻ | ⸻ |
|---|---|
| Unterschrift Vorgesetzter | Zur Kenntnisnahme Mitarbeiter |

# IV. Qualifizierung und Weiterbildung

Fühlen Sie sich für Ihre jetzige Aufgabe qualifiziert?

☐ ja  ☐ nein  ☐ teilweise

Begründung (bei nein oder teilweise): _____

_____

_____

_____

_____


Welche Ausbildung/Qualifizierungsmaßnahme halten Sie für
erforderlich?

| kurzfristig | mittelfristig | langfristig |
| (1 Jahr) | (2 Jahre) | (über 2 Jahre) |

Seminar/Entwicklungsmaßnahme

1. _____

2. _____

3. _____

4. _____

5. _____

Folgende Aufgaben/Neuerungen werden auf Sie zukommen: _____

_____

_____

_____

_____


Folgende Ziele gelten als vereinbart
(Überschrift, Detail siehe Formblatt »Zielvereinbarung«)

| lfd. Nr. | Ziel/Aktivitäten | Termin |
|----------|------------------|--------|
| 1 | | |
| 2 | | |
| 3 | | |
| 4 | | |
| 5 | | |

## V. Sonstiges

Gibt es Wünsche/Kritik o. ä., die Sie bei dieser Gelegenheit besprechen möchten?

☐ ja    ☐ nein

Wenn ja, welche?

_____

_____

_____

_____

_____

_____

Geplanter Termin für das nächste Mitarbeitergespräch: _____

Ort _____

_____     _____

Unterschrift Vorgesetzter     Kenntnisnahme Mitarbeiter

**Verteiler:**
1 x Mitarbeiter
1 x Personalabteilung

# Anhang 2

**Lösungsvorschläge zur Verständlichkeit, zu Ich-Botschaften usw. (siehe S. 94):**

Hier finden Sie Lösungsvorschläge zu den Formulierungen in der Übung in Abschnitt 4.4.1. Zur Übung sollten Sie diese vereinfachen und dabei Ihr Wissen über »Verständlichmacher« und Ich-Botschaften anwenden. Selbstverständlich handelt es sich hierbei nur um Vorschläge; Ihre eigenen Lösungen können ebenso gut zum Ergebnis führen. Die kursiven Angaben in den Klammern sind Hinweise auf die angewandten Stilmittel.

1. »Ich stelle fest, dass uns heute zwei wichtige Informationen fehlen, nämlich:
   - erstens, welche Bereiche die Kund/innen bevorzugen,
   - zweitens, ob die Kund/innen Abneigungen gegen diese Farbtöne haben könnten.

   Um den zweiten Punkt zu klären, hätten wir eine Umfrage machen müssen. Ich bitte deshalb um Verschiebung der Diskussion.«
   *(Ich-Botschaft, Einfachheit, Kürze, Prägnanz, äußere und innere Ordnung, Ersetzung aller Fremdwörter, Auflösung des Schachtelsatzes)*

2. »Ich möchte über die Schwierigkeiten im Spareinlagenbereich reden, die wir im letzten Jahr hatten. Hierfür gibt es zwei Gründe:
   - erstens war der Kundenberater lange krank,
   - zweitens haben die Kund/innen ihr Geld verstärkt in Lebensversicherungen angelegt.

   Es ist mir besonders wichtig, dass wir über die steuerlichen Änderungen im Bereich der Lebensversicherungen reden!«
   *(Ich-Botschaft, Einfachheit, Kürze, Prägnanz, äußere Ordnung, Auflösung des Schachtelsatzes, Hervorhebung von wichtigen Punkten, Streichen von Füllwörtern)*

3. »Ich denke, dass das Betriebsklima in der Abteilung nicht gut ist. Wir müssen über die Gründe reden. Ich finde, das ist für eine Besserung der Lage und die betroffenen Kolleg/innen sehr wichtig.«

*(Statt sich hinter einem unpersönlichen »man« zu verstecken, verwendet die Sprecherin bzw. der Sprecher die direkte Ich-Botschaft. Weitere Mittel: Einfachheit, Kürze, Prägnanz, Hervorhebung von wichtigen Punkten, Streichen von Füllwörtern, Vermeidung des unverbindlichen »könnte«, »müsste« usw.)*

4. »Ich finde, wir sollten vor solch einer Maßnahme die Meinung der Meister einholen.«
   *(Vermeidung von Schuldzuweisungen durch Umwandlung der »Du-Botschaft« in eine neutralere »Ich-Botschaft«)*

5. »Ich würde es vorziehen, mit Schritt A zu beginnen und dann Punkt B zu bearbeiten.«
   *(Vermeidung von Schuldzuweisungen durch Umwandlung der »Du-Botschaft« in eine neutralere »Ich-Botschaft«)*

6. »Die Beschäftigten in der Abteilung X haben mehrfach die Arbeitsschutzvorschriften nicht eingehalten. Das ist Bequemlichkeit. Der Sicherheitsbeauftragte hat sie einige Male darauf hingewiesen.«
   *(Umwandlung der Passiv- in Aktivsätze, Streichen der Füllwörter)*

# Anhang 3

**Lösungsvorschläge zum Paraphrasieren und Verbalisieren (siehe S. 101 f.):**

Hier finden Sie einige Lösungsvorschläge zu den Übungen im Bereich Paraphrasieren / Verbalisieren.

1. »Wenn ich Sie recht verstehe, erwarten Sie also Widerstände.« *(Paraphrase mit Ansatzpunkt zur Konkretisierung)* oder:
   »Sie klingen, als ob Sie von unserem Ergebnis enttäuscht sind.« *(Verbalisierung)*

2. »Sie haben sich also noch nicht entschieden?« *(Paraphrase)*

3. »Sie meinen also, wir müssen die derzeitige Arbeitszeitregelung überarbeiten.« *(Paraphrase)* oder:
   »Sie sind verärgert, dass es zu Kundenbeschwerden gekommen ist.« *(Verbalisierung)*

4. »Sie sind also für eine Verschiebung der Entscheidung?« *(Paraphrase)*

5. »Sie empfehlen also die Hinzuziehung eines Experten?« *(Paraphrase)*

6. »Ich wiederhole noch einmal: Ich vereinbare mit Herrn X einen Termin für morgen. Außerdem nehme ich Kontakt mit dem Lager auf: Sofern Sie in der passenden Farbe Stühle am Lager haben, lasse ich einige heraufholen und im Vorraum aufstellen. Sollte das Lager in dieser Farbe keine vorrätig haben, halten wir noch einmal Rücksprache.« *(zusammenfassende Paraphrase der Aufträge)*

7. »Diese Aufgabe hat also für heute Vormittag Vorrang vor anderen?« *(sachlich paraphrasiert und um Information zu Prioritäten gebeten)* oder:
   »Ist etwas nicht in Ordnung?« *(mögliche Nachfrage nach Gründen für eine Verärgerung durch Verbalisierung; setzt voraus, dass Gespräche auf der Beziehungsebene zwischen Mitarbeiter/innen und Vorgesetzten im Betriebsalltag »erlaubt« sind)*

# Anhang 4

**Lösungsvorschläge zur Umwandlung geschlossener in offene Fragen (siehe S. 104 f.):**

1. »Wie bewerten Sie die Einsatzmöglichkeiten der Anlage?«
2. »Wohin machen wir den Betriebsausflug?« (andere Alternativen werden nicht ausgeschlossen)
3. »Welche Weiterbildungsmaßnahmen haben Sie für Herrn X beantragt?« (vermeidet die einfache Ja-Nein-Alternative und setzt ungefragt voraus, *dass* bereits Maßnahmen eingeleitet wurden; hierdurch wird der Gegenüber aufgefordert, Erklärungen zu den Maßnahmen gleich mitzuliefern)
4. »Wie kann ich Ihnen helfen?«
5. »Welche Qualifikation halten Sie für die Bedienung der Anlage für notwendig?«
6. »Was ist die Ursache für den Defekt?«

Grundsätzlich gilt: die geschlossene Variante wird meist eingesetzt, wenn Diskussionen bereits durchgeführt wurden und die Beteiligten bereits zu einem Zwischenergebnis gekommen sind. Am Beispiel des Betriebsausfluges: Bei der geschlossenen Form haben sich die Beteiligten bereits weitgehend auf Berlin oder Wien als Zielort geeinigt. Sollen darüber hinaus noch weitere Alternativen in Betracht gezogen werden, ist die offene Struktur vorzuziehen.

# Anhang 5

**Lösungsvorschläge zu Killerphrasen (siehe S. 110 f.):**
1. »Stimmt. Aber das heißt nicht, dass alle automatisch an einem Strang ziehen. Deshalb schlage ich vor...« oder »Dann haben wir ja vermutlich alle gemeinsam, dass wir an der Sache im Grunde interessiert sind. Deshalb...«
2. »Genau. Deshalb ist mir Ihre Meinung an dieser Stelle auch sehr wichtig. Was halten Sie denn davon, wenn...« oder »Richtig. Was waren denn Ihre Erfahrungen beim letzten Projekt zu...?«
3. »Deshalb sollten wir aber nicht unnötig verzögern. Ich finde...« oder »Den Erbauern Roms fehlten ja auch einige Mittel, über die wir heute verfügen. Das wären z.B. ...«
4. »Wieso kommen Sie zu dieser Ansicht?« oder »Dann schlage ich vor, den Punkt ›besondere Qualifikationen und notwendige Schulungen‹ als Top auf die Tagesordnung zu nehmen.«
5. »Das wusste ich gar nicht. Welche Vorschläge gab es denn dabei genau?« oder »Von diesen Versuchen habe ich gehört. Doch im Unterschied zu damals haben wir heute...«
6. »Das verstehe ich. Wir haben ja auch noch nicht über die Punkte... gesprochen« oder »Welche Informationen fehlen Ihnen genau?«
7. »Warum nicht?« oder »Sie vermuten also Einwände Ihres nächsthöheren Vorgesetzten? Dann sollten wir über mögliche Einwände und Reaktionen unsererseits reden. Lassen Sie uns gegenüberstellen...«

# Stichwortverzeichnis